企業進化を加速する「ポリネーター」の行動原則

スタートアップ×伝統企業

著
ベンチャーキャピタリスト
中垣徹二郎
エグゼクティブコーチ
加藤雅則

監修
経営学者
根来龍之

日経BP

はじめに

本書は、企業進化に関する提言書である。「スタートアップ×伝統企業」の連携によってオープンイノベーションを推進していく実践的ポイントを解説する。

スタートアップ大国であり、オープンイノベーションが活発な米国においては、GAFAMなどのテック企業だけでなく、ウォルマートなどの伝統的企業もスタートアップの買収などによって進化を実現している。

しかし、日本の伝統的企業とスタートアップの連携が成功したという話は、あまり聞かない。性質が違い過ぎる両者は、うまく噛み合わないからである。大企業とスタートアップの性質は必然的にぶつかり合うものであるが、「自前主義」で成長してきた日本の伝統的企業では、その傾向がなおさら強い。

この課題を乗り越えていくためのカギは「ポリネーター」にある、というのが本書の着眼である。詳しくは本編で述べていくが、「ポリネーター」とは、スタートアップと伝統的企業をつなぎ、両者の持ち味をうまく噛み合わせる存在である。本書では、その行動や育成について考えていく。

本書は3人による共著である。3人はそれぞれ違うポジションからオープンイノベーションの最前線を見ている。

メインの執筆者である中垣徹二郎氏は、東京とシリコンバレーに拠点を持つベンチャーキャピタル（VC）、DNXベンチャーズの設立メンバーで、マネージングパートナーとして活躍した後、現在はパートナーシップアドバイザーを務めている。中垣氏は、長年にわたってスタートアップ企業への投資と支援を手がけてきたことに加え、VCファンドに出資する日本企業に対して、スタートアップ企業と連携するためのサポートに取り組んでいる。日本の大企業とシリコンバレーのスタートアップ企業とのつながりの現場を知るポジションにいる。

補論1を執筆した加藤雅則氏は、人材育成・組織開発のプロフェッショナルであり、エグゼクティブコーチとして大手企業を中心にアドバイザーを多数務める。同時に、「両利きの経営」で知られるスタンフォード大学経営大学院のチャールズ・A・オライリー教授の共同研究者を務め、日本企業のイノベーションについて豊富な知見を持つ。加藤氏は、両利きの経営を実践するにあたり伝統的企業が陥りやすいジレンマをエグゼクティブコーチの観点から考察してきた。

監修と補論2を担当した私は、ビジネススクールの教員として、主にデジタル戦略やプラットフォームなどのビジネスモデルについて研究してきた。2023年3月まで早稲田大学大学院経営管理研究科（ビジネススクール）の教授を務め、２０２１～２０２２年には中垣氏と加藤氏と共同で「両利きの経営とオープンイノベーション」と題した講座を担当した。本書は、その講座を出発点に企画されたものである。

その講座では、オープンイノベーションに積極的に取り組み、スタートアップとの協業で興味深い活動を進めている日本企業の担当者の方々にゲストスピーカーとしてご参加いただいた。ゲストスピーカーたちの豊富な現場経験に基づく貴重なお話は、我々の議論をいっそう深めるものであった。本書は、その講義の中で触れた内容を多分に含んでいる。講座にご協力いただいた方々に感謝申し上げる。

根来龍之

（文中に登場する方々の肩書は、２０２３年3月末時点のものです）

第3部 ポリネーターの育成と組織

序章

オープンイノベーションとポリネーター

「今朝、サンフランシスコから戻って来まして、今、本社で勤務中です。そして明日の晩からスウェーデン出張となります。来週火曜から数日は東京で仕事できる予定です。もし中垣さんのご都合OKでしたら水曜の午後のご都合は如何でしょうか？」

これは私（中垣）が携わるベンチャーキャピタル（以下VC）のファンドに出資している、日本の伝統的企業の方とのアポイント調整のためのメールでのやり取りである。この人は、毎月、世界を一周しながら、新しいアイデアを持つ企業とミーティングを重ねている。私も相応に忙しい日々を過ごしているが、この人には敵わない。

「伝統企業のジレンマ」を解決していく

私がVC業界に身を置いて、26年が経過しようとしている。新しいアイデアを持つ起業家と向き合い、走り続けてきた仕事人生である。

2011年に、主に事業会社を出資者としたファンドを立ち上げて以来、ファンド運営と同時に、事業会社がオープンイノベーションを実現するためのサポートを手がけるようになった。設立したファンドにおいては、IHI、ENEOS、京セラコミュニケーションシステム、クラレ、栗田工業、コマツ、JNC、ジェーシービー、清水建設、セコム、セブン&アイ・ホールディングス、高千穂交易、東京海上日動火災、東芝テック、長瀬産業、日本電気、パナソニック、東日本旅客鉄道、日立製作所、日立ソリューションズ、富士通、富士フイルム、ブラザー工業、ポーラ・オルビスホールディングス、みずほ銀行、三井不動産、三菱地所、三菱UFJ銀行など、日本を代表する企業と数多く接する機会ができた。事業会社で新しい挑戦を続ける多くのビジネスパーソンと接してきた。

その中で、日本企業の持つ強み、優秀な人材と出会うとともに、なかなか変われない伝統的企業の持つジレンマを感じることも多かった。経営学者のクレイトン・クリステンセン氏の言う「イノベーターのジレンマ」そのものである。

そのファンドを立ち上げるべく募集を開始したのは2009年頃で、リーマンショックによる金融危機の影響が激しい時期だった。多くの事業会社を訪問しても、過去のファンドにおいて関係のあったブラザー工業を除いては、前向きな反応はなかなか得られず、ファンド設立は暗礁に乗り上げていた。事業会社の中には、過去にVCファンドに出資した経験を持つ企業も存在したが、あまり良い思い出を持つ企業はなかった。そもそも「運用成績が良いVCファンドは日本国内においては少なく、話も聞きたくない」という企業も存在した。運用成績は悪くなくファイナンシャルリターンを得たものの、「事業になんらか貢献してくれる戦略的なリターンを感じたことはほとんどないので検討する意味を感じない」との意見も多かった。金融危機の影響もあり、ファンドの話を持ち出すことも難しいといった状況であった。

私たちは、VCとして事業会社に貢献する方法を考えてみた。

欧米においては、経営学者のヘンリー・チェスブロウ氏が2003年に提唱した「オープンイノベーション」を実践する企業が数多く存在し、スタートアップとの協業やスタートアップの買収により、新しい事業を作り出すことに成功し始めていた。オープンイノベーションとは、「組織内部のイノベーションを促進するために、意図的かつ積極的に内部と外部の技術やアイデアなどの資源の流出入を活用し、その結果組織内で創出したイノベーションを組織外に展開する市場機会を増やすこと」である（詳しくは補論2を参照）。

大企業がスタートアップとの協業によりオープンイノベーションを実現する上で、スタートアップとの接点を多く持つVCは両社の間に立ち、その活動に貢献できるのではないかと私たちは考えた。

スタートアップとの連携をサポート

そんなときに、シリコンバレーにいる同僚と欧米の事業会社の事例などを調べていた際に、オープンイノベーションの成功事例として取り上げられていたドイツの大手化学メーカーの資料を見る機会があった。そこには、その化学メーカーのコーポレートベンチャーキャピタル（CVC）の投資プロセスが表現されていた。

そのCVCは、設立から7・5年で3000社のスタートアップと接触しており、そのうち約1％の会社に投資すると記載があった。年平均400社と接触していることに驚くとともに、その開拓において「VCとの連携による」と記載があることに気が付いた。VCのネットワークやデータベースなどを活用していたのである。

「オープンイノベーションにおいて定評のあるこの会社でも、VCと連携しながらCVC活動を行っているなら、CVCに慣れていない日本の事業会社に自分たちが寄与できることは大きいのではないか」。私たちはそう考えた。

それ以降、私たちのファンドへの出資者候補である日本の事業会社とのミーティングにおいては、「新しい事業、新しいテクノロジーに興味はあるか?」「それを実現する上で、スタートアップとの連携に関心はあるか?」「もしすでにオープンイノベーションを手がけているのならば、何を課題に感じているか?」などのヒアリングを繰り返し、ファンド出資の提案というよりも、事業会社がオープンイノベーションを行う上での課題を探り当てるためのミーティングとなっていった。

私が参考にしたドイツの化学メーカーは、日本の企業がベンチマークとするのに相応しい企

図表0-1　事業会社の支援を重視したファンド設計

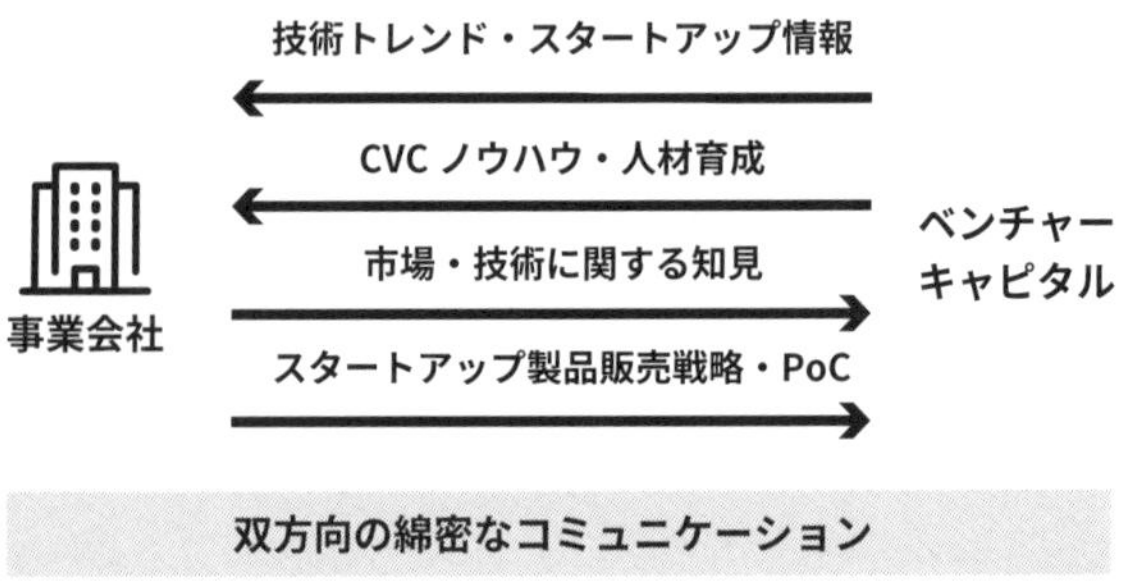

業である。ただし、オープンイノベーションという言葉を理解している人が少ない日本の企業には、スタートアップを紹介するだけでは足りない。「そのドイツ企業のような体制を敷けるためのサポートをすれば、日本の事業会社の役に立てるし、その結果、ファンド出資もしてもらえるのでは」と考え始めた。そこで事業会社への積極的なサポートをファンド出資者向けのプログラムとして提供することとなった。

我々のファンドは、事業会社がCVCを運営する際の目的を実現するための支援を重視した設計となった。当時のファンド資料には図表0－1のようなスライドを使っていた。

幸いにして、前述したような日本を代表する企業から出資をしてもらえることになり、出資者にメリットを感じてもらうべく努力を続けている。

私たちがサポートしている事業会社がすべてオープンイ

ノベーションに成功しているわけではない。日本の伝統的企業は、オープンイノベーションの経験は乏しく、ましてやスタートアップと連携した経験はほとんどないのだから、いきなり成功するはずがないとも言える。だが、しっかりと経験を積みながら、スタートアップ連携によるオープンイノベーション活動で成果を出している企業も少なからず存在する。

スタートアップ連携で実績を上げている企業の共通点の1つに、本書で取り上げる「ポリネーター」の活発な活動がある。ポリネーターとは、本書を出版するにあたり、伝統的企業とスタートアップの連携を促進する人々を表す良い言葉がないかと思案していた中で見つけたものである。以下、ポリネーターについて少し説明しよう。

ポリネーターとは

ポリネーター(pollinator)とは、植物の花粉を運んで受粉させ(送粉)、花粉の雄性配偶子と花の胚珠を受精させる生物のことである。ミツバチをイメージするといいだろう。花粉媒介者《かふんばいかいしゃ》、授粉者《じゅふんしゃ》ともいう(Wikipediaより)。

植物の受粉においては、1つの花の中で受粉する自家受粉と、他の花との間で受粉する他家受粉とが存在する。自家受粉は、確実性が高く、効率もよい。他家受粉は、花粉を他の花まで

図表0-2　ポリネーター（受粉媒介者）の働き

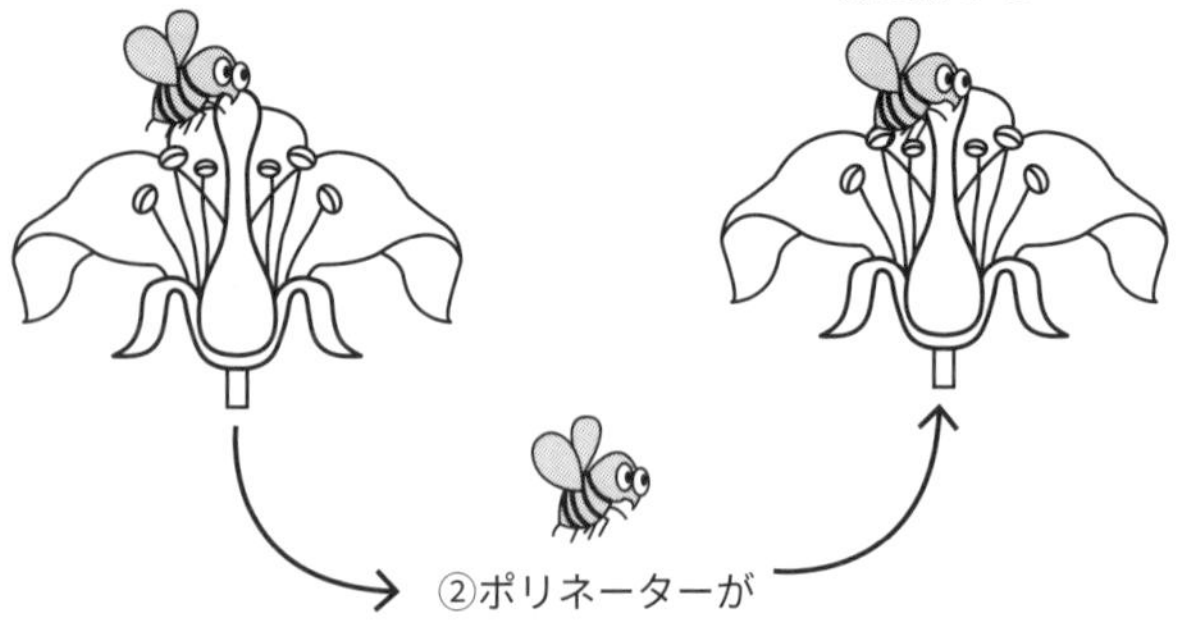
①蜜を集めるために花を訪れたポリネーターに花粉が付着する
②ポリネーターが他の花へと移る
③受粉する

運んだり、受粉しやすくしたりするための構造を持たなければならないので、高コストで、失敗も多く、効率が悪い。

しかし、自家受粉は遺伝的組み合わせの多様性の低下を招き、環境変化への適応性を低くする要因となり、種の存続の危機につながる。これに対して、他家受粉は遺伝子の組み合わせのバリエーションが広がり、環境変化への適応度の増大につながると言われている。

本書における「ポリネーター」とは、自社と社外のスタートアップを積極的に仲介し、既存ビジネスを補完するきっかけを作り、新しいビジネスの種づくりを仕掛ける人を指す。自社開発・内製主義に偏った企業体質から脱し、オープンイノベーションを実践しようとして社内と社外を行き来しながら奮闘する姿は、さながら花から花へと動き回るポリ

図表0-3　2つの歯車をつなぐ

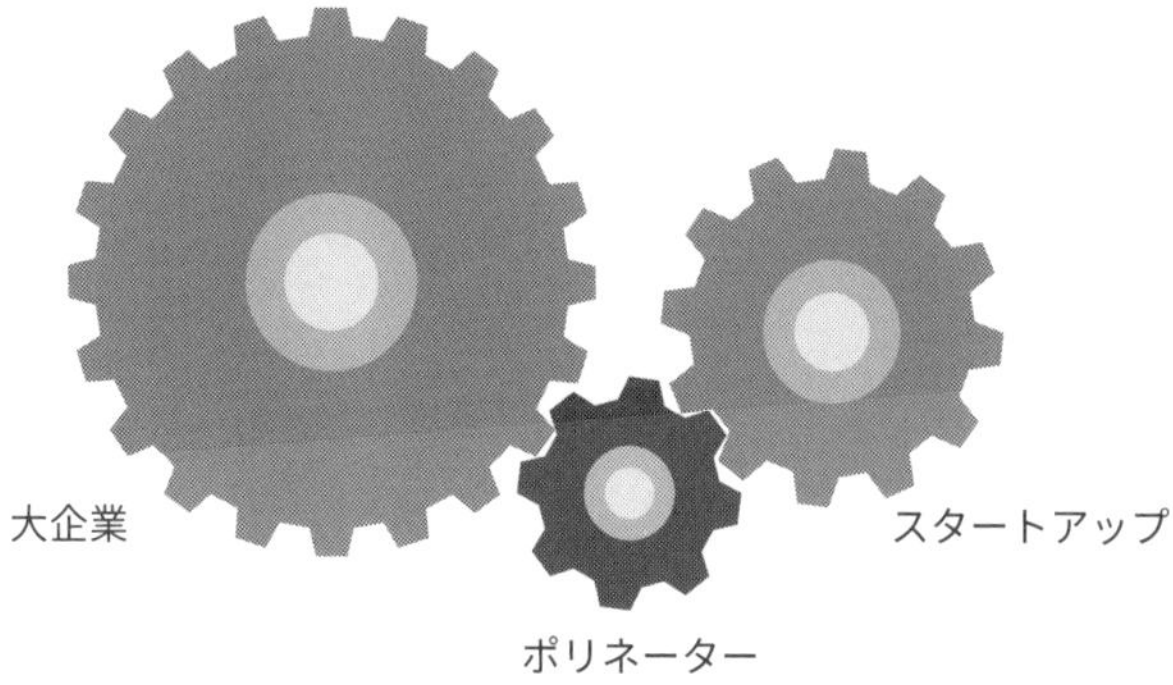

ネーターを思い浮かばせる。

本書が提唱するポリネーターは、花粉を運ぶだけでなく、大企業とスタートアップの協業を駆動していく役割も担っていく。

大企業の組織は大きな歯車だ。最初のうちはゆっくりとしか回れないが、ひとたび勢いがつけば大きなエネルギーを生み出す。対して、スタートアップは小さな歯車だ。身軽で小回りは効くが、単独では簡単には大きなうねりは起こせない。

大きな歯車と小さな歯車、それぞれに長所がある。では単純にこれらを噛み合わせればいいかというと、そう簡単にはいかない。特性が違いすぎるため、スムーズに噛み合うことが難しいのだ。

そこで必要となるのが、大きな歯車と小さな歯車の間を取り持ち、スピードとエネルギーを調整する役割を持つ歯車である。それこそがポリネーターの役割である。

オープンイノベーションは大企業だけでも、スタートアップ企業だけでも実現できない。両者を仲介する、けれども可視化されづらいこの歯車＝ポリネーターこそが、実は重要な役割を果たしているのだ。

大企業が自社に内在する強みを活かし、競争力を維持するためには、受け身の姿勢から抜け出し、小さい歯車（スタートアップ）との組み合わせを探る必要がある。一方のスタートアップ企業は、創造的なアイデアを社会実装していくためにも、組み合っていく大きな歯車（大企業）を探しに行かなければならないだろう。その両者をつなぐポリネーターは、花から花へと花粉を運ぶミツバチのようで、ときには中間の歯車にもなる。

大企業がイノベーション創出のためにスタートアップと手を組んで大胆なプロジェクトに乗り出したものの、時間の経過とともに当初の勢いを失うケースが多いのは、中間の歯車＝ポリネーターが不在だからに他ならない。

こうしたポリネーターの重要性に、今こそ私たちは向き合うべき時が来ている。

これからの社会にはポリネーターが必要不可欠

本書を執筆した目的は、ポリネーターの役割を可視化することだ。スタートアップとの連携においては、「シリコンバレーのルール」など信頼関係の構築に欠かせない知識・姿勢が必要になるし、一方で大企業の「大きな歯車」を動かしていくためのコツをつかむことも欠かせない。そうした点について、私のベンチャーキャピタリスト人生で見聞きした現場の実例、そこから得られた知見を余すところなく詰め込み、具体的な事例を交えながら、ポリネーターの思考法と行動原則を紹介していく。オープンイノベーションに積極的に取り組んでいる日本企業のポリネーターの方々の経験談やアドバイスも多数紹介していく。

これまでポリネーターに相当する役割を主に担ってきたのは、私たちVCであったり、企業のイノベーション推進室のような一部の部署であった。

しかし、もはやオープンイノベーションは経営戦略の大前提だ。あらゆる組織、あらゆる部署に、ポリネーター的人材が必要になってくる。多くの社員が、ポリネーター的スキル・思考法を身につけることによって、他社との差別化が図られ、危機をチャンスに変えていくことにつながるであろう。
大企業とスタートアップとの連携は、直接の出資、VCやCVCを通じた出資、M&A、業務提携、商品やサービスの導入など様々な形態があるが、いずれの場合でも、ポリネーター的な思考法と行動原則を知っておくことが欠かせない。本書では、様々な形態の連携に共通する重要なポイントを広範に取り上げていく。

本書では、先進的な取り組みを続ける企業のポリネーターの方々の経験や考え方も多数紹介していくが、その目的はポリネーターをスーパーヒーローに仕立て上げることではない。本書に登場してくれたポリネーターの面々は、1人の力で自社に変化を起こせるわけではないことを、まだ成長のための悪戦苦闘の途中にすぎないことを、誰よりもよく理解している。

変化が加速するビジネスの世界におけるキーファンクションとして、ポリネーターの存在意義はどんどん大きくなっていく。繰り返しになるが、ポリネーター的な役割や思考、スキルが必要な領域は、いわゆる「新規事業部」「イノベーション担当」だけではない。オープンイノベーションとは無関係に見える職種であってもポリネーター的スキルはこの先の時代において必ず役立つはずだ。

そうした認識のもと、本書では、企業の未来の可能性を拡張していく方法を提案する。新規事業担当者はもちろん、トップやミドルマネジメント層、既存事業部、そしてスタートアップにも読んでいただくことを想定している。事業の変革と成長のためのヒントが見つかるはずだ。時代の変化を敏感に感じ取っている若手ビジネスパーソンはもちろん、現場の決定権を持つ管理職、事業変革に取り組むトップ層に本書の提案が糧となることを願っている。

第1部

オープンイノベーション思考への転換

第1章

スタートアップ連携の必要性

「オープンイノベーションの必要性は理解できますが、スタートアップやVCとの関わり方については、正直よくわかりません。ですから、ひとまずは弊社にとって興味深そうなスタートアップ企業を紹介していただけないでしょうか」

筆者はベンチャーキャピタリストという職業柄、上場企業の取締役の方々を前にオープンイノベーションについて講演させていただく機会が多々あるが、質疑応答の時間になると、こうした趣旨の質問が寄せられることも多い。それに対して、筆者は次のようにお答えしている。

「御社の具体的な未来像はなんですか？　その未来像に向けて、どの領域であれば今のまま自社の強みを活かして達成できそうですか？　逆に、どの領域は資源が不足しているとお考えですか？　オープンイノベーションとは、その不足要素を外部との連携によって補完するものです。そこを具体的に示していただければ、我々のネットワークでフィットしそうなスタートアップを探してみることはできますよ」

この質問返しに、クリアに即答できる企業は多くない。だが、この前提を認識することなしにオープンイノベーションは実現できない。

オープンイノベーションとは何かについて、実務家として端的に表現するならば、自社の強みと外部資源を掛け合わせ、新たな価値を創造することへの挑戦だと考えてもらっていいだろ

図表 1-1　クローズドイノベーションとオープンイノベーションの比較

クローズドイノベーション	オープンイノベーション
社内に優秀な人材を雇うべきである	社内すべてが優秀な人材である必要はない。社内に限らず社外の優秀な人材と共同して働けばよい
研究開発から利益を得るためには、発見、開発、商品化まで自前で行わなければならない	外部の研究開発によっても大きな価値が創造できる。社内の研究開発はその価値の一部を確保するために必要である
自前で発明すれば、一番にマーケットに出すことができる	利益を得るためには、必ずしも基礎から研究開発を行う必要はない
革新的な製品を最初に売り出した企業が成功する	優れたビジネスモデルを構築するほうが、製品をマーケットに最初に出すよりも重要である
業界内でベストのアイデアを（自社で）数多く生み出せたものが勝つ	社内と社外のアイデアを最も有効に活用できた者が勝つ
自社のアイデアから競争相手が利益を享受できないように、自社の知的財産権を管理すべきである	他社に知的財産権を使用させることにより利益を得たり、他社の知的財産を購入することにより自社のビジネスモデルを発展させることも考えるべきである

（出所）ヘンリー・チェスブロウ『オープン・サービス・イノベーション』CCCメディアハウス（2012年）

う。スタートアップとの協業、M&A、CVC投資はいずれもオープンイノベーションの具体的なきっかけであり、自社の可能性を押し広げるための一手段と言えるだろう。

なぜ今、クローズドイノベーションではなく、オープンイノベーションが必要とされるのか。両者の違いをあらためて比較すると、その答えが見えてくる。

クローズドイノベーションとは、研究から製品開発まで一貫して自社内部の人材やリソースだけを活用して価値を創造することである。日本企業においてはクローズドイノベーション＝自前主義こそが主流派であった。

対して、オープンイノベーションは自社と外部を柔軟に行き来しながら商売の種を集め、効率的に組み合わせ、組織内で揉んでスピンアウトする手法だ。自社だけでは達成困難な事業であっても、外部の人材や技術、資金などを活用することで目標を達成し、新たな市場を開拓できる。

言うまでもないが、クローズドイノベーションを全否定するつもりはない。自社で磨き続けた技術があってこそ、外部との連携が生きることも多い。しかしながら、クローズドイノベーションだけにこだわる企業は、視点を変える必要がある（第2章参照）。

なぜオープンイノベーションが必要なのか。その背景を整理すると、以下のような要因を挙げることができる。

1 優れたサービスは一瞬で普及する時代になった

2 イノベーションの起点はテックスタートアップ

3 成長企業は企業買収で巨大化する

1 優れたサービスは一瞬で普及する時代になった

オープンイノベーションが盛んに活用されるようになった背景として、技術・製品のライフサイクルが短期化していることが大きい。

飛行機が5000万ユーザーを獲得するまでにかかった期間は64年。対して、ポケモンGOはわずか19日間だ。さらに2022年11月にオープンAIが公開した人工知能チャットボットであるチャットGPTはたった5日にして100万人のユーザーを獲得した。

まったく異なるものを比較することに意味があるか疑問を抱くかもしれないが、優れたサービスは世界中に瞬く間に普及していく時代になったことは間違いない。SNSの浸透によって爆発的な勢いで顧客を獲得することが可能になり、ユーザーの急増にも耐えられるITインフラとしてクラウドインフラが活用できるようになり、サービスの普及は加速度的に速くなっており、今後もスピードがスローダウンすることは考えづらい。

他社に先んじて積極的な投資を行い、市場に最初に参入したプレイヤーが優位に立つファー

図表1-2　5000万ユーザーを獲得するまでにかかった期間

エアライン	64年
自動車	62年
電話	50年
電力	46年
クレジットカード	28年
テレビ	22年
ATM	18年
コンピューター	14年
携帯電話	12年
インターネット	7年
フェイスブック	4年
ウィーチャット	1年
ポケモンGO	19日

（出所）https://www.visualcapitalist.com/how-long-does-it-take-to-hit-50-million-users/

スト・ムーバーズ・アドバンテージ（先行者利益）の重要性はますます高まっている。そのためには、自社に足りない技術などを外部から積極的に取り入れるオープンイノベーションが欠かせないのである。

全方位でパートナー企業と協業するコマツ

建設機械メーカーのコマツは、100年の歴史を持つ伝統的企業（2023年で創業102年）であるが、新しいテクノロジーの導入などで先端を走り、次々と「ダントツ商品」を生み出している。建設機械に通信機能を持たせた「Komtrax（コムトラックス）」、建設生産プロセス全体のあらゆるデータをICTで有機的につなぎ、そのデータを活用して建設現場をデジタルで「見える化」していく「スマートコンストラクション」など、いわゆる「モノ」ではなく「コト」のサービス提供を実現し、成長を維持している。

この背景には、オープンイノベーションという言葉が日本で知られる以前から、コマツが実質的なオープンイノベーションの取り組みを続けてきたことがある。自社のリソースだけでは限界があることを察知し、異業種パートナーとの連携に早くから活路を見出してきた。

「両利きの経営」（補論1を参照）でいうところの「探索」の担当者として、2012年から海外を10年以上飛び回り、同社のオープンイノベーションを推進してきたCTO室の冨樫良一氏は、2000年代以降のコマツの歩みを次のように語る。

「コマツは長いこと自前主義でやってきた、いわゆるものづくりの会社です。製品だけでなくサービスもずっと自前主義でした。けれども労働力人口の減少や市場競争の激化から、このままではいずれ頭打ちになってしまうことが見えていた。そうした危機感から誕生したのが建機の情報をリモートで確認するコムトラックスです」

コマツは1990年代、大きな悩みを抱えていた。建機が故障したときに修理に時間がかかることである。コマツの建機が稼働している現場は、町中だけではなく、人里離れた山奥にもあり、故障したときにサービス員が駆けつけるまでに時間がかかるし、現場で状態を確かめて必要な部品を手配してから修理をするので、完了するまでさらに期間を要する。

そうした悩みを解決したのがコムトラックスだった。コムトラックスは建機にGPS機能を搭載して位置を把握するとともに、建機のデータから稼働状況を分析できるようにしたものだ。2001年からはコムトラックスが標準装備となり、そこから20年かけて現在は世界で稼働しているおよそ68万台に搭載している。

コムトラックスが標準装備されたことによって、次なる打ち手も見えてきた。機械の稼働時間や位置情報などのデータがクラウドにすべて集められるようになったことで、稼働現場の「見える化」が進んだのだ。そしてコマツは2008年に鉱山機械における無人運転・自律運転システムを工事現場に導入した。すでに鉱山の工事現場では無人トラックが自動運転を実現している。
「自社の技術では追いつかない分野、例えばドローンや通信、ソフトウェアなどの領域はパートナー企業と協業することで、より発展させる道を選んできました。その意味で、この20年間はオープンイノベーションの世界に注力してきたとも言えるかもしれません」（冨樫氏）
コマツの協業パートナーは多種多様だ。2015年には、ドローンを利用した地形測量や3Dマッピングテクノロジーサービスを提供するアメリカのスタートアップと共同で、短時間で高精度な3D地形を生成しユーザーに提供するサービスを開始し、スマートコンストラクションに組み込んだ。ドローンやカメラと通信することで、建設現場における安全性・生産性向上に大きく寄与している。
さらに、2021年にはエヌ・ティ・ティ・コミュニケーションズ、ソニーセミコンダクタソリューションズ、野村総合研究所、そしてコマツの4社共同で新会社「EARTHBRAIN」を発足。エヌ・ティ・ティ・コミュニケーションズはデジタル技術を駆使したクラウドサービスや画像解析、AI技術を、ソニーセミコンダクタソリューションズは得意のセンシング技術や情報収集システムの開発を、野村総合研究所はDX（デジタルトランスフォーメーション）化の知見を活かしたソリューションのノウハウやサービスをそれぞれ提供することによって、スマートコンストラクション事業のさらなる進化を目指している。

こうしたコマツの取り組みは、オープンイノベーションのお手本のような事例といえるだろう。スタートアップから異業種の大企業まで、他社との協業を進めることによって成長を続けてきた。

2 イノベーションの起点はテックスタートアップ

オープンイノベーションにおける連携相手を限定する必要はない。従来の取引関係を超えて協力関係を構築する相手は、異業種の企業かもしれないし、ライバル企業かもしれない。

ここで1つ言えることは、いまやイノベーションの起点は伝統的大企業だけでなく、テックスタートアップ企業だということである。この20年、テクノロジーとマーケティングの最先端を走ってきたのは、かつてスタートアップだったGAFAなどの企業であったことを振り返るまでもないだろう。そしてこれは一過性のものではなく、これからもスタートアップはイノベーションの中心に位置すると私は確信している。

「大企業に比べて不利」が解消された

スタートアップ企業は経営資源が乏しく、大企業に比べて不利とされていた時代は終わり、

図表1-3　かつて大企業に優位性があった経営資源

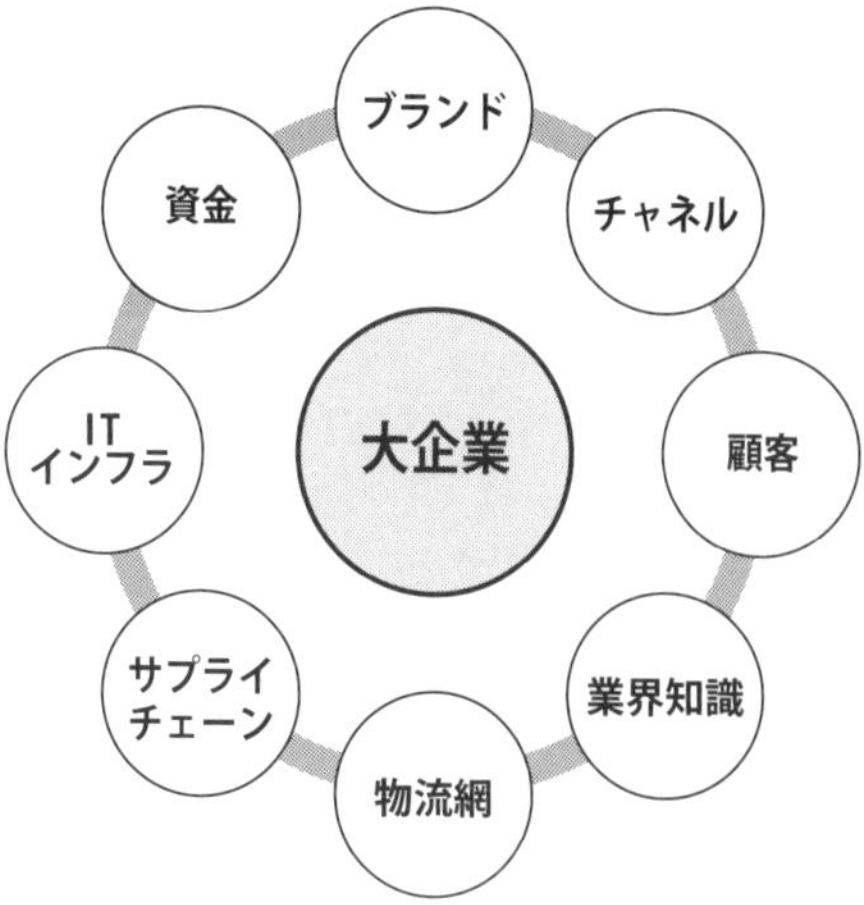

（出所）DNXプレゼン資料を参考に作成

いまや有望事業に一点突破型で資源をつぎ込むスタートアップのほうが有利とも言える状況にある。

図表1－3を見てほしい。これはかつてスタートアップと大企業を比べた際に、「大企業側に優位性がある」ことが明白だった資源である。

ブランドは長年の顧客・取引先や市場からの信頼を経て生まれるものであり、チャネルや顧客網も構築には時間がかかる。業界知識は、優秀な社員や技術の伝承などにより培われていくものであり、サプライチェーンや物流網は事業規模が小さいときには負担が重くなる。

ITインフラもかつては大きな投資

が必要であった。1999年代後半から2000年初頭にかけて、筆者はインターネット関連サービスを始めようとするスタートアップから「これから事業を開始したいので、まずは1億～2億円の調達をしたい」との相談を幾度も受けてきた。ウェブ開発、サーバー投資、最低限の広告宣伝費だけでも、それくらいの資金が実際に必要であった。

そして資金力に関しても大企業とスタートアップの差は歴然としていた。

以上はいずれも事業拡大には不可欠な要素であり、これらが劣るスタートアップが大企業を脅かす存在になるまでには、時間が必要だった。

だが、図表1－4を見てほしい。これは現在のスタートアップの経営資源をまとめたものである。かつては大企業が優位だった資源のかなりの部分を、スタートアップも利用できる環境が整ってきたことを表している。

例えば、米国のVC投資額は1999年の587億ドルから、2021年には3300億ドルまで拡大した。また、2022年時点で世界には1000社ほどのユニコーン企業が存在すると言われている。ユニコーンはギリシャ神話上の一角獣を意味するが、ベンチャービジネスの世界では未上場企業ながら10億ドルの企業価値がある有望なスタートアップ企業のことを指す。ユニコーン企業は多くの場合、1億ドルから3億ドル程度の資金調達を実現している。そ

図表1-4　今ではスタートアップも大企業とほぼ同等に資源を利用できる

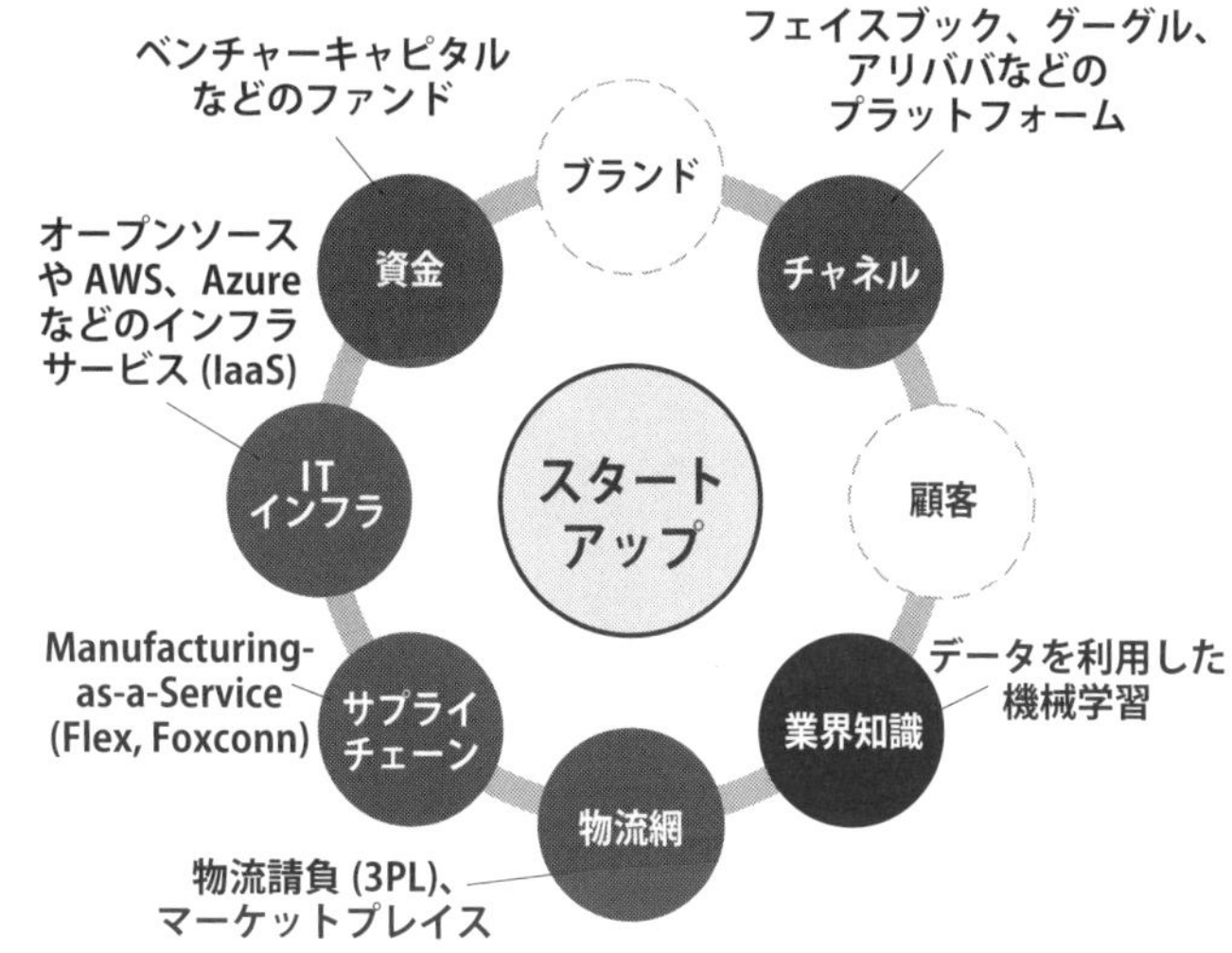

してスタートアップは初期段階においては1つの事業に集中するケースがほとんどであるため、つまりは単一の新規事業に対して、日本円にして100億円以上の資金を投入していることも意味する。

　単一の新規事業に100億円を投資することは、大企業であっても簡単ではない。だが、急成長するスタートアップは、このレベルの資金力を持っている。VCなどのファンドを活用できる環境が整いつつある昨今、1つのプロダクトにかけられる資金額はもはや大企業よりもスタートアップのほうが上であるケースも珍しくない。リソースを分割するのではなく、1つのプロダクトに全投入できることがスタートアップの強みだ。新しいアイデアを持つスタートアップには、VCを通じて数百億円規模の資金が流れ込むことも珍しくない。

また、チャネルに関しては、フェイスブック、グーグル、アマゾン、アリババ、インスタグラム、ツイッターなどを駆使すれば、世界中にローコストでアプローチすることが可能となった。

クラウドサーバーの普及により、スタートアップも大企業と同じレベルのクオリティのITインフラを従量課金で使えるようになっている。SaaS（Software as a Service：提供者側で稼働しているソフトウェアをインターネット経由で提供するサービス）やオープンソースの普及により、ソフトウェア開発コストも激減した。

サプライチェーンや物流に関しても、物流部門を第三者企業に委託するサードパーティー・ロジスティクスなどの普及が進んだ。

業界知識に関しても、すべてとまでは言わないが、AIの機械学習などの力を借りることで、熟練した人材が持つ知識の一部を補える時代になってきている。

このように、チャネルや業界知識、サプライチェーンのように大企業が優位だった資源が、いまやテクノロジーの進化によってスタートアップも見劣りしなくなった。特許出願数などの

図表1-5　時価総額100億ドルに至るまでの期間

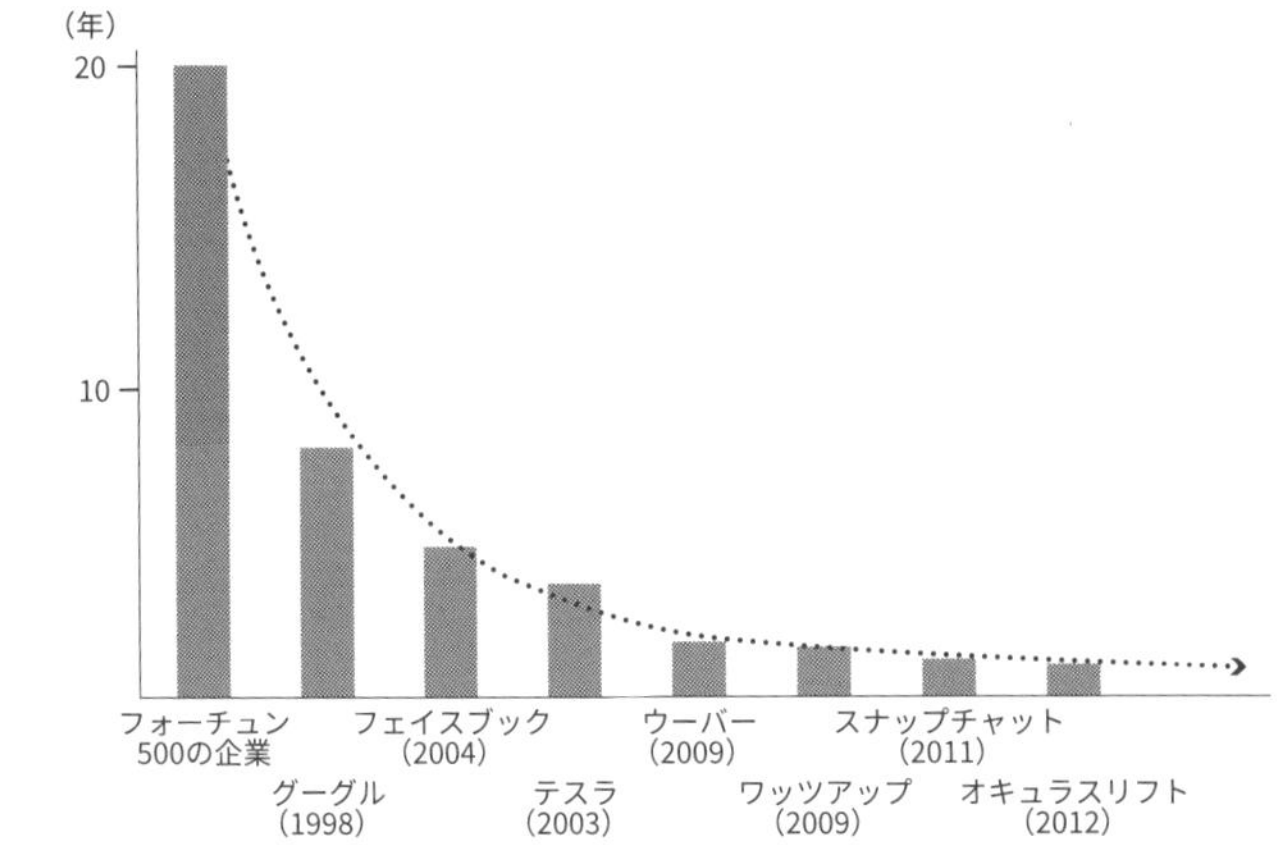

(出所) Péter Kristóf, "HOW ESTABLISHED COMPANIES CAN MASTER DISRUPTIVE INNOVATION LIKE STARTUPS?"

成果物も、中小企業やスタートアップが明らかに増加傾向にある。

時価総額１００億ドルに至るまでの期間を見てみると、典型的な大企業であるフォーチュン５００の企業が約20年かかったのに対して、グーグルは約8年、ウーバーは約2年と短期間になってきた。最近ではスラックが15カ月、日本国内においてもメルカリは26カ月で到達した。

スタートアップであっても短期間で大企業に匹敵する規模にまで事業を成長させられる時代がすでに到来しており、今後もスタートアップがどんどん生まれていく流れは不可逆である。大企業が多様化する顧客ニーズに応えながら競争力を保つ上で、スタートアップの力を活用していくオープンイノベーションは欠かせない時代となった。

イノベーションの起点がテックスタートアップになった今、そこで何が生まれているのかに向き合わなければ、企業の成長は望めない。クローズドイノベーションにも利点はあるが、クローズドイノベーションだけでは時代の波に乗り遅れてしまうことは明らかだ。

3 成長企業は企業買収で巨大化する

2021年、ワシントン・ポスト紙に、北米企業のM&Aとオープンイノベーションの歴史をまとめた記事が掲載された。[※1] 記事のタイトルは「ビッグテックはどのようにして、そんなにも巨大になり得たか？　何百にも至る買収によってである」。記事では、GAFAが設立以来行ってきた買収に関して、既存事業を補うための買収と、新しい領域のための買収とに分類し、解説している。

同記事の集計によると、グーグル（現アルファベット）が買収してきた企業数は本業関連で81社、新分野においては187社に上る。既存事業の検索エンジン事業を強化しながら、広告技術、地図情報、動画事業、携帯電話事業、オフィスツール（マイクロソフトのオフィスに対抗するソフ

※1　https://www.washingtonpost.com/technology/interactive/2021/amazon-apple-facebook-google-acquisitions/?fbclid=IwAR0YmzIAO2BusNmqnuJ_j2el9XJPAJzOq1d1rs_G9Y1-y70SGbEVUv2veQQ

トウェア）、クラウドコンピューティングにも手を広げ、ＡＩ関連企業に関しては30社ほど買収している。有名な買収先を挙げると、広告技術関連ではダブルクリック、携帯電話に関してはアンドロイドとモトローラ、動画事業ではユーチューブ、クラウドコンピューティングではルッカーやアルーマ、ＡＩ関連ではディープマインドなどがある。

グーグルはＧＡＦＡの中でもとりわけ積極的に買収を実施しており、グーグルのプロダクトにはほぼすべてに買収先の技術が組み込まれているとも言われるほどだ。また、世界トップクラスの投資実績を上げるＣＶＣ「ＧＶ（グーグル・ベンチャーズ）」も持っている。

アップルは、ＰＣを中心とするハードウェアとソフトウェアに関する買収を27社、音楽や電子書籍、ＡＩ、ヘルスケアに関する買収を96社実行している。スティーブ・ジョブズ氏がアップルに復帰するきっかけとなったネクストの買収、音楽関連のサウンドジャム・エムピーやビーツ・エレクトロニクス、音声アシスタントのＳｉｒｉが挙げられる。音楽配信事業を中心とするサービス事業はスタートアップの買収が大きく寄与している。

アマゾンは本業のＥＣ関連で40社、新分野のクラウドコンピューティングやオフラインの小売店、ホームセキュリティ、自動運転、ヘルスケア分野などで71社の買収を実行。ＥＣ関連ではザッポスをはじめ13社を買収。食料品雑貨小売業大手のホールフーズ、ホームセキュリティのリング、自動運転のズークスなどが挙げられる。ザッポスのような本業への脅威を打ち消す

図表1-6　GAFAのスタートアップ買収件数

社名	既存事業の買収	新領域の買収
グーグル（アルファベット） 1998年設立	81社	187社
アップル 1977年設立	27社	96社
アマゾン 1994年設立	40社	71社
フェイスブック（メタ） 2004年設立	28社	77社

（出所）https://www.washingtonpost.com/technology/interactive/2021/amazon-apple-facebook-google-acquisitions/?fbclid=IwAR0YmzIAO2BusNmqnuJ_j2eI9XJPAJzOq1d1rs_G9Y1-y70SGbEVUv2veQQ

ための買収に加えて、新分野の買収も着実に進めている。

メタ（旧フェイスブック）は、前述の3社と比べると買収の数は少ないものの、本業のソーシャルメディアと広告技術関連で28社、VRを中心とする新分野で77社の買収を実行している。SNS関連ではインスタグラムやフアッツアップ、広告技術関連でアトラス・アドバイザー・スイート、VR関連でオキュラスなどが挙げられる。メタもまた本業のソーシャルメディアを買収により盤石なものにしながら、VRなど新分野の買収を進めている。

古くはシスコ・システムズが提唱したA&D（Acquisition and Development）という言葉にも表れているが、GAFAは自社での研究開発であるR&Dだけではなく、買収をフル活用して既存事業と新規事業の競争力を高め、成長を遂げてきた。

伝統的な大企業もスタートアップのM&Aに奔走

テック企業として巨大化したGAFAが、スタートアップへの理解が深いのは当然であるが、伝統的企業でも同じようにスタートアップの買収を積極化している企業がある。小売業最大手のウォルマートは、アマゾンに対抗するため、そしてデジタル化を推進するために、積極的なM&Aを繰り返している。ウォルマートはM&Aに加えて、北米でも有数のIT投資を実行しており、その金額はGAFAにも劣らない。

その後もウォルマートは数多くのM&Aを実施し、北米ECマーケットにおいてアマゾンに続く2位に浮上し年々、デジタル化を加速させている。

これを牽引しているのが、2016年に約33億ドル（当時の為替レートで約3500億円）で買収したジェット・コムの創業者であり、そのままウォルマートのEC部門「ウォルマート・コム」の運営責任者となったマーク・ロア氏である点が興味深い。アナログの小売業で世界を制したウォルマートも、ECの波に対応し、アマゾンに対抗するには、その領域をよく知るECの連続起業家に頼ることを良しとしたのである。このような人材獲得目的のM&Aは「アクハイアー（Acqui-hire）」と呼ばれる。

図表1-7　ウォルマートによるスタートアップの買収事例

2011	データ分析スタートアップKosmix（コズミックス）
2013	スタートアップ買収と事業支援のための「ウォルマート・ラボ」設立
2016	EC企業Jet.com（ジェット・ドット・コム）
2016	家具ブランドHayneedle（ハイニードル）
2017	男性向けアパレルD to C企業Bonobos（ボノボス） アウトドアブランドMoosejaw（ムースジョウ）
2018	アート・装飾ブランドArt.com（アート・コム） 下着ブランドBare Necessities（ベアネセシティーズ）

P&Gも2010年代後半から、スタートアップのM&Aを数多く実行している。

P&Gのような消費者向けの商品を作るブランドにとって、卸や小売店を介さずに直接消費者に商品を届けるD2C(Direct to Consumer)は、収益の拡大に加え、消費者動向を直接把握し、次なる商品開発、事業展開のために不可欠なものとなっている。しかし、D2Cビジネスは、販売方法だけでなく、マーケティング、物流、そして商品開発などあらゆる点で、製造業のビジネスモデルと異なる。D2Cを強化するためには、その有望企業を買収するのが手っ取り早い。

ユニリーバもP&Gとはまた違うアプローチで、積極的にD2Cスタートアップやテックスタートアップの買収を試みている。

ユニリーバの戦略は、P&GのようにD2Cのビジネスモデルを持つスタートアップを買収するのではなく、成長分野

図表 1-8　P&Gによるスタートアップの買収事例

2017	天然成分のパーソナルケアブランドNative Cos（ネイティブ）
2018	スキンケアブランドSnowberry（スノーベリー）
	スキンケアブランドFirst Aid Beauty（ファーストエイドビューティー）
	有色人種向けグルーミングケアブランドWalker & Company Brands（ウォーカー&カンパニー）
2019	女性向けヘルスケアブランドThis is L（ディス・イズ・エル）
2021	D2CスキンケアブランドFarmacy Beauty（ファーマシー・ビューティー）
	ヘアケアブランドOUAI（ウェイ）
2022	スキンケアブランドTULA（トゥラ）
2023	黒人向けビューティーブランドMielle Organics（ミエーレオーガニクス）

である自然や安全を意識したビューティー商品、パーソナルケア商品のブランドを買収する傾向にある。

その中には印象に残る買収がある。２０１６年のダラー・シェイブ・クラブの買収だ。月額１ドルで髭剃りの替刃を提供するサブスクリプション（定期購買）のＥＣビジネスとして急成長を遂げていた同社を、ユニリーバは10億ドルで買収した。ダラー・シェイブ・クラブ創業者のマイケル・デュビン氏は、２０２１年まで同社ＣＥＯとして経営を担い、同事業を大きく成長させた。

ユニリーバは、植物由来の代替肉を製造するベジタリアン・ブッチャーを２０１８年に買収するなど、新分野のスタートアップも傘下に収めている。

図表 1-9　ユニリーバによるスタートアップの買収事例

2017	データドリブンマーケティングを得意とするナチュラルパーソナルケアブランドSchmidt's Naturals（シュミッツ・ナチュラル）
2018	インドの栄養補助食品Horlicks India（ホーリックスインディア） 代替肉製造業The Vegetarian Butcher（ベジタリアン・ブッチャー）
2019	ファブリックケアブランドThe Laundress（ザ・ランドレス） ヘルシースナック企業Graze online（グレイズ・オンライン） 化粧品メーカーGarancia（ガランシア） サプリメントブランドOlly（オリー） スキンケアブランドTatcha（タチャ） ホームケアブランドAstrix S.A.（アストリックス・エスエー）
2021	サプリメントブランドOnnit（オニット） スキンケアブランドPaula's Choice（ポーラチョイス）

筆者は経済産業省より依頼を受け、「企業の成長投資・オープンイノベーション促進に向けた環境整備のための調査研究」における有識者研究会に参加したことがある。その際の報告書は「大企業×スタートアップのM&Aに関する調査報告書」として経産省ウェブサイトに開示されている。

報告書の冒頭では、大企業が自社の成長戦略に、スタートアップを対象としたM&Aを組み込むことで、オープンイノベーションによる中長期的な価値向上が実現できること、スタートアップにとってはM&Aが安定的な成長に資する選択肢となり得ることが述べられている。

COLUMN

コーポレートベンチャーキャピタル（CVC）

企業がオープンイノベーションを実践する上で、コーポレートベンチャーキャピタル（CVC）を活用したスタートアップとの資本業務提携は、北米においては標準的な方法として定着している。過去数年、CVCの投資金額は増加の一方である（図表1－10）。

CVCとは、スタートアップへの投資を直接的、間接的に実行することであり、図表1－11にあるように、3つの手段がある。1つ目は、VCファンドに出資することで、スタートアップの情報を入手したり、事業機会を得たりする方法。2つ目は、自社のバランスシートもしくは子会社のバランスシートで投資する方法。そして3つ目は、ファンドを設立して、投資する方法である。2つ目、3つ目の手段においても、CVCチームを組成するケースと、外部に運営を委託するケースも特に日本では散見される。

図表 1-10　北米におけるCVCの投資状況

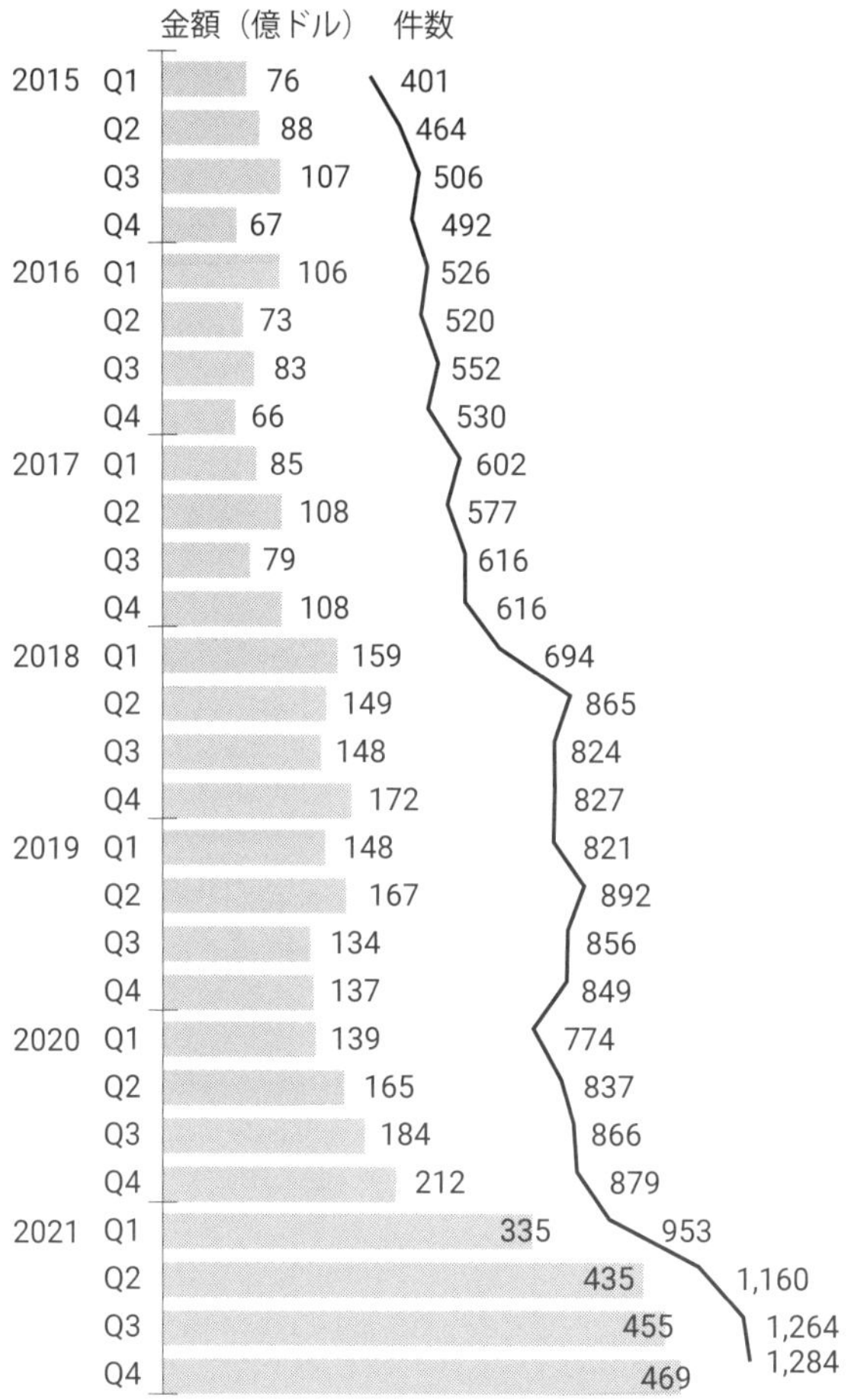

（出所）CB INSIGHTS

図表 1-11　CVCとは？

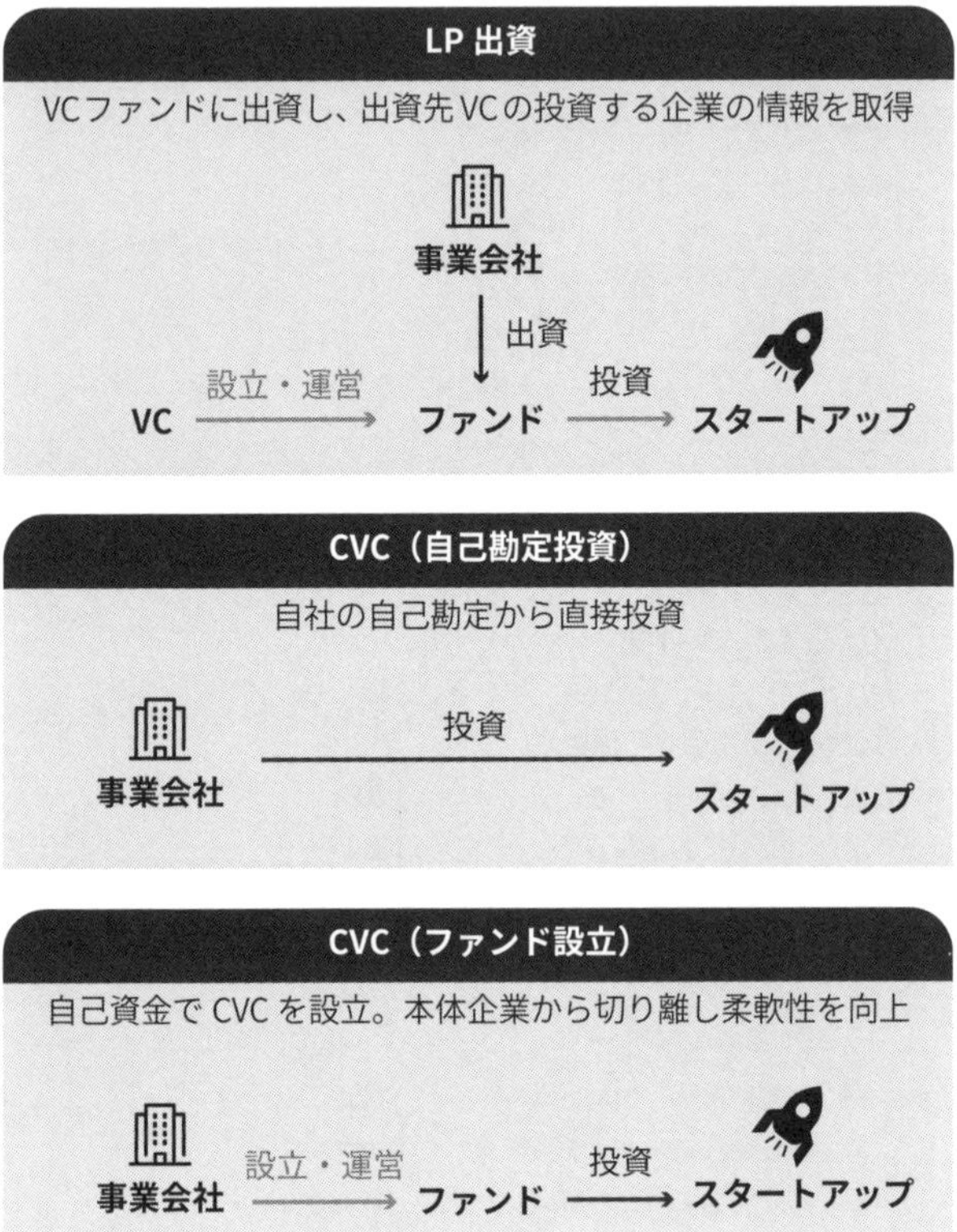
LP出資
VCファンドに出資し、出資先VCの投資する企業の情報を取得
事業会社
出資
設立・運営
投資
VC
ファンド
スタートアップ
CVC（自己勘定投資）
自社の自己勘定から直接投資
投資
事業会社
スタートアップ
CVC（ファンド設立）
自己資金でCVCを設立。本体企業から切り離し柔軟性を向上
設立・運営
投資
事業会社
ファンド
スタートアップ

CVCの歴史

CVCの原点は、20世紀初頭に化学・プラスティックメーカーのデュポンがゼネラルモーターズ（GM）に出資したことと言われている。自動車の需要拡大の中で、この出資によりゼネラルモーターズの発展が早まれば、デュポンの化学製品の需要も拡大すると期待しての出資であった。

1960年代から1970年代にかけて、米国では第1次CVCブームが起き、デュポン、3M、ダウ、ボーイング、フォード、GEといった製造業を中心とした大企業がCVCプログラムを手がけた。デュポンや3Mのような化学メーカーに加え、石油会社のエクソンが積極的に投資活動を行い、CVCを通じて多角化を図っていった。だが1970年代に入り、オイルショックやスタグフレーションによる景気後退もあり、沈静化していく。

1970年代後半になるとパソコンの普及とともにテクノロジー産業が加速し、企業は外部の技術に目を向け、シリコンバレーを中心に第2次CVCブームとなる。この頃は、内部で運用するCVCファンドだけでなく、独立系のVCにLP出資することでスタートアップとの接点を作る企業も多かった。今の日本の状況に近いかもしれない。ゼロックスが設立したゼロッ

図表 1-12　世界のトップCVCの投資件数（2021Q4時点）

グーグル・ベンチャーズ	27
KBインベストメント	27
コインベース・ベンチャーズ	22
セールスフォース・ベンチャーズ	22
三菱UFJキャピタル	18
アレクサンドリア・ベンチャー・インベストメント	15
プロサス・ベンチャーズ	15
SMBCベンチャーキャピタル	15
フォビ・ベンチャーズ	14
インテル・キャピタル	14
サムソンNEXT	14

参照："The Rise and Fall of Venture Capital" Paul A. Gompers
（出所）CB INSIGHTS

クス・テクノロジー・ベンチャーズなどが積極的な投資活動を行い、財務的にも成功を収めた。この時代に、一部の日本企業もCVCプログラムを導入し、北米の企業への投資を開始している。

1987年の株式市場の暴落（ブラックマンデー）あたりからブームは去っていくが、1995年にネットスケープ・コミュニケーションズが上場するとともにドットコムブームが到来し、新しいCVCも数多く立ち上がることとなった。

この頃からCVCは、多角化というよりもR&Dの代替手段として考えられるようになり始めた。伝統的企業は中央研究所だけに依存していたR&Dに対しての新しいイノベーションの形としてCVCを推進していくこととなる。今もなお活発な投資活動を行なっているインテルキャピタルは、1991年の設立以来、VC投資の経験者を多く雇用し、積極的に投資を行い、成果を上げた。しかしながらこの第3次CVCブームでは、ドットコムバブルの崩壊により多くのハイテク企業が倒産し、CVCを持つ企業も多額の損失を出すことになった。

ドットコムバブルの崩壊を受け、2003年まではCVC投資額は減少したが、その後は回復した。リーマンショック時には停滞したものの、その後は拡大の一途を辿ることとなった。そして、CVCは単なるR&Dの代替手段ではなく、その投資先を買収し次なる事業とするための手段として、企業にとって重要な役割を担うようになった。

CVCとVCの違い

スタートアップへの投資を通じて財務的リターンを追求していく一般的なVCに対して、CVCは、企業の持つ将来的な構想を実現するため、またスタートアップが起こし続ける破壊的イノベーションにアクセスし取り込むための戦略的リターンも追求する必要がある。多くの北米企業においては、コーポレートデベロップメント部門が存在し、事業企画、M&A、CVCを包括して手がけている。

ＣＶＣでは、戦略的なリターンと財務的リターンは二者択一のものではなく、両方を狙う必要がある。財務的リターンの期待できないスタートアップから大きな戦略的リターンを獲得できる可能性はそもそも低いからである。

ＣＶＣプログラムを持つ企業は、大きくは上記２つのリターンを目指すが、以下に記すように、さらに様々な目的がある。

● ＣＶＣの目的

■ 技術の探索：企業はＣＶＣ活動を通じて、先端の情報を得て、変化の激しい市場動向を把握し、自社の製品・事業開発を補完し、戦略立案に活かす。スタートアップから技術ライセンスを取得することも含まれる。

■ 自社の事業のリスクヘッジ：自社の主力事業・周辺事業にとって将来的な脅威となるスタートアップへ、リスクヘッジを意識して投資する。

■ Ｍ＆Ａの成功確率の向上：マイナー出資を行う先との協業実績などを踏まえて買収の提案へと進むことで、買収先の把握と信頼獲得の両方を得ることができる。また、投資先企業でなくとも、ＣＶＣ活動を通じて、買収候補先の市場におけるポジション、強みを理解することが可能。

■販売協力：大企業の持つ広範なネットワークにスタートアップをアクセスさせることで、双方の事業上のメリットがある。

■自社商品・自社のプラットフォームの発展のため：セールスフォースが自社のプラットフォームを利用するスタートアップに出資することで、自社のプラットフォームのエコシステムが発展することを目指すような事例。２０００年代前半に日本の携帯キャリアが、携帯コンテンツを開発運営するスタートアップに出資していたのも同様と言える。

■起業家精神の醸成：スタートアップとの接点が増えることで、大企業社員に起業家精神が醸成される。

■スタートアップから学ぶ：リーンスタートアップやプロダクト・マーケット・フィット（商品が顧客の課題を満足させながら、適切な市場に受け入れられるようにすること）をスタートアップから学び、自社の事業開発、研究開発に活かす。

■ＣＶＣとしての収益機会：事業会社としてのバリューを提供し、優良なスタートアップに出資し、キャピタルゲインを得る。

CVCの4分類

ヘンリー・チェスブロウ氏は、CVCを投資の目的によって4分類している（図表1－13）。この4分類では、横軸をCVCの投資目的（戦略的・財務的）、縦軸を組織の運用能力との関連性（事業連携における期待の高さ）としている。右下の「消極型」は戦略的な目的も事業連携も期待されないのでCVCの目的とは合致しにくいが、残りの「事業推進型」「創発型」「戦略実現型」に関しては、CVCによって個性は出るものの、どれかに偏りすぎることなく投資を手がけていくバランスが求められる。

アンドリュー・ロマンス氏の著書『CVC コーポレートベンチャーキャピタル』（ダイヤモンド社）には、長年にわたりCVCにおけるトッププレイヤーの1社であるインテルキャピタルのウィリアム・キルマー氏のコメントが掲載されている。

「CVCの投資家は、スタートアップと事業部門の架け橋として極めて大きな役割を担っており、両者から中立の立場でなければならない。すなわち、一投資家としては、投資対象のスタートアップを成功させ、事業部門による邪魔が入らないようにしなければならない。他方、

図表 1-13　ヘンリー・チェスブロウによるCVCの4分類

業務上のケイパビリティの密接度 ＼ 投資目的	戦略上	財務上
強い	**事業推進型** 既存の事業戦略を推進する	**創発型** 新規事業の可能性を探求する
弱い	**戦略実現型** 既存の事業戦略を補完する	**消極型** 財務的リターンのみ提供する

（出所）ヘンリー・チェスブロウ "Making Sense of Corporate Venture Capital"

企業に属する投資家としては、会社がスタートアップとの関係性にメリットを見出せるよう手助けをするという目的を追求し続けなければならない。このバランスを取ることが、ＣＶＣ投資家として成功するためには不可欠なのだ」

まさにポリネーターに求められる要素そのものである。日本のＣＶＣが今後さらに機能していくためにもポリネーターの活動が期待される。

第2章

自前主義からの脱却

第1章で述べたように、オープンイノベーションが欠かせない時代になり、同時にイノベーションの起点がテックスタートアップに移っているという認識に基づき、本章ではオープンイノベーションを促す上で最も重要だと思われる以下の4点について解説していく。

1 既存事業の「ミッシングピース」を探す
2 「社内でできるはず」思想を打破する
3 「自社開発」優先思想を理解する
4 実効性のある「探索」を継続する

1 既存事業の「ミッシングピース」を探す

ミッシングピース、すなわち自社に欠落しているものが何かを知らなければ、オープンイノベーションのスタートラインには立てない。

ミッシングピースが何であるかは企業によって異なる。そして自社にとってのミッシングピースの輪郭を探り当てるためには、自分たちが目指すべき未来のビジョンをまず設定しなければならない。当たり前のようでいて、これが実践できていない企業は非常に多い。

事業分野が多岐にわたる大企業ほど、ミッシングピースを認識しづらいのも事実だろう。そうした場合、次の4つの視点に立ってみると、現在の自社の輪郭が見えてくるはずだ。

①　今の時点で自分たちがすでに持っているもの（資産）
②　目指すべき未来像（ビジョン）
③　社内で生み出せそうな領域（可能性）

④　現状のままでは手に入らないもの（欠落）

まずは、これまで築き上げてきた資産や業界におけるポジション、自社の強みをあらためて確認する。

次に、目指すべき未来像へと目を向ける。当然、現在の姿と理想の未来像の間にはギャップがある。

では、今の自分たちが何を手に入れればそこへ近づけるのか。この先、社内で生み出せそうなテクノロジーやプロダクトはどの領域で、逆にこのままではどうやっても手に入らない領域はどこか。どうすればそれらを取り込めるのか。

その1つひとつを丹念に検証し、地道に整理していくことでしか、ミッシングピースは見つからない。

アマゾンが日本の小売業にどれほどの影響を及ぼしたのかを振り返るとわかりやすいだろう。アマゾンの成功や同社に追随するeコマースによって消費者の行動は変わり、リアル店舗は売り上げを奪われてきた。アマゾンが日本に上陸した当初、アマゾンの影響が今日のように大きくなることをイメージできた人は多くはないかもしれない。しかし、アマゾンというイノベーターの出現をみたとき、自社のミッシングピースを探すことはできたはずだ。

いかに実店舗でのオペレーションが素晴らしくても、押し寄せるｅコマースの波を前にただ立ちすくんでいては淘汰される。自社で何とか対応できるのか、それとも他社との提携やM&Aなど社外のリソースに活路を見出すのか。

「今から自社開発しても間に合わない」が結論ならば、すべきことは明白だ。ｅコマースのノウハウをすでに持っている企業と協業、もしくは買収の形で手を組むしかない。

事業マップを作って「やらない領域」「足りないピース」を探す日立ソリューションズ

日立ソリューションズでスタートアップ探索の仕事を15年間続けてきたグローバルビジネス推進本部の市川博一氏は、「社内を動かすために大切なポイント」の筆頭作業として、各事業部にポートフォリオマップ（図表2－1）の作成を依頼するところから着手すると語る。

「各事業部に社内事業ポートフォリオマップと名付けたものを作成してもらい、それによって探索の必要性を判断する材料にしています。自社のコア技術を活かして既存のソリューション事業が存在している領域であれば、協業相手を探す必要性は低い。既存プロダクトはあるが、これ以上の展開が見込み薄な領域であれば、足りないピースを埋めてくれそうなスタートアップとの連携の道を探っていきます。

既存事業のリプレースも、スタートアップとの協業も、決して簡単ではありません。だからこそ最初に方針を定めておく。そこがブレると、後々に揉めたときに『なぜこんなに苦労してまでスタートアップと連携しなければならないんだ』という不満につながってしまいますから」

「『こんな技術を持っているスタートアップがあるんですよ』と外からの情報をそのまま自社の事業部に持ち込むと、『いや、それならうちでも開発できる』という対立の構図になりがちです。だからこそ、まずは各事業部に『やらない領域』を決めてもらい、次に『では足りないピースは何か？』を考えてもらうマップ作りをお願いしています」

事業ポートフォリオマップの作成では、まずは手がける領域、手がけない領域を整理して、「やらない領域」を決める（図表2－1の①）。今は手がけていないし、今後も手がける予定のない領域をまずはクリアにする。

次に、「やる領域」の中から、足りないピースを明確にする（同②）。技術変化のスピードが速く、その分野の技術力が必ずしも社内では十分ではない部分があれば、それを補う技術を持つスタートアップを探索する。

その次に、すぐに事業化するには自社開発では間に合わないが、顧客ニーズが出てきそうな

図表 2-1　日立ソリューションズの社内事業ポートフォリオマップ

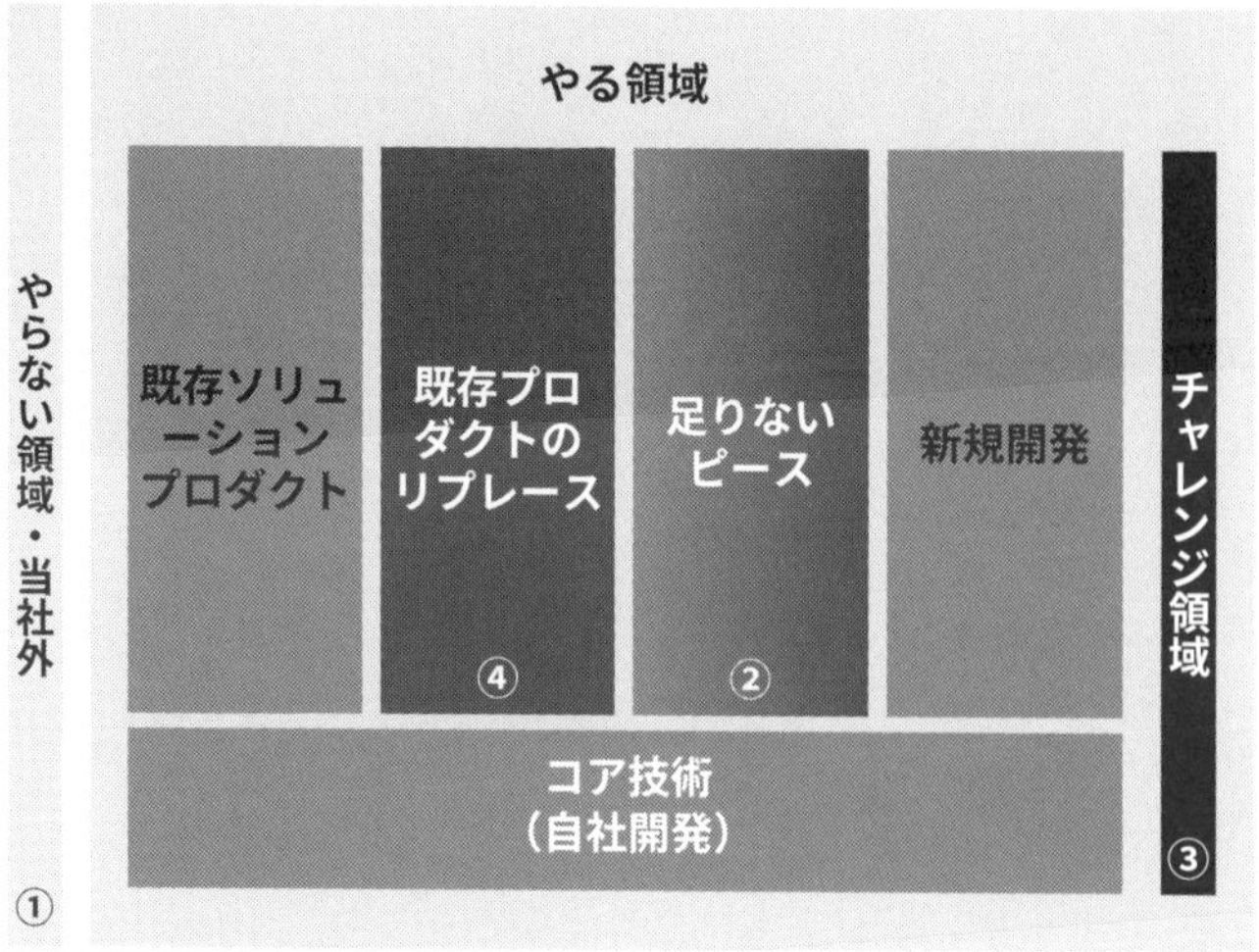

分野は、スタートアップの技術で代用できるものがあれば、取り入れやすくなる。コンフリクトは小さく、取り入れやすくなる。ここもチャレンジ領域として探索していく（同③）。

また、既存プロダクトのリプレースを進めていく領域では、自社としてこれ以上は開発に注力しないけれども、顧客はすでに掴んでいるので、そこを補ってくれるスタートアップの技術があれば取り込む（同④）。

このようなマップを事業部との共通認識として持っておくことで、社内を巻き込むことが比較的容易になる。またスタートアップに対しても、このピースにそのスタートアップが合致すると説明すればわかりやすくなる。

日立ソリューションズは大手システムインテグレーターである。日立グループの中核企業の1社であり、産業界にデジタルトランスフォーメーションが広がる中で業績は好調だが、将来への危機感もあるという。そして自社開発だけでは時代についていけないと判断し、2007年からシリコンバレーに駐在者を置き、有力なスタートアップとのパートナーシップを築き上げ、彼らの持つ商材をいち早く日本で展開してきた。

同社のシリコンバレーにおける商材発掘チームは15年ほどの活動において、40件を超える新しい商材の日本展開を手がけ、同社の競争力を支える一機能となってきた。近年は年間10件以上の新商材の日本での再販契約を結んでおり、その活動は加速している。

同じ「水」の分野で補い合える米企業に投資した栗田工業

自社のミッシングピースを自覚した上で、海外M&Aを精力的に行っている日本企業として、栗田工業の名が挙がる。栗田工業は、工場などの水処理専業として国内のトップ企業だ。同社イノベーション本部オープンイノベーション推進部部長の小林秀樹氏は、2010年代中頃からスタートアップとの協業探索担当として最前線で奮闘してきた。

2017年に、IoTを使った水量のモニタリング事業を展開するアメリカのスタートアップ企業ＡＰＡＮＡへの投資を決断したのは、自社のミッシングピースを埋めてくれる相手だったからだ。

「栗田工業は水処理の技術を磨いてきた会社ですが、ＡＰＡＮＡは当社の得意分野である水質でなく、水量を見る会社でした。営業面での相乗効果が期待できて、コンフリクトもありませんでした」

現在、ＡＰＡＮＡの技術は北米だけでなく、日本国内のコストコなどの大型商業施設に導入されている。コストコでは平均22％の水使用量削減に成功。目に見える数字で成果を上げており、国内への導入は栗田工業のグループ会社が手がけている。

さらに、２０１８年には水道管の劣化をＡＩの機械学習で予測探知する米国のスタートアップ、フラクタを買収した。これまで栗田工業は工場などの水処理事業に特化してしていて、水道事業は手がけてこなかった。フラクタの買収によって、水道事業と最先端テクノロジーを用いたデジタルビジネス事業という2つの新しい強みを手に入れた。まさに、ミッシングピースを埋める戦略投資と言えるだろう。

「かつての当社は、ニッチな業界の大手という立ち位置ゆえに、『変化しなければ生き残れない』という危機感がやや薄かった。しかし、商品・技術のコモデティ化が進んだことで他社との差別化が困難となり、また現場の技術者の高齢化が進行するなど、様々な課題が浮き彫りになってきたことで、ニッチな領域だからこそ独自のネットワークを構築して、持続的なイノベーションを創出していかなければならない、という方針へと全社的に変わりつつあります」

（小林氏）

2 「社内でできるはず」思想を打破する

ポリネーターの存在意義は、社内外をつなぐ架け橋となってオープンイノベーションを実現させることである。

オープンイノベーション事業の初期段階では、「これは外に出すまでもなく、社内でできる領域のはずだ」との否定的な声が社内から上がってくるだろう。多くの企業で見られる光景だ。

だが、その言葉をポリネーターが真に受けて大人しく引き下がっていては、いつまで経っても企業は自前主義から抜け出せない。従来のビジネス手法の延長線上に明るい未来がないことは、すべての業界に共通する課題だ。

自前主義の見直しを進め、オープンイノベーションを推進している企業の具体例を見ていこう。

「自前主義との決別は必然だった」東京海上ホールディングス

東京海上ホールディングスのデジタル戦略部長として、デジタル技術を活用した新しい保険サービスの開発、スタートアップやプラットフォーマーとのアライアンス構築などに取り組んでいる楠谷勝氏が、自社のビジネスモデルの在り方に強烈な危機感を抱いたのは「２０１６年のシリコンバレーだった」。楠谷氏は、当時を次のように振り返る。

「シリコンバレーでインシュアテック（「インシュアランス」と「テクノロジー」をかけ合わせた造語）のスタートアップ保険会社を訪問した際に、従来型の保険会社のビジネスモデルのままでは、もはや立ち行かないことがはっきりと理解できました。私が訪問したメトロマイル社は、完全距離制のデジタル自動車保険会社でした。商品として保険を扱ってはいるものの、実体は完全なＡＩ企業です。社員の60％がトップクラスのデータサイエンティストであり、データサイエンスを駆使した保険商品を提案できることが同社の強み。ライフタイムバリューによるマーケティングのメリハリ、徹底的なＡＩ化・自動化による事故対応サービス、不正探知テクノロジーなど、いずれも当時の従来の保険会社にはない視点とテクノロジーでした。

メトロマイル社のトップと話をしたところ、『ＡＩ企業として、どの分野に取り組めば成功のチャンスが多いかと考えた。データサイエンスによる価値向上が可能で、かつ既存サービスに対する顧客の不満が大きい業界はどこか。そうした観点で選択したのが保険領域だった』と語っていたことも衝撃的でした」

衝撃と危機感に突き動かされた楠谷氏が最初に着手したのは、トップ層との認識の共有だった。ほぼすべての役員にシリコンバレーに来てもらい、最先端の保険の現場では何が起きているのか、そして自社に何が足りていないかのギャップを理解してもらうことに腐心した。デジタル戦略を推進することで、新たな保険会社への変革を目指す。そのために必要不可欠だが、すぐに自社で賄えないものは、外部リソースを活用する道が合理的である。事態を見極めたトップ層が判断を下し、東京海上ホールディングスは自前主義との決別に向けて本格的に動き出した。

２０２１年には、東京海上ホールディングスが発起人となり、三菱電機、ＮＴＴ、セコム、ＪＲ東日本など14法人が中心となって創立した「防災コンソーシアム（ＣＯＲＥ）」も、オープンイノベーションの好例と言えるだろう（現在では96社が参加）。

「保険は元来、怪我や病気、事故、災害などの備えとして誕生した商品です。一方で、日本は災害大国にもかかわらず、デジタルテクノロジーやデータサイエンスを活用しての自然災害への対応策という視点が手薄であるという課題を長年抱えていました。例えば、インフラ企業は自社の設備に関連する災害データを豊富に持っていますが、それらが業界の壁を越えて防災・減災に貢献するようなケースはこれまであまりありませんでした。

けれども、防災ＩｏＴセンサやＳＮＳ、カメラ映像を通じたＡＩ解析などと組み合わせることで、そうしたデータが防災・減災のための有力な備えにもなり得るのです。多種多様な業界のデータと最先端テクノロジーをかけ合わせ、コンソーシアムを組むことによって、災害に負けない強靭な社会の構築に貢献していく。これも自前主義で閉じていては決して実現できなかった試みです」

「オープンイノベーションは悪戦苦闘の連続です。優秀なエンジニアを積極的に採用したものの、いわゆるエンジニア的な働き方と当社のルールでは報酬体系やカルチャーのギャップが大きすぎて、なかなか根付いてもらえない時期もありました。それならば無理に自社に取り込もうとするのではなく、グループ会社として別の箱を作り、そこで雇用してもらうほうが良いだろうとの発想から合弁会社をいくつか立ち上げることに至りました」

大企業はスタートアップの脅威にさらされている

ポリネーターが率先して「社内でできるはず」思想を打破していくことは、オープンイノベーションの必然性の理解と直結している。スタートアップとの協働は、「どうやら協働したほうがいいらしい」ではなく、もはや「協働しなければ生き残ることができない」と認識すべきだろう。

「小が大を呑む」現象はすでにあらゆる業界で起きている。業界トップクラスのブランドと顧客網を持っている会社であっても、数年後にはその座から引きずり下ろされているかもしれない。大企業にとってスタートアップは、考え方次第で、脅威にもなるし、パートナーにもなる。どちらが得かは言うまでもないだろう。

社内と社外のベストなアイデアを組み合わせることによって、組織はより強くなれる。ポリネーターが成すべきことは、オープンイノベーションの根底にあるその認識を社内で共有・拡散することだ。

3 「自社開発」優先思想を理解する

ただし、ここで禁物なのは、外部のリソースの重要性を強調するあまり、自社開発を頭ごなしに否定してしまうことだ。

多くの企業が得ている収益の大半は、既存のコア事業から生み出されているはずだ。企業の今を成り立たせているのは既存事業であり、自社が蓄積してきた知見である。社内外を行き来していくときには、自社開発を大切にする思想を理解し、寄り添うこともまた欠かせないステップである。

なぜ自社はここまで成長できたのか。なぜ顧客に愛され、利益を出してこられたのか。ここまで積み重ねてきた伝統、歴史は紛れもない強みである。自社開発によって培われてきた強みまで否定してしまえば、反発を招き、足場が揺らぐ。それがオープンイノベーションの障害になることは明らかである。

再度強調するが、ポリネーターの役割は外と中を行き来することである。外から新しい種を取って戻ってくるだけではなく、自社の内部にもしっかりと信頼できるネットワークと足場を構築しておかなければならない。

外部との連携の重要性を説きながらも、自社開発を貫くべき場面では貫いていく。この領域は自分たちの得意ジャンルあり、「うちがやってこそ、一番面白いものが作れる」という自負があるのであれば、自社開発を貫くべきだ。

どちらかだけに偏るのではなく、両者を等価値に尊重してこそ、はじめてオープンイノベーションは実現に近づける。重要なのはそのバランスだ。

そのためには自社の「強み」を再確認し、言語化していくステップが欠かせない。これまで暗黙知とされていた自社の強みや価値、独自性について話し合い、言葉に置き換え、明確化して社内で共有する。社内の話し合いだけでは見えづらいのであれば、外部のヒアリングなどを活用するのもいいだろう。内部に長くいるほど、独自性や強みに無自覚になってしまうケースも珍しくないからだ。

ただし、「この部分だけは外部のリソースを取り入れたほうが可能性は開ける」と判断したのであれば、柔軟に活路を求めていく。M&A、合弁会社の立ち上げ、出資、業務提携など選択肢はいろいろある。

「世界トップの技術力×外部リソース」を推進するコマツ

コマツCTO室の冨樫良一氏は、「建機に関しては、自分たちが世界トップレベルの技術力とこだわりを持っていると自負しています」と述べた直後、「ただし」と次のように付け加えた。

「では技術力だけでお客さまの期待に応えられるか?と問われると、そうとは言い切れない時代になっていることも痛感しています。建機だけでは足りなくて、プラスアルファの側面が付加されないと顧客の期待には応えられない。我々にとってはそのプラスアルファが通信技術やソフトウェア開発であり、そこは自分たちの得意分野ではないという割り切りが最初からあったからこそ、外部のリソースを探すことに躊躇がなかったのかもしれません」

「根底には何より顧客中心思考があります。顧客の期待に応え続けるためには、ものづくりに加えて、顧客のオペレーションに入り込むようなソリューションが必要です。それを実現するには、自前主義から脱却する必要がありました」

コマツの技術力を示す製品として、無人ダンプトラック運行システムのAutonomous

Haulage System（AHS）がある。これはコマツが顧客の課題解決を目指したオープンイノベーションによって生み出された。

コマツ製品のユーザーは鉱山の採掘者も多い。鉱山は人里離れた地域にあり、高温乾燥、極寒、高地といった過酷な労働環境にある。そこで働くトラックのオペレーターは高収入を提示されるが、それでも採掘事業者は人材採用に苦労している。人材が限られ、労働環境が過酷なため、事故も当然ながら起こる。運転手が働けなくなれば採掘作業は滞る。

この課題を解決するためにAHSは開発された。AHSを採用すれば採掘事業者はトラックのオペレーター確保の必要がなくなる。

このAHSを開発するにあたっては、鉱山機械管理システムの開発製造を手がけるモジュラーマイニングシステムズ（MMS）の買収（1996年）が多く寄与している。同社の持つ技術力と、幅広い技術を持つスタートアップとのネットワークを活かし、AHSは開発された。AHSを通じて、鉱山分野におけるコマツと顧客との関係性は、単純に鉱山機械とメンテナンスを提供するものづくりの会社と購入先という関係から、さらに踏み込んで施工計画・管理もコマツが担うパートナーのような関係となった。

「イノベーションのカルチャーを醸成する上での必然だった」栗田工業

自社の強みが明確だったからこそ、オープンイノベーションに突き進めたのは、栗田工業も同じかもしれない。イノベーション本部オープンイノベーション推進部で部長を務める小林氏は、オープンイノベーションの必然性を次のように語る。

「我々の事業部にとってオープンイノベーションとは、新しい事業を作るのではなく、技術導入の感覚に近かったかもしれません。我々は水処理に関しては吸着、濾過、分解、分離分散といった基盤技術を持っていますが、先端技術の領域は時代とともに移り変わっていく。持続的にイノベーションを生み出すカルチャーを醸成していくために、スタートアップとの協業探索は必然でした」

自分たちの強みはどこにあり、「企業として、ありたい姿」に近づいていくためには、何が足りないのか。そのことをクリアに認識した上で、経営陣とすり合わせながら、自分たちが腹落ちできる自分たちの言葉でアウトプットしていかなければならない。

ミッシングピースを特定し、自前主義から脱すると同時に、社内に取り込むべき新しい種を探すことがオープンイノベーションの必須事項である。つまり「探索」である。

4 実効性のある「探索」を継続する

「切実な危機感」から探索組織としてCVCを立ち上げた東芝テック

探索組織の1つとしてCVCを立ち上げた大企業に東芝テックがある。同社は、POSレジの国内シェアは19年連続トップ、POSシステム稼働台数はグローバルでトップである。「安泰」の一語で形容したくなる東芝テックだが、経営陣は切実な危機感を抱いていた。

「アマゾンGO（アマゾンが手がける無人店舗）やb8ta（商品の販売でなく顧客に体験機会を提供することを目的とした店舗展開を行う米国企業）のように、レジが存在しない店舗がどんどん生まれていく中で、POSレジ大手だからこそ技術進化によるパラダイムシフトに切実な危機感を抱いていました。一足先を行くアメリカの動きを見ていれば、小売業が受難の時代に突入していることは明らかに見て取れた。主軸事業であるPOSレジの賞味期限が近いかもしれない。そうした話し合いをトップと重ねた結果、誕生したのが今の新規事業部門であり、CVCです」

こう語るのは、現在は新規事業戦略部CVC推進室に籍を置く鳥井敦氏だ。

文系出身エンジニアとして大阪のSI（システムインテグレーター）からキャリアをスタートさせた鳥井氏は、20代後半で楽天に転職。動画配信サービスや電子書籍事業など多くの新規事業プロジェクトに携わった後、2013年に東芝に入社。社長直轄のマーケティング戦略部で新規事業プロジェクトに従事した後、2016年には東芝テックに転籍した。中小企業、スタートアップ、大企業を横断的に経験した強みを活かして、東芝テックではオープンイノベーションを活用した新規事業の創出、およびCVC投資を推進するポリネーターの役割を担っている。

「出島」方式、ユーザー企業の経営者の登用など、柔軟に探索を続けるコマツ

コマツは、探索への取り組み方という点でも先進的である。新規事業探索にあたって、柔軟な組織運営を続けている。

コマツは2014年、新規探索に特化した組織として、社長直下にCTO室を設置した（その経緯は第6章参照）。立ち上げ当初のメンバーは冨樫氏ただ1人だった。

こうした組織の新設に加えて、人材の登用という点でも、コマツは柔軟だった。

コマツのスマートコンストラクション事業の話題になると、四家千佳史氏の名前がしばしば登場する。四家氏は現在、コマツの執行役員スマートコンストラクション推進本部長であり、同事業の進化を目指して設立されたEARTHBRAINの代表取締役会長でもある。

四家氏はもともとコマツの社員ではなかった。1997年に福島県で建設機械レンタルを行うビッグレンタルを創業し、コマツ製品のユーザーであり、コムトラックスの最初のユーザーでもあった。

コマツは建設現場のデジタルトランスフォーメーションを進めるために、自社の顧客であったビッグレンタルをコマツレンタルの傘下に入れた（BIGRENTALに社名変更）。2009年にはBIGRENTALとコマツレンタルが経営統合し、四家氏はコマツのレンタル事業を担うことになる。建機レンタルというサービス業で成功していたことで、従来のものづくりにはない顧客目線で、コマツのオープンイノベーションの一端を担ってきた。さらに2015年には、四家氏がスマートコンストラクションの責任者に就任した。

外部から招いた人材をキーマンのポジションに据えた点は、日本の大企業のセオリーとは明らかに異なる。コマツでは、もはや「社内」と「社外」の境界線は消失している。一歩先を行くロールモデルだろう。

2021年には、スマートコンストラクションをさらなる顧客目線で追求していくために、企画開発部門の一部をカーブアウト（親会社が戦略的に子会社や自社事業の一部を切り出し、新会社として独立させること）して、EARTHBRAINを設立。こうして四家氏はコマツのスマートコンストラクション推進本部長と、EARTHBRAIN会長を兼務することになった。

コマツにとっての戦略事業でもあるこのスマートコンストラクションをカーブアウトした最大の理由は、採用していきたい人材や雇用形態などを変えていく必要性を感じたからだろう。だが、コマツ全体を変えることはできない。それならば、別の会社を設立したほうが合理的だと考えるのは当然の判断だ。

さらに、「ありたい姿」を実現するために、EARTHBRAINにはコマツ以外の会社の資源も導入する方針を打ち出し、通信技術を持つNTTコミュニケーションズ、センシング技術を持つソニーセミコンダクタソリューションズ、野村総合研究所からの出資も受けている。

ものづくり一本からの脱却を図る上で、自社の組織カルチャーと違うレンタル事業を手がけるBIGRENTALを買収し、その社長に要職に就いてもらい、「コト」サービスを立ち上げる。さらにその事業を大きくするために、カーブアウトさせる。コマツがスマートコンスト

図表 2-2　新事業探求組織デザインの4つのパターンとコマツの事例

	組織配置	注意点	コマツの事例
① すでに 探索部門 が存在	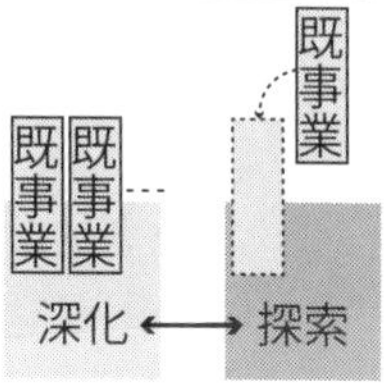	既存事業に巻き込まれないようにする。傍流として中途半端になりがち。	
② 外から 探索組織 を取込む	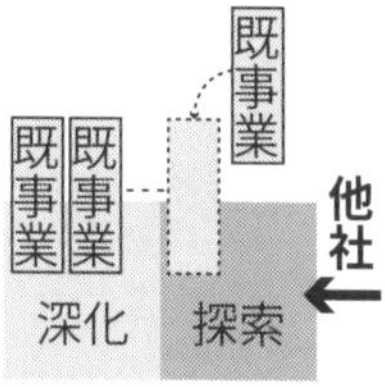	経営からの庇護。既存文化との摩擦から新文化を守る。	スマートコンストラクション推進本部
③ 探索組織 を社内に 創る	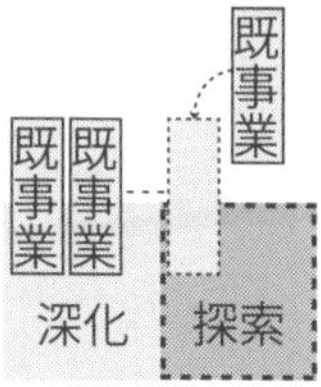	経営の継続的コミット。トライ&エラー許容の文化醸成。	CTO 室
④ 探索組織 を外出し する	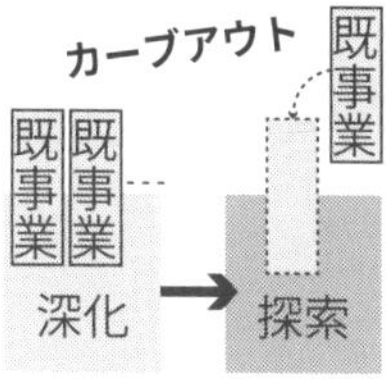	遠心力が効きすぎる？ 成長のための資源供給が必要。	LANDLOG EARTHBRAIN

（出所）根来龍之作成

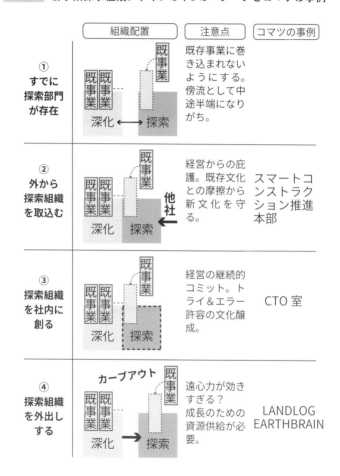

ラクション事業を推進してきたこれらの一連の流れは、まさにオープンイノベーションに必要な「柔軟な探索」の先進事例と言えるだろう。

ハンティング・ゾーン

探索を進める上で参考になる考え方として「ハンティング・ゾーン」を紹介しよう。

ハンティング・ゾーン（狩場）とは、『両利きの経営』（東洋経済新報社）の共著者であるチャールズ・A・オライリー氏とマイケル・タッシュマン氏が、組織変革に関するコンサルタントとしての実績を持つアンドリュー・J・M・ビンズ氏とともに書いた『コーポレート・エクスプローラー』（英治出版）の中で取り上げられている考え方である。

コーポレート・エクスプローラーは、成熟した企業の中で、スタートアップに負けない事業を作りだすリーダーである。ポリネーターとは役割が少し異なるが、両利きの組織における探索活動を担う役割であり、既存の組織行動と異なる動きをする点で、ポリネーターとの共通点も多い。

同書は、安定した成功を収めている企業内で破壊的な新しい事業が生まれるのには、感情と論理に訴えかける「戦略的抱負」と、それに突き動かされたマネージャーが必要と述べている。戦略的抱負には、「現在」と「望む未来」を結びつけて、社員への期待を書き換える働きがある。それによって、社内の慣習に異議を唱えやすい雰囲気を作り、探索事業にもお墨付きを与えるため、普通なら潰されるような取り組みでも迅速に進み、企業の将来像を決めるほどの先進的な事業も育ちやすくなる。

戦略的抱負の事例としては、マスターカードのアジェイ・バンガCEOが「現金の世界に革命を」という壮大な抱負を掲げたことが挙げられる。同社はその後、フィンテック革命を背負って立つ企業となることを目指していく。

そして戦略的抱負を掲げ、それを実現するためにイノベーションを起こしていこうとする際には、ハンティング・ゾーンを定めて新規事業の方向性に多少の縛りを設けることが重要だという。狙う分野を広げすぎてしまうと、自社の事業戦略との関係が希薄になり、企業の協力を取り付けるのが困難となる。同書では、ハンティング・ゾーンを見つけるために、次の４要素を意識することを薦めている。

- 社会全体の潮流：新規事業に追い風をもたらす可能性のある、社会・政治・法律・テクノロジーなどの変化。
- 自社の優位性：コア事業の資産のうち、社会全体の潮流に乗るために活かせるもの。

■ 市場魅力度：市場の潜在的規模。収益見込み、顧客数、競争度合い成長見込みなどから導き出した仮説。

■ 顧客を惹きつける課題：現在は不可能だが、今後実現すれば顧客が価値を感じそうなこと。根拠はあっても確実性は低く、あくまでも仮説。

新規事業におけるハンティング・ゾーンの絞り方は、オープンイノベーションにおいて探索の範囲を定める考え方と類似する。

蛇足ではあるが、VCがシードステージ（構想段階にある企業）のスタートアップへの投資を判断する際の切り口も、これと似ている。シードステージにおいてVCが主に見るポイントは、①なぜ、今この事業を手がけるのか？(Why now?)、②このチームの優位性は何か？(Why you?)、③市場性はあるのか？、④どんな課題を解決するのか？――などが挙げられる。ハンティング・ゾーンの4要素と、とてもよく似ている。

戦略的抱負とハンティング・ゾーンを明確に示すことは、連携の相手となるスタートアップとの関係構築でも有効だろう。スタートアップとしても、「この企業と組む理由」の理解が進みやすくなるはずだ。

図表 2-3　ハンティング・ゾーン

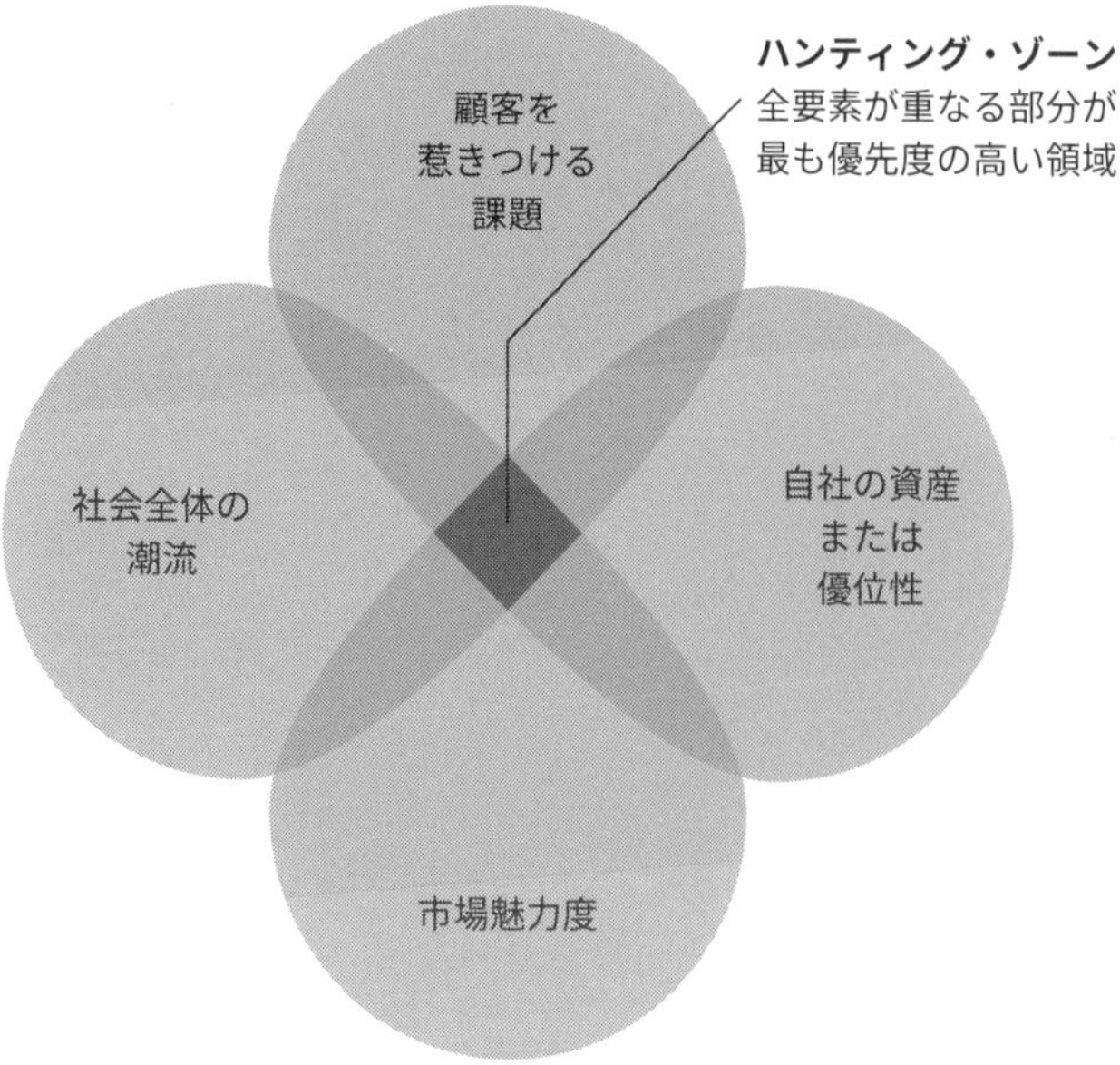

(出所) アンドリュー・J・M・ビンズ、チャールズ・A・オライリー、マイケル・L・タッシュマン『コーポレート・エクスプローラー』英治出版 (2023年)

COLUMN

水平協働型ビジネスモデルの拡大

日本の伝統的企業、特に製造業の分野では、長らく「垂直統合」型ビジネスモデルが主流だった。トヨタ自動車やユニクロのように、製品の開発から生産、販売に至るまでのプロセスをすべて自社で統合する垂直統合型は、差別化の追求を目指す上では極めて合理的なビジネスモデルだ。

しかし、これからの時代においては、ユーザーの立場から商品やサービスを考え、既存の組織構造を越えて、柔軟かつオープンに他社と連携する「水平協働」型ビジネスモデルがさらに広がっていくと予測される。その代表的な企業の1社がアップルである。

念のため付け加えると、トヨタやユニクロ＝垂直統合型、アップル＝水平協働型、と全面的に区分けできるわけではない。アップルはプロダクトの開発においては水平協働型だが、アップルストアは明らかに垂直統合型のモデルである。トヨタも系列企業すべてを支配下においているわけではない。自動車業界においては、ＥＶの普及とともに電池の領域は水平分業化が進んでいる。多くの大企業は垂直統合型と水平協働型、どちらの側面も持っており、時流に応じてどちらかのモデルが強調されているにすぎない。

顧客の期待に応えていく上では、垂直統合型だけでなく水平協働型が求められ始めている。社内顧客だけではなく、同業者ネットワーク、さらには異業種ネットワークまで拡張することができれば、横のつながりは強化される。

業界の壁が消えつつある今の時代からこそ、異業種企業へのアプローチに価値がある。昨日まではノーチェックだった業界から誕生した新たなテクノロジーが、明日の競合になる未来も十分にあり得るのだ。

第3章

組織カルチャーの刷新

「ｉＰｈｏｎｅって、技術的には難しいものではなくて、うちの会社でも作れたし、実際に似たようなもの開発していたんだよ」

２００７年6月29日にアップルから発売され、誰もが知るように、その後世界を席巻していくことになる製品に対して、日本を代表する企業の社員の方がこのようなことを語るのを何度か聞いた記憶がある。当時、筆者（中垣）はシリコンバレーに長期で出張しており、ｉＰｈｏｎｅ発売に現地も大騒ぎになっていて、日本企業の駐在員の多くの方とこの話題になった。

実際、日本企業でも、シャープがザウルスを１９９３年に、ソニーがＣＬＩＥを２０００年に発売し、ＡＣＣＥＳＳはそのＣＬＩＥのＯＳ開発元であったパームを２００５年に買収するなど、この分野において日本企業は意欲的に動いていた。

なぜ技術的には可能であったのに、ｉＰｈｏｎｅに対抗できる製品が日本から生まれなかったのかはわからない。ただ、日本企業の携帯端末事業は、１９９０年代半ばまでは技術的優位性を武器に世界でもトップシェアを持っていたが、２０００年以降は技術的に高い評価を受けながらも大きく落ち込んでいた。

その時点で、２０００年までの勝ちパターンではない、新しい視点への転換ができていれば、保有していた高い技術力を活かして、異なる状況を生み出すことができたかもしれない。

新たな価値を生み出すためには、組織は自社の固定された視点を転換しなければならない。長く続いてきた企業ほど、独自のカルチャーや慣習が強固だが、それらの法則はいずれも永続的に有効なわけではない。どこかの段階で視点をアップデートし、カルチャーを刷新しなければならない日が必ず来る。

だからこそ、ポリネーターの役割を果たす人は、率先して自社の内側とは異なる「視点」を持つことが必要になる。視点の置き場を一段上に上げる、と表現してもいいかもしれない。

視点の転換のポイントは、次の3つを意識して実践していくことである。

1 自社の組織カルチャーを相対化する
2 スタートアップから学ぶ
3 事例を創造する

1 自社の組織カルチャーを相対化する

まずは「自社の組織カルチャーの相対化」から見ていこう。

組織カルチャーを定義することは難しい。チャールズ・A・オライリー氏とマイケル・タッシュマン氏の『両利きの経営』でも、「組織カルチャーとは何か、カルチャーをどのように管理すべきかについて、いまだ明確な答えはない」と述べられている。

また、日本においては、「カルチャー」が微妙にニュアンスの異なる言葉として解釈されていることも「組織カルチャー」の定義を困難にしている。

多くの企業は「カルチャー」の意味を取り違えている

「我が社のカルチャーは和気あいあいとしたアットホームな雰囲気です」「カルチャーフィットする人材を見極める方法は？」などのように、組織内の「雰囲気」といった意味合いで「カルチャー」を捉える企業は少なくない。

しかし、組織カルチャーの核心を一言で表すならば、カルチャーとは「行動パターン」である。曖昧な「雰囲気」などではなく、「ある事象が起きたときに会社として何を是とするのか」「どのような価値基準を持ち、どう振る舞うのが適切なのか」という行動パターンこそが、組織におけるカルチャーである。オライリー氏は、２０２２年7月26日のNewsPicksの記事において、次のように答えている。

「カルチャーとは『行動パターン』を意味します。日本語の『やり方』に近いかもしれません。文化とＤＮＡは変えられませんが、行動パターンややり方なら変えられる。経営のマネジメントの問題だからです。（中略）必ずしも明文化されているわけではなく、どのような人が昇進するのか、どのような行動が『良い』とみなされるのか。これこそが行動パターンをもたらすものです。（中略）強いカルチャーとは、組織全体で『望ましいとされる行動は何か』について合意が取れていることです。逆にカルチャーの弱い組織では、人々がバラバラに行動してしまう。しかも望ましくないとされる行動をしていても罰せられにくい組織です」

組織カルチャーとは、その企業の行動パターンである。この事実を頭に入れた上で、では自社の組織カルチャーを相対化するとは具体的にどのようなことかを考察していこう。

相対化とは、他と比較して考え直すことを意味する。つまり組織カルチャーの相対化とは、自社とは違う組織のカルチャーにも目を向けて、自社のカルチャーを客観的に見つめ直すことである。

本書で掘り下げていくポリネーターが担う重要な役割として、「両利きの経営」で言うところの「探索」行動がある。

新たな情報や知見を求めてどんどん外へと開拓していく「探索」と、自社が持つ特定分野の知を継続的に深く掘っていく「深化」。これらを共存・融合させることができる企業ほど、「両利きの経営」をスムーズに行える。

だが、これは口で言うほど簡単なことでは決してない。

そもそも、外へ向かう探索と内へと掘り下げていく深化は、相反するベクトルであるため、同時に並行して進めようとすると、組織は強烈な違和感に直面する。

だからこそ視点の転換の第1ステップとして、自社の組織カルチャーを相対化することが必須になる。

社内ルールを大幅に変更した東京海上ホールディングス

第1章でも紹介したが、東京海上ホールディングスのデジタル戦略部長を務める楠谷勝氏は、シリコンバレーに駐在し「自社のサービスを外から見る視点」を得たことが、次の一手を模索する上で大いに役立ったという。

楠谷氏は、1994年に東京海上ホールディングスに入社し、法人営業部門を経て2016年にはデジタル戦略の担い手としてシリコンバレーに単身派遣され、インシュアテック分野のスタートアップとの共創を担う拠点を設立し、スタートアップの探索や提携に尽力してきた。2019年に帰国し、デジタルイノベーション部の設立を経て、現在に至る。

4年間の滞米経験で、国柄も組織の性質もまったく異なるスタートアップとの協業の経験を積んだことは、自社の組織カルチャーを見直すきっかけにもなった。

東京海上ホールディングスは、インシュアテック分野のスタートアップ企業などとの協業を進めるにあたって、社内ルールの見直しを進めた。社内の階層や部門が多いがゆえに、必然的に「丁寧な意思決定」になっていた体制を2020年に大幅に変更した。楠谷氏は次のように語る。

「意思決定に時間を取られると、スタートアップ企業との協働はうまくいきません。スタートアップ投資やDX関連の意思決定プロセスは最大限に簡略化する特別ルールを適用してもらい、顧客に提供するソリューションは徹底したアジャイル開発に変える方針となってきました。結果、スタートアップ企業との協働においても大いにプラスに作用しました」

「スタートアップは自分たちに足りないところを補ってくれる相手。だからこそリスペクトができると思えることが、関係を構築していく上でも、共に事業を進めていく上でも肝になると考えています」

「誰かの怪我や病気、死亡の事態に寄り添う保険という商品は、本来は非常にウェットでヒューマンなビジネスです。人間に寄り添うための商品ですから、サービスがドライであってはならない。そのためにはデジタルテクノロジーを徹底的に使いこなし、あらゆる分野の事業者やスペシャリストと役割・機能を明確に分けて協働することでサービスを磨く領域と、自社、自分たち、生身の人間だからこそ提供できる価値にこだわらなくてはならない領域が存在する。この双方を実現できる体制を会社として整えてきました」

ポリネーターの役割にいち早く気づいた日立ソリューションズ

日立ソリューションズの市川博一氏は2010年からシリコンバレーに駐在し、北米を中心に世界中のスタートアップとのアライアンスを進めてきた。現在は本社で、経営戦略統括本部グローバルビジネス推進本部の戦略アライアンス部部長を務める。市川氏は、スタートアップとの協業に取り組んできた理由を次のように語る。

「2000年代に入ってから急激に時代の変化がスピードアップし、自社開発だけではいよいよ間に合わなくなりそうだという感触がありました。多様化する顧客のニーズに迅速に対応するためには、自社開発だけにこだわっていてはならない。外部にある優れた商品を持ってくることで対応できるのでは、と会社として考えざるを得なかった」

2007年には2500万円だった同社の海外スタートアップ商材の売り上げは、2021年には約150億円に達している（プロダクト販売とシステムインテグレーションの合計）。

自社とマッチする海外商材を見つけ出すことによって、自社の成長が促され、結果的には組織カルチャーを変える原動力にもなる。その仲介役を果たしたのが、日本に置かれた戦略アライアンス部だった。

大企業とスタートアップ、海外と日本。あらゆる点において異なるカルチャーの違いを乗り越えるためには、間に立って両者のカルチャーを翻訳する仲介人がいなければならない。市川氏はシリコンバレー駐在以降、オープンイノベーションを加速するために何が重要かを感じ取り、その課題の解決に取り組んできた。

その詳細は次章以降で紹介していくが、それはまさしく自社の組織カルチャーを相対化したことから始まっている。言い換えれば、日本の大企業とスタートアップをつなぐポリネーター的役割の重要性を早くから認識していたということである。

大企業にはスタートアップ企業のようなスピード感はないが、長い歳月で築き上げてきた力強いパワーがある。カルチャーのすり合わせは簡単ではないが、それぞれの良い部分を結びつけることで、世の中を変えていくチャンスが誕生する確率も上がるはずだ。

リーダーの癖は組織の癖になる

「20の悪癖」をご存知だろうか（図表3－1）。ジャック・ウェルチ元GE会長をコーチした、コーチングの第一人者であるマーシャル・ゴールドスミス氏が、著書『コーチングの神様が教

図表3-1　「20の悪癖」

1）極度の負けず嫌い
2）何かひとこと価値をつけ加えようとする
3）善し悪しの判断を下す
4）人を傷つける破壊的なコメントをする
5）「いや」「しかし」「でも」で文章を始める
6）自分がいかに賢いかを話す
7）腹を立てている時に話す
8）否定、もしくは「うまくいくわけないよ。その理由はね…」と言う
9）情報を教えない
10）きちんと他人を認めない
11）他人の手柄を横取りする
12）言い訳をする
13）過去にしがみつく
14）えこひいきをする
15）すまなかったという気持ちを表さない
16）人の話を聞かない
17）感謝の気持ちを表さない
18）八つ当たりする
19）責任回避する
20）「私はこうなんだ」と言い過ぎる

（出所）マーシャル・ゴールドスミス『コーチングの神様が教える「できる人」の法則』日本経済新聞出版（2007）

える「できる人」の法則』で指摘したものである。多くの経営者やリーダーは悪癖を持っており、それが職場に悪い影響を与えているという。

面白いのは、これらの悪癖がいずれも伝統的な大企業の体質と重なっている点だ。

ＡＧＣの島村琢哉会長の講演を聞いた際に、印象に残ったエピソードがある。島村氏は２０１５年にＡＧＣのＣＥＯに就任し、同社の大変革を推進したが、そ

れに先立ち、この「20の悪癖」を経営幹部全員にチェックさせたところ、控えめにみてもほぼ全員が多くの悪癖に該当していたというのだ。

もちろん、短所は見方と場所を変えればたやすく長所に転換する。だが、この悪癖の多くは「新しいことをやらない理由を作る」ことであり、イノベーションの阻害要因になっていることもまた事実である。島村氏は、まずはこの悪癖を経営幹部が自己確認することを出発点とし、そこから時間をかけて悪癖を取り除いていくよう促したとのことだ。

「20の悪癖」と自社カルチャーで重なる部分がないか、ぜひ確かめてほしい。それが自社の組織カルチャーを相対化するための第一歩となるだろう。

新たな行動パターンの獲得で「両利き」は上達する

自社が醸成してきた組織カルチャーを守りながら、相対的な視点を持ち続けることで、企業は新たな行動パターンを獲得できるようになる。そして新たな行動パターンが加わることによって、「両利きの経営」は上達していく。

そのためには、自分たちの組織はどのような行動パターンを選び取り、どのようなバランスで成り立ってきたのかを振り返る必要があるだろう。自社の強みと弱みはどこにあるのか、それを活かせるベストな形は何か、将来の競争力を磨くために優先的に着手すべきことは何か。自社の現状を認識した上で、不足と課題を確認し、それを補うべく新たな行動パターンの獲得に挑む。

この作業において、違和感はあって当たり前だ。むしろ摩擦や抵抗がゼロで、新たな行動パターンを獲得できることはあり得ないと言ってもいいだろう。いくらオープンイノベーション施策に積極的に取り組んでも、自分たちの組織カルチャーが変わらない限り、イノベーションにつながる外部との化学反応は決して起きないだろう。

伝統企業とスタートアップの成功パターンは違う

ある金融機関のスタートアップ窓口の方と話していたときの話である。「スタートアップを支援するためのアドバイザリーボードを作ろうと思っている」と、その方は自己紹介とともに、アドバイザリーボードのメンバーについて説明し始めた。その方が真剣に取り組もうと考えているのは、話す様子からもうかがえた。アドバイザリーボードには日本を代表する伝統的大企業の役員の方々が名を連ねていた。

私は、初めてお会いした方だったので、「ちょっと本音で言っていいですか？」とお断りを入れた上で、「これはうまくいかないパターンですね」と指摘した。「ここにいらっしゃる方々は、とても偉い方々で、その会社において成功してきた人たちかもしれないけれど、おそらくそのほとんどの方がスタートアップのことも起業のこともご存知ない。アーリーステージ（創業から間もない段階の企業）のスタートアップが求めているアドバイスとは、かなりピントがずれてるかもしれませんよ」と。

伝統的企業の既存事業を成功させることと、スタートアップを立ち上げることは、まったく性質が異なる。伝統的企業の創業メンバーでもない方々の成功パターンをスタートアップに伝授することは的外れになることも多く、また伝統的企業での成功をもってスタートアップに経営を「支援してあげる、教えてあげる」というスタンスが見えてしまうと、スタートアップは嫌悪感を持ってしまうことさえある。

伝統的企業での成功経験は意味がないことだとは思わないし、スタートアップが規模拡大していく際には、もちろん役に立つアドバイスもできよう。ただその前に、スタートアップと伝統的起業の成功パターンの違いを理解することが大事である。

この際にも自社の行動パターン、成功パターンを客観視できているか、それと違う行動パターンが存在するということを理解できるかということが大事になる。また、既存事業で結果を出している優秀な社員が、新規事業にフィットするとも限らない。

自社の組織カルチャー、すなわち行動パターンを本質的に理解するためには、意識的な相対化の視点が必須であり、違和感があることを前提に組織を作り変えていくことが重要になる。

視点の転換を実践するための2つ目の秘訣は、スタートアップに学ぶことだ。

2
スタートアップの組織カルチャーから学ぶ

多くの場合、伝統的な企業や大企業の行動パターンは非常に似通っている。「ミスが減点評価に直結するため保守的になる」「申請・承認・決裁に時間がかかる」「厳密な予算管理」「回収ありきの投資計画」などがその一例だ。

スタートアップ企業のカルチャーを表すならば、「走りながら考える」だ。スタートアップは革新的なアイデアで急成長を目指すので、トライ・アンド・エラーを繰り返しながら進んでいく。前述した「20の悪癖」とは対極の行動を是とする経営である。

スタートアップに求められるのは短期間での成長であり、それを支えるのは敏速かつ大胆な決断だ。時間のロスは命取りになるため、意思決定プロセスも必然的にシンプルになる。

歩み寄るべきは大企業側

では、大企業とスタートアップが連携してオープンイノベーションを創出するためには、どちらがどれほど歩み寄るべきだろうか。

結論から述べると、歩み寄るべきは大企業側である。

日本の大企業は、スタートアップの組織カルチャーを本気で学び、変わっていかなければならない。スタートアップ企業の聖地シリコンバレーで起きている現象をもとに、その理由について解説していこう。

まず、スタートアップ企業は無数に存在するように見えるが、注目される会社はごく一部にすぎない。そして著名なVCは、少数の企業にのみ注目している。自分だけが知っている隠し玉的なスタートアップは滅多にない、と考えておいたほうがいいだろう。

それゆえ、イノベーション創出を切実に求める多くの大企業は、ごく一部のスタートアップ企業に殺到する構図になっている。したがって、協業において主導権を握るのは、ほとんどがスタートアップ企業側である。

かつてスタートアップと大企業の間には圧倒的な差があり、優位に立つのは大企業だった。だが第1章で述べたように、クラウドの普及やチャネルの整備によって、スタートアップの不利な面は続々と解消されている。だからこそ急成長するスタートアップが数多く生まれ、「ビジネスを共にできる相手かどうかをジャッジする権利」はスタートアップ側へと移った。

スピードとサポーティブな姿勢が大企業に求められる

大企業とスタートアップの持つ資源に差がなくなりつつある今、オープンイノベーションを切実に望む大企業側がスタートアップに対してすべきことは、"more than money"（お金以上に何ができる?）、つまり自分たちと組むことによって、資金面以外でどれだけバリューを出せるのかの提案だ。「どれほど早く決断を下せるか」「サポーティブになれるか」をスタートアップ側へ具体的に提示しなければならない。

スタートアップへの資金の供給元であるVCにおいても、同様のことが求められている。例えば、シリコンバレーの有力なスタートアップと面談する場合、初回はVCだけがプレゼンを行い、提供できる価値をアピールして終わる場合もある。その後、提供価値の確認が取れるようにVCがレファレンスリストを渡し、スタートアップはそのレファレンス先に問い合わせをしてＶＣの主張や実績が嘘ではないことを確認するのだ。そうしたステップを経て、ようやく2回目のミーティングが設定され、スタートアップ側からの事業プレゼンを受けることになる。すべてのスタートアップとのミーティングがこうなるわけではないが、日本においてもＶＣは有力なスタートアップから「選ばれる」立場にある（日本においては今のところ初回面談でプレゼンテーションをしてもらえないという話は聞いたことがないが）。

要点を整理しよう。現状の構図は、需要と供給のバランスの問題であり、当然のことながら、どちらが偉いかといった話ではない。単に注目されるスタートアップ企業には人気が殺到するが、そうではない大多数のスタートアップ企業は、ほぼ注目されない。そうした二極化が進んでいる現実を理解しておくべきだろう。

ただ、創業から間もない会社でも急成長しやすいインフラが10年前と比べてもはるかに整っており、今後も有望なスタートアップが生まれ続けることは容易に想像できる。

一方で、日本企業においては「大企業のほうが優位であり、スタートアップは選ばれる側である」という意識を持つ人がいまだに残っている印象を受ける。ポリネーターとして両者を行き来する役割を担うのであれば、スタートアップ文化に学んで、視点と行動を転換すべきである。

補論2において、根来教授は大企業とスタートアップのマインドの乖離について整理している。その一部をここでも紹介しよう。

■意思決定：大企業は各所の同意を得るために遅くなり、スタートアップはシンプルな意思決定なので早い。
■失敗の位置付け：できれば失敗しないほうがいい大企業に対して、スタートアップは早く失敗して改善につなげたい。
■業績評価：目標の達成度を評価する大企業に対して、スタートアップは結果としての成果と将来の機会拡大を評価する。これは、減点主義と加点主義とも言い換えることができる。
■予算：「計画通り」を求める大企業に対して、スタートアップは必要に応じて適宜変更を加えていく。
■技術・ノウハウ：大企業は内部資源を優先的に活用するのに対して、スタートアップはコア以外は外部依存も厭わない。

このように、大企業とスタートアップとは多くの点でマインドが異なっている。大企業の既存事業に関しては、従来のマインドのほうが機能するであろう。しかし、オープンイノベーションでスタートアップと協業するのであれば、スタートアップに合わせたマインドを持つことも必要になっていくのだ。

3 事例を「学ぶ」のではなく、事例を「創造する」

視点の転換の3つ目のポイントは、事例を「学ぶ」のではなく、事例を「創造する」まで行動することだ。

大企業とスタートアップ企業の間に立ち、結びつける役割を担うポリネーターは、ともすれば理想ばかりを振りかざす評論家になりかねない危うさがある。イノベーション部門に在籍してスタートアップ企業とちらっとお付き合いをするだけ、他社の事例やロールモデルを傍からただ見ているだけでは、変化は起きない。自らが足を動かして、外のスタートアップ企業を探索し、自社内部との連携を促し、トップに働きかける必要がある。自社文化を相対化して自分たちの強みと弱みを捉え、スタートアップ文化に学ぶことも、すべては「最初の事例」を創造するための地固めだ。

ポリネーターは評論家ではない

足踏みばかりで実行に踏み出せない企業の担当者がよく口にするセリフがある。

「他社はどうしているんですか？」

「他社は成功しました？　それとも失敗しているんですか？」

社外の新しい知見を取り込んで推進していく役割にもかかわらず、こうした人々が欲しがっているのは、先行事例という名の安心材料だ。

失敗を避けたくなるのは、人間として自然な心理だろう。けれども前述したように、スタートアップ企業の真骨頂は「走りながら考える」スタンスにこそある。ある段階までは失敗続きだとしても、失敗を重ねて実践知を得たことにより、成功につながる流れを掴めることもあるはずだ。一面的な失敗や短期の成功に拘泥することには、さほど意味がない。

同業他社の後ろを慎重に追いかけるのではなく、周囲を巻き込み、未知の領域にダイヴして、どこよりも先に失敗経験を取りに行く。日本のビジネスパーソンに不足しているのはそうした気概である。

だからこそ、競争力のあるプロダクトやサービスを作っていく上では、「失敗するのが当たり前」が基本になっているスタートアップのマインドを大企業は学ぶべきだろう。

筆者が本書を執筆するきっかけとなった早稲田大学ビジネススクールでの講義にも、伝統的企業に勤める社会人学生が数多く参加していた。他社の事例を「唯一の正解」とは思い込まずに、そうした事例を参考にしながらも自ら新しい事例を創造してほしいと心から願っている。

実行力とスピードを持ってスタートアップと連携するコマツ

「事例の創造」に関して、コマツの実行力とスピード感には驚かされる。2014年8月、スマートコンストラクション実現の道を模索していたコマツは、VCからの紹介でアメリカのあるスタートアップ企業と出会う。このスタートアップは空中ドローンを利用した地形測量や3Dマッピングテクノロジーを提供する創業1年目の若い企業だったが、出会って2カ月後にはコマツのビジネス部門責任者が初会合を済ませ、11月には業務提携の本契約に至る。

さらに、コマツの大橋徹二社長（当時）の強いリーダーシップのもと、2015年1月には渋谷ヒカリエで発表会を行い、スマートコンストラクション始動を大々的に宣言。2月からは本格的にスマートコンストラクションを開始させた。

大企業らしからぬスピード提携を実現した背景には、大橋社長の強い意志があったという。

コマツの主力製品である鉱山機械や建設機械は、通常20～30年にわたって使用される。長期間の使用に耐える耐久性が求められる商品で、しかも高い安全性が求められる。このような商品を作る組織には、慎重かつミスの許されない行動が求められることは想像に難くない。社員の行動は保守的になりがちである。

にもかかわらず、コマツは技術的にも発展途上中のドローンのスタートアップとの迅速な提携を実現した。

コマツのＣＴＯ室でスタートアップや他業種との連携窓口の役割を担っている冨樫良一氏は、スマートコンストラクションのように社会課題の解決にチャレンジする事業を立ち上げるポイントとして、以下の４点を挙げている。

「常に顧客中心思考」
「トップダウンによるプロジェクト」
「実行しながら発展させる」
「脱自前主義／グローバル開発」

いずれも新しい事業にスピード感を持ってチャレンジする上では欠かせないことであろう。

創造の第一歩は常にスモールステップ

事例の創造は、スモールステップからの出発で構わない。創造につながるステップを着実に踏んでいくことが重要である。

東京海上ホールディングスは、新しい事業を推進する部門間の連携を促すために、地味ながら、組織カルチャーの刷新を目指す取り組みを模索している。

例えば東京海上グループでは現在、デジタライゼーションを推進していく部署が3部門存在しており、それらの部門が情報途絶を起こさずに連携して、リソース配分を全体最適にしていく必要がある。そこで、まずは役割分担を明確化した。ホールディングスのデジタル戦略部は「戦略を練ること」「出資すること」「人材を育ててグループに供給すること」を担当する。事業会社のdx推進部は「オペレーションの改善をしていく役割」を、デジタルイノベーション部は「外部との連携」を担当し、組むべきパートナーを外に見つける役割を担っている。

むろん、役割は明確にしても、会社を跨いだり、複数部署が絡んだりすることの多いデジタライゼーションの推進において、情報共有や密なコミュニケーションを取ることは容易ではなく、どうしてもサイロ化が生まれそうになる。

図表3-2　東京海上グループのデジタライゼーション推進の役割分担

部署名		目的	役割
東京海上ホールディングス デジタル戦略部		グループ戦略とデジタルシナジー追求	【戦略立案】 ・グループデジタル戦略、グローバルデジタル戦略、データ戦略／データガバナンス 【執行】 ・スタートアップ出資提携、スペシャリスト雇用、グループ会社機能整備
東京海上日動	dx推進部	事業会社のオペレーショナルエクセレンス追求	・オペレーション効率化、保険事業に付随するデジタルサービス開発（防災事業、モビリティ事業etc）
	デジタルイノベーション部	事業会社の外部とのデジタルアライアンスのスペシャリスト	・プラットフォーマーとのビジネス共創、エンベディットファイナンス開発・展開 ・スマートシティプロジェクト協業

そこで、サイロ化を防ぐ手立ても用意した。デジタル主要3部門の部長が共有するSNSで常に各プロジェクトの進捗・課題・競合情報を共有し、3部門とCDO（Chief Digital Officer）が主要課題を報告・協議する場を週次で持つ。さらに3部門を同一フロアに配置して、フリーアドレス制にした。

楠谷氏は、何よりも効果があったのは、デジタル主要部の部長のデスクを物理的に一カ所に集めることで（図表3－3）、各部の進行案件、トラブル、新規プロジェクトなどの情報が強制的にガラス張りになったことだという。

結果、電話の応対から部下の相談内容、「どことどこが揉めているか」までが丸見えの状態となり、部署間の透明性が増したこと

図表 3-3　東京海上ホールディングスのデジタル主要部の部長デスク

で相互理解が進んだという。

これらは地味な試みかもしれないが、部署間の軋轢の種を少しでも減らすことによって、新規事業が動き出す際の摩擦となりそうな要因を排除していくことにつながる。社内における新たな「事例の創造」と言えるだろう。

M&Aも基本構造は同じだ。最初に大きく失敗すると次のチャンスが失われやすくなるため、まずはスモールステップで小さな成功体験を積み、少しずつ規模を拡大していく。ポリネーターとしてのミッションを自覚して動き出すのであれば、活動初期のステージにおいては、既存事業とのコンフリクトを慎重に避けたほうが安全だ（詳しくは第5章）。

「国内市場でそこそこやっていけている」という状況にある企業の中にいると、どうしても危機感が薄くなる。環境変化を察知する感度も低下してしまうことが珍しくない。そしてミスを忌避する日本企業では、「やらない理由」はいくらでも湧き出てくるだろう。

だが、時代の変革スピードは待ってくれない。「数年以内に本気で自社を会社を変えていかないと到底生き残ることはできない」という意識を持ち、それが新規事例創造のモチベーションにするような「視点の転換」が必要だ。

「事例を創造する」ためには当然ながら予算が必要であり、そこにはトップの承認も不可欠である。部署間のコミュニケーションを円滑にすることで社内の「横」のコンフリクトが解決しても、「縦」すなわち上層部にコミットできなければ、ポリネーターの存在価値はたやすく失われてしまう。その点については後述する。

第2部

ポリネーターの行動原則

第4章

スタートアップとの関係構築

「海外でスタートアップへのアプローチを開始して最初にショックだったことは、自分たちの会社が、あまりにも知名度が低かったことです」

水処理の国内最大手である栗田工業の「探索」活動担当として、シリコンバレーで開拓の先陣を切った小林秀樹氏は当時をそう振り返る。

日米の橋渡しをするVCという役回り上、筆者は過去に同様の悩みを幾度も耳にしてきた。海外での売り上げ比率が大きく、日本国内では「グローバル企業」として名が知られている大企業であっても、海外でも国内と同等の知名度があるとは限らない。海外のスタートアップ界隈という特殊なエコシステム内であればなおさらだ。

どれほどの大企業であっても、シリコンバレーのスタートアップ界隈へ初めて足を踏み入れ、そのエコシステムの中で何のコミットも貢献もしていないのであれば、ゼロからの出発だと思ったほうが賢明だ。

では、具体的にどうすればスタートアップに認知され、信頼を獲得し、パートナーとして協業へと持ち込めるようになるのか。本章では、レガシー企業が不得手な傾向にある「スタートアップの巻き込み」について、5つのシンプルな処方箋を提示する。

1 スタートアップの現場に何度も足を運ぶ
2 スタートアップの「スピード」と「大企業に求めること」を理解する
3 スタートアップからの信頼を得て、維持する
4 シリコンバレーのルールを知る
5 ＰｏＣを大切にする

スタートアップを理解し、並走し、信頼を勝ち得る。

5つの処方箋を端的にまとめるならばこの一言に尽きる。いずれも一見すると地道で当たり前のことのように聞こえるだろう。

だが、スタートアップの聖地であるシリコンバレーで定点観測をしていると、これらのポイントを実践できていない日本企業が驚くほど多いのが筆者の実感だ。

スタートアップとどう向き合うかについて解説する前に、スタートアップ界隈を取り巻く現状について認識をすり合わせておきたい。

スタートアップの聖地で日本企業は奮闘している？

スタートアップの聖地は、言うまでもなくアメリカのシリコンバレーだ。アップル、グーグル、フェイスブック、テスラをはじめ、シリコンバレーで誕生し、世界的企業に成長したスタートアップは枚挙にいとまがない。

もちろんシリコンバレー以外にもスタートアップの集積地は世界各地にある。イスラエルやエストニア、中国・深圳も有望なスタートアップが多数拠点を構えている。アメリカ国内に目を向ければ、テキサスやボストンも盛り上がっている。

それでもスタートアップの総数、資金調達額、そしてユニコーン企業が生まれてくる割合で比べると、やはり圧倒的にシリコンバレーが優位だ。

誤解されがちだが、シリコンバレーに集うのはIT企業ばかりではない。最近ではバイオテクノロジーや環境関連テクノロジーをはじめ、多種多様なスタートアップが世界中から集まっている。創業地は別の場所であっても、人材と資金が集まるシリコンバレーにわざわざ本社を移してくる企業も後を絶たない。ビジネスをスケールさせていく上で、世界で最も都合がいい条件が揃っているのが今のシリコンバレーなのだ。

図表 4-1　米国ベイエリアにイノベーション拠点を有する国別企業数（米国を除く、2019年）

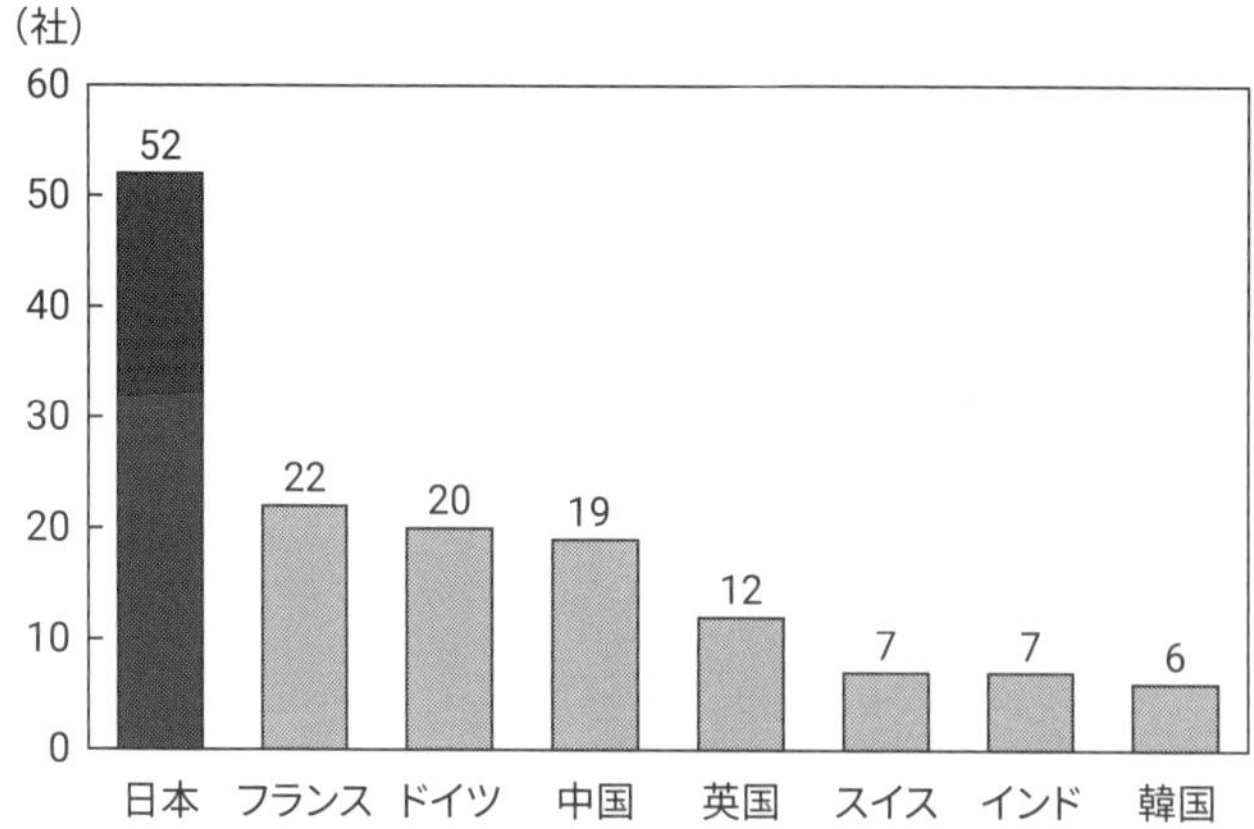

（出所）マインド・ザ・ブリッジ

シリコンバレーですべてが完結するわけではない。しかし日本企業が海外スタートアップの探索をするのであれば、やはりシリコンバレーに拠点を構えるのが最も効率がいいルートだろう。

最新テクノロジー探索の地であるシリコンバレーには、世界中から数多くの事業会社が進出している。もちろん日本企業も同様だ。それどころか、2019年の調査によると、「ベイエリア（＝シリコンバレー）にイノベーション拠点を有する企業数」を国別に比較すると、米国を除くと、なんと日本が世界1位である。

数だけではない。2015～18年にかけての「ベイエリアにおけるスタートアップへの投資額」ランキング（米国を除く）で見

図表4-2　米国ベイエリアにおけるスタートアップへの国別投資額（米国を除く、2015〜18年）

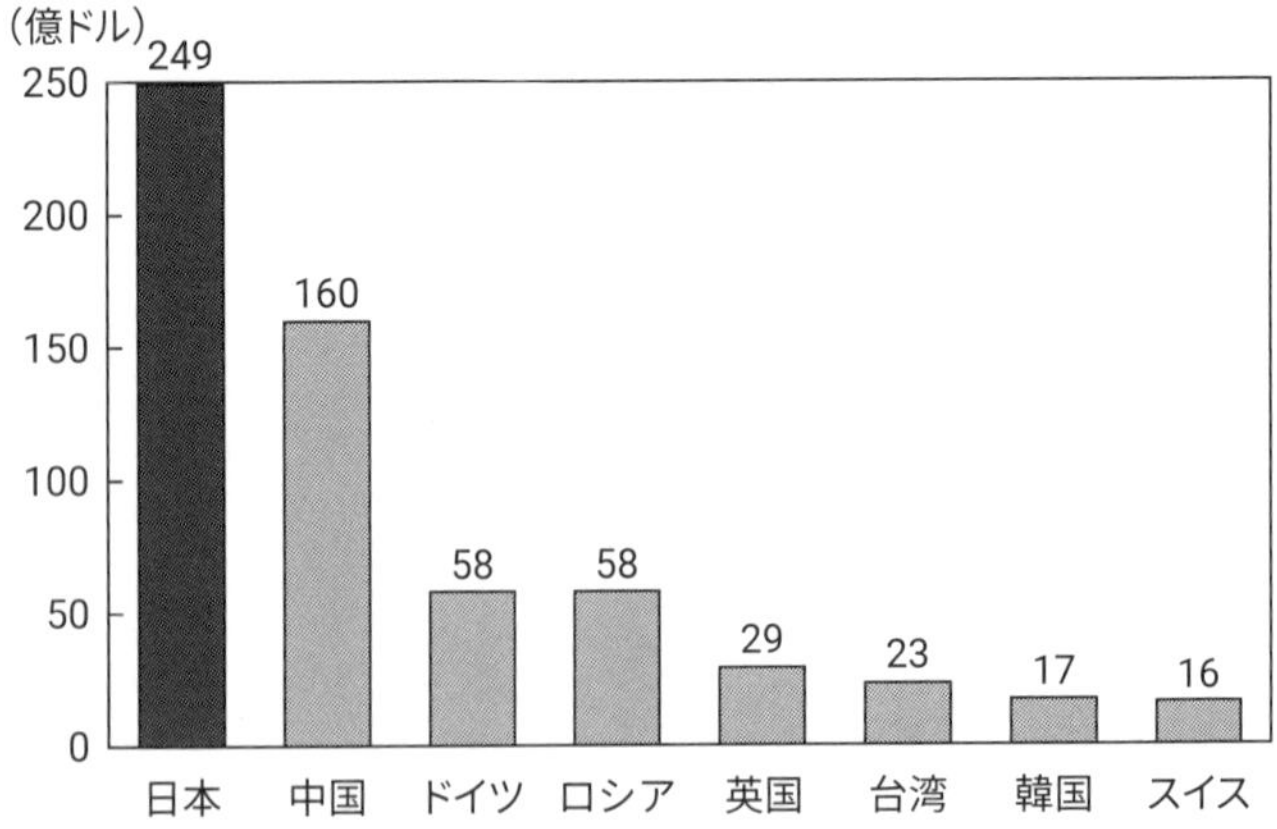

（出所）マインド・ザ・ブリッジ、ピッチブック

ても、日本は2位の中国やドイツ、イギリス、韓国などを大きく引き離して首位である。投資件数で見ても同様だ。

ちょうどソフトバンク・ビジョン・ファンドが巨額の資金を集めてスタートしたことも関係しているだろう。だが、その事実を踏まえた上でも、シリコンバレーに進出している企業数、スタートアップへの投資額、投資件数で「日本が世界1位」と聞くと、多くの人が驚くはずだ。「シリコンバレーでうまくいっている日本企業なんて聞いたことがないのに……なぜ?」。そしてこう考えるだろう。「ということは、シリコンバレーに注ぎ込んだお金の多くが無駄になったのでは?」。

日本企業による出資件数が増加しているものの、注ぎ込んだ資金や人材から成果が上がっているという話は、残念ながらまださほど聞かない。せっせと土を耕し、肥料を撒いているにもかかわらず、成功という大きな果実はなかなかもぎ取れていないのが現実だ。

日本企業が投資に見合った成果を上げられていない大きな理由は、日本企業がシリコンバレーにおいてのスタートアップの巻き込み方を把握できていないことに起因すると筆者らは考えている。

この前提に立った上で本章のテーマに戻ろう。「スタートアップの巻き込み」の5つの処方箋である。

1

スタートアップの現場に何度も足を運ぶ

2020年から世界を覆ったコロナ禍によって、日米間の人の行き来が激減した。会議も面接もピッチコンテストもオンラインでのやり取りが選択肢の1つになった昨今、「わざわざシリコンバレーまで直接足を運ぶ必要はない。オンラインで事足りるはずだ」と考える向きもあるだろう。

結論から言うと、これは大きな勘違いだ。確かにオンラインでカバーできる領域は広がったが、オンラインによるコミットだけで企業としての存在感を示し続けることは非常に難しい。これは情緒的な話ではない。オンラインと対面では、後者のほうがコミュニケーションに詰まっている情報量が圧倒的に多いからだ。

とりわけ最新テクノロジーを使った、これまでにないプロダクトの可能性を模索しているスタートアップを相手にするのであれば、フェイス・トゥ・フェイスの価値はなおさら高まる。プロダクトを見て、触れて、確かめ、相手の目を見ながら直接言葉を交わすことで得られる感触は、思いのほか大きい。現地に通うことの意味、フェイス・トゥ・フェイスの価値はそこにある。

アメリカにも拠点を持つベンチャーキャピタリストの実感としても、興味を持ってコンタクトを取った後に「では会いましょう」「実物を見せてください」のステップに進むことは欠かせない。すぐにリアルな行動を開始できなければ、スタートアップとの協業では機会損失につながる。

「ニッチ企業だからこそ地道なアプローチを積み重ねて認知度を上げた」栗田工業

本章の冒頭で触れた栗田工業のその後について紹介したい。

工場などの水処理というニッチな領域ながらも、国内最大手の自負があった栗田工業だが、シリコンバレー進出当初は、自社の認知度の低さを痛感した。同社イノベーション本部オープンイノベーション推進部の部長を務める小林氏は、当時の体験を振り返る。

「アメリカ出張の際に参加したカンファレンスで、水処理関連のスタートアップの方々と多数顔を合わせたのですが、栗田工業のことを知っているCEOはほとんどいませんでした。とにかく自分たちの知名度は圧倒的に低い。スタートアップの方々と話す際には『私たち栗田工業という会社は〜』という自社紹介から始めなければ、まったく話が通じなかった。『水処理のエコシステム内ですらこんなにも知名度が低いのか……』と大きなショックを受けたことを強烈に覚えています」

だが、現在地点がわかったのであれば、そこから攻勢に転じるしか道はない。スタートアップとの協業探索担当を任命された小林氏は、地道かつ粘り強い具体的なアクションを積み上げていく。

「まず、2014年にVCの力を借りて、データベースから約1900件のスタートアップ情報を閲覧して1社ずつチェックし、有望と思われるスタートアップを絞り込み、随時その動向をチェックするノルマを自分たちに課しました。

リサーチと並行して、足で稼ぐことにも力を入れました。シリコンバレーに駐在者を置くことはできなかったのですが、現地で開催されるスタートアップ関連のイベントには出張の形で積極的に参加し、CEOの方々とコミュニケーションを取る機会を得ることを心がけました。

シリコンバレーでスタートアップと会う機会を見つけては、自己紹介代わりに"Kurita is about $2B annual turnover…"のフレーズを繰り出し、栗田工業は年間売上高が約2000億円であること、水処理事業だけでそれを行っていること、つまり大きなマーケットを持つ企業なのだという事実を積極的にアピールし続けました。そうすると『え、すごい。どんな企業と取引しているの？』『実は電子産業大手の工場で水の浄化をしているのも栗田工業なんだ』となり、『じゃあ一緒に何ができるのか』と話の流れが生まれていきました」

潮目が変わり始めたのは、そうした地道な活動をひたすら積み重ねて3年が経過した頃だったという。

「水処理スタートアップのイベントに3年連続で参加したあたりから、栗田工業の名が徐々にスタートアップ界隈でも知られてきた実感がありました。『栗田工業と話がしたい』と申し出てくれる企業が徐々に増え、イベントのパネリストをやってほしいといった依頼も舞い込んで来るようになりました。スタートアップに詳しいリサーチ企業や業界向けアクセラレータ（スタートアップや起業家を集めて、事業の成長をサポートするプログラムなど）、ＶＣなどのネットワークが拡張されたことで、２０１０年代後半になってからは、スタートアップから直接連絡をもらう機会も増加しましたね」

栗田工業は現地に駐在者を置いていなかったため、小林氏の活動はすべて日本からの出張ベースに限られた。そのため時間は要したが、地道なアクションは着実に実を結んだ。第2章で紹介したように２０１７年にはＡＰＡＮＡのシリーズＡ出資、翌18年にはフラクタの株式を取得して子会社化している。小林氏のポリネーターとしての活動が、オープンイノベーションによる事業領域の拡大に貢献したことは間違いないだろう。

小林氏は栗田工業に新卒入社後、10年間の研究職を経て、2008年から経営企画室へ異動した。JAXAとの共同研究で宇宙でもリサイクルできる水処理システム開発に携わった経験も持つ。その後、外部との協業によって持続的にイノベーションを生み出す必要性があることを痛感し、シリコンバレーにおける協業探索部隊に移る。2023年からはイノベーション本部オープンイノベーション推進部の部長を務める。

「私はシリコンバレーに派遣される前の部署では、JAXAとの共同研究の立ち上げに携わっていました。栗田工業としてはそこまで詳しくない宇宙産業におけるプロジェクトでしたから、自社だけではわからないことが多かった。そのときに、外との接点がいかに大事であり、自分たちだけではオープンイノベーションはできないことを実感として理解できたことも大きかったように思えます」

「100社と会い、30社とNDA、5社と契約に至れば十分」
日立ソリューションズ

日立ソリューションズのグローバルビジネス推進本部 戦略アライアンス部に在籍する市川博一氏は、2010年からシリコンバレーに赴任。丸々6年間、スタートアップの商材探索やトレンド把握の最前線に携わってくる中で、様々な現実が見えてきたと語る。

「日立ソリューションズはアメリカに駐在チームを置いていますが、アメリカ以外の国のVCやカンファレンス、データベースなども駆使して、常時多数のスタートアップと会っています。おおよそ年間で100社のスタートアップと会い、30社とNDA（秘密保持契約）を締結し、5〜10社を事業部に引き合わせて、3〜5社と契約を結ぶ、といったところでしょうか。ただシリコンバレーで待っていれば人やモノが集まってくる。そんな甘い話はまったくありません。とにかく自分たちで動いて当たっていくのが基本。アメリカ駐在チームはニューヨークやラスベガスなどで関連イベントが開催されるたびに走り回っています」

VC投資においても、接触するスタートアップの数に対して、投資に至るチャンスというのは非常に少ない。100社のスタートアップに接触して、投資に至るのは1社程度、つまり1%ほどである。

ゆえに、一定数の投資を実行するためには、数多くのスタートアップと接する必要がある。VCの場合は、他のVCからの紹介がとても多い。それ以外には起業家やスタートアップ支援者（コンサル、エンジェル投資家、アクセラレータ、会計士など）からの紹介、イベントなどで接点を持つということもある。

VCや起業家から優良なスタートアップの紹介を受けるには、過去にスタートアップを支援

図表 4-3　VC がスタートアップへの投資に至る確率

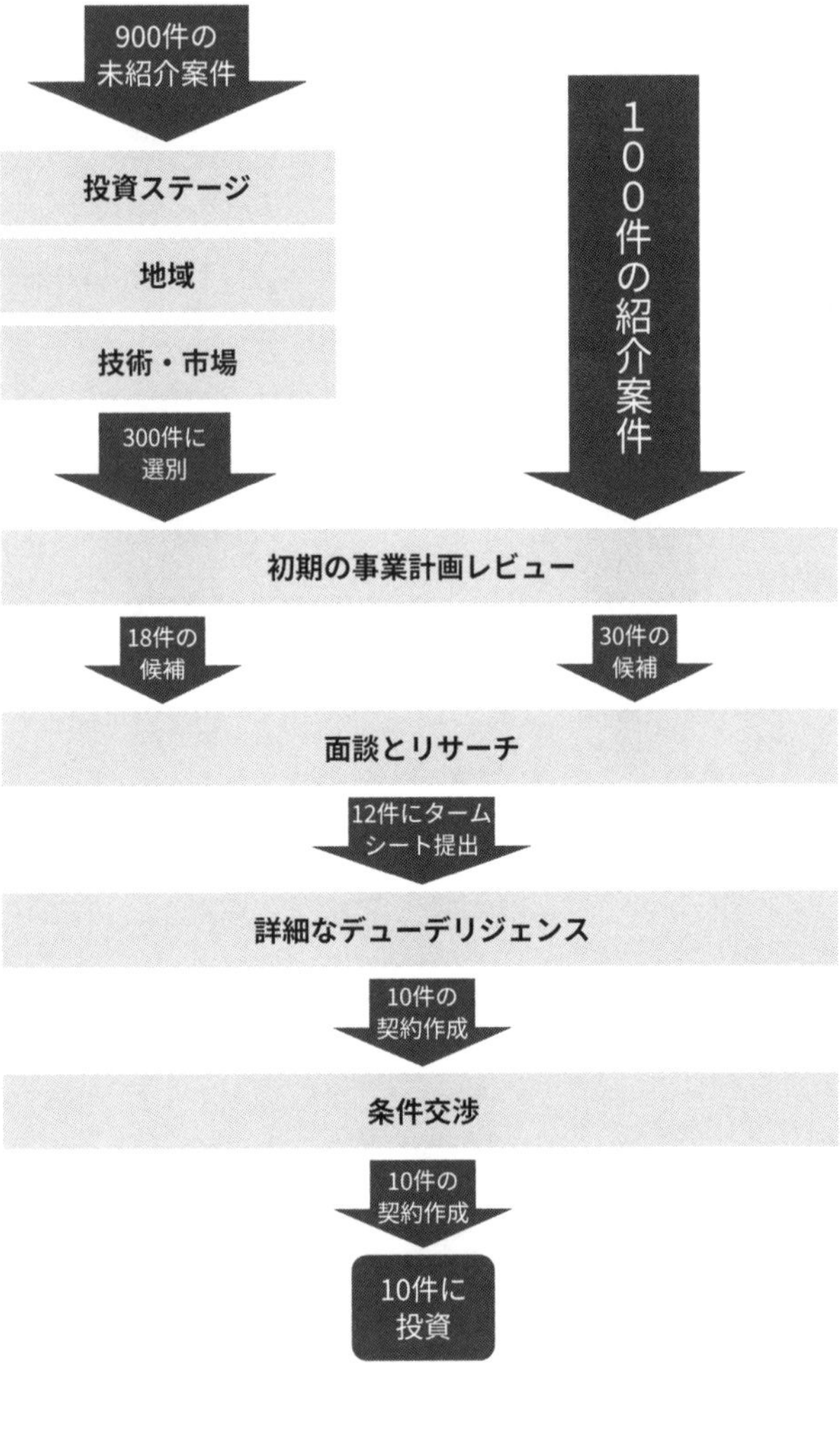

した際の実績や普段の情報交換の中で、知見などを認めてもらう必要がある。この点はVCも事業会社も変わらない。例えば、シリコンバレーでソフトウェアに投資するVCが投資先を日立ソリューションズに紹介し、見事に日本展開を成功させる役割を果たしたとすれば、当然ながらVCは、次の投資先が日本展開に興味を持った際に、同社に相談に行くだろう。ポリネーターは、スタートアップに対して価値を提供し、その周りにいるVCなどの支援者にも認めてもらうことで、スタートアップのエコシステムに深く入り込めるのである。

「アクセラレータのプログラムに参加してシリコンバレーのマインドを学んだ」

三菱UFJフィナンシャル・グループ（以下MUFG）がフィンテック事業の開発を狙って設立したJapan Digital Designの初代社長を務めた上原高志氏は、スタートアップ連携を探り始めた頃の話をこう語る。

「まずは何もわからないので、雑誌などで特集されている注目スタートアップに片っぱしから連絡して話をさせてもらっていました。その頃に出会った方にシリコンバレーでのアクセラレータの話を聞いたのです。先方はMUFGにスポンサーになってほしくてアプローチしてきたのですが、プログラムの話を聞いていると面白そうなので、オブザーバーにさせてくれと申し出たら、『それは無理だが、起業家としてエントリーするなら参加できる』と言われたので、エントリーすることになりました。そして3〜4週間を起業家と共にシリコンバレーで過ごし、スタートアップ的な事業計画やプレゼンテーション、スタートアップのマインドを学ぶ機会を得たのです。気がついたらファイナリストに選ばれて、投資家の前でプレゼンテーションをする機会を得て、それをきっかけにシリコンバレーにいる投資家などとも出会うことができました」

上原氏は現在、SOMPOホールディングスがデジタル技術を活用して商品・サービスを生み出すために設立したSOMPO Light Vortexにて、執行役員として新規事業の開発を担っている。

経営陣をシリコンバレーに連れてくる重要性

シリコンバレーに駐在するポリネーターの任務は「ピッチャー」である（第5章参照）。自分たちが最前線に出て、数多くのスタートアップと知り合い、どんどん手を組んでいく、攻めの役割が求められる。と同時に、本社の人間をスタートアップの現場に連れてくるのもポリネーターの最重要ミッションである。

本書に何度も登場するコマツ、東京海上、日立ソリューションズなどは、いずれもシリコンバレーに常駐しているピッチャーが、経営陣を頻繁に現地まで連れてくる。「トップの登場はスタートアップとの関係が軌道に乗って、機が熟してからでいい」と悠長に構えているポリネーターは1人もいない。

いかに早い段階で、役員にシリコンバレーまで足を運んでスタートアップに接してもらい、そのスピードやカルチャーを理解してもらうか。活動意欲のあるポリネーターは皆、手を変え品を変え、そのための努力を続けている。

「自分たちの会社の未来像はテクノロジーを理解した上で語られているのか?」「業界のトレンドは今どうなっているのか?」「競合他社はどこを見ているのか?」。シリコンバレーという最先端の現場に足を踏み入れることによって、自ずとそうした風景が見えて危機感が生じる。

その意味では、シリコンバレーに足を運ぶということは現場主義とも通じている。日本では「現場主義」と聞くと製造現場や顧客との対面を思い浮かべる人も多いかもしれないが、スタートアップとの会合や最先端の事例を見ることもまた現場主義といえるだろう。

誤解を恐れずに言えば、ポリネーターの役割は経営陣の危機感を煽り続けることでもある。危機感を正しく駆動させることができれば、変革のためのエンジンになる。現場を見て、現実に触れたときに、人は初めて危機感を「自分ごと」として捉えられるようになる。

2 スタートアップの「スピード」と「大企業に求めること」を理解する

スタートアップを巻き込むための2つ目のポイントは、スタートアップ特有のスピード感を理解することにある。

スタートアップと既存企業の違いは、会社の歴史の長さや規模の大小だけではない。スタートアップと伝統的企業の性質は、図表4－4にまとめた通り対照的である。

守るものはなく、生み出すことに集中するスタートアップにおいては、失敗し、ピボットしながらも、最終的に成功への切り口を見つけ出す社員が評価される加点主義だ。それに対して、伝統的企業はブランド、上場企業であれば継続的な利益体質を守るために、失敗しないことが目的になりがちであり、社員の評価も減点主義になりやすい。

そしてスタートアップは新しく生まれる市場を誰よりも先に占めることを目指し、スピード感を重視するのに対して、伝統的企業はブランドや安全を守りたいがために慎重になりがちで、スピーディーに動けない傾向にある。また伝統企業はイノベーションに関しても、自社の

図表 4-4　スタートアップと伝統的企業の性質

	スタートアップ	伝統的企業
歴史	短い	長い
目的	世界を変える	失敗しない
評価	加点主義	減点主義
重視すること	スピード	ブランド、安全
イノベーション	破壊的	段階的

既存事業との間にコンフリクトが生まれるようなディスラプティブ（破壊的）なものよりも、今ある事業・技術をさらに強めていく斬新的なものを追求しがちである。

このように、スタートアップと伝統的企業は、何もかもがまるで違う。この両者の特性を理解し、間を行ったり来たりしながら、調整するところにポリネーターの難しさがある。

そしてこれらの違いの中でも最も決定的なのが、企業としての意思決定のスピード感だ。

なぜスタートアップにとってスピード感は命なのか

スタートアップとスピードの問題は、実は一筋縄ではいかない難しさがある。いち早く事業を立ち上げないと競合他社に負けてしまう。これは当然の考え方だろう。しかしながらスタートアップが失敗する最大の要因は「市場がなかった」であり、多くの場合は「早すぎた」ケースなのだ。そういう意味では、早ければ早いほど良い結果になるとは一概には言えない。図表4－5もそれを示している。

スタートアップとスピード感について考える上では、もう1つ重要な視点がある。通常、スタートアップはVCから資金調達を続けながら成長していくが、基本的には1年半～2年に1度のタイミングで増資を行う。

増資をする際には、投資家との折衝や選別などに時間がかかり、増資が決定するまでに半年くらいの期間を要する。つまり、スタートアップが資金を確保して事業開発に専念できる実質的な期間は、増資を完了してから1年～1年半程度しかないのである。

増資を実現できないスタートアップには、破綻という運命が待っている。増資を繰り返して

図表 4-5　スタートアップの成功にはタイミングが重要

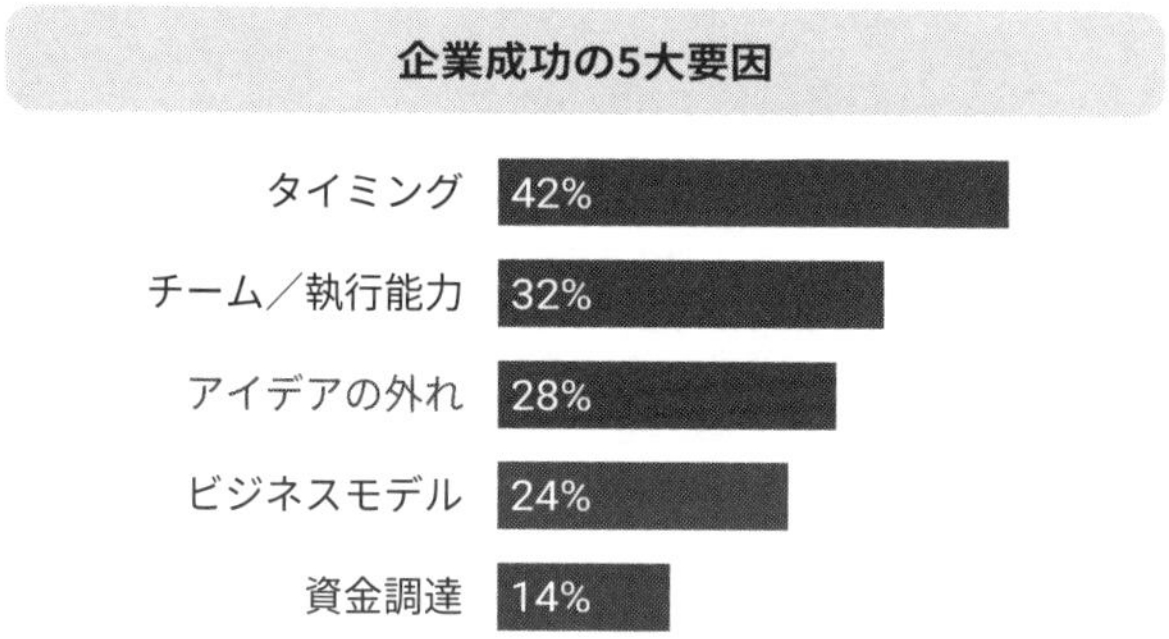

（出所）Bill Gros "The single biggest reason why start-ups succeed"

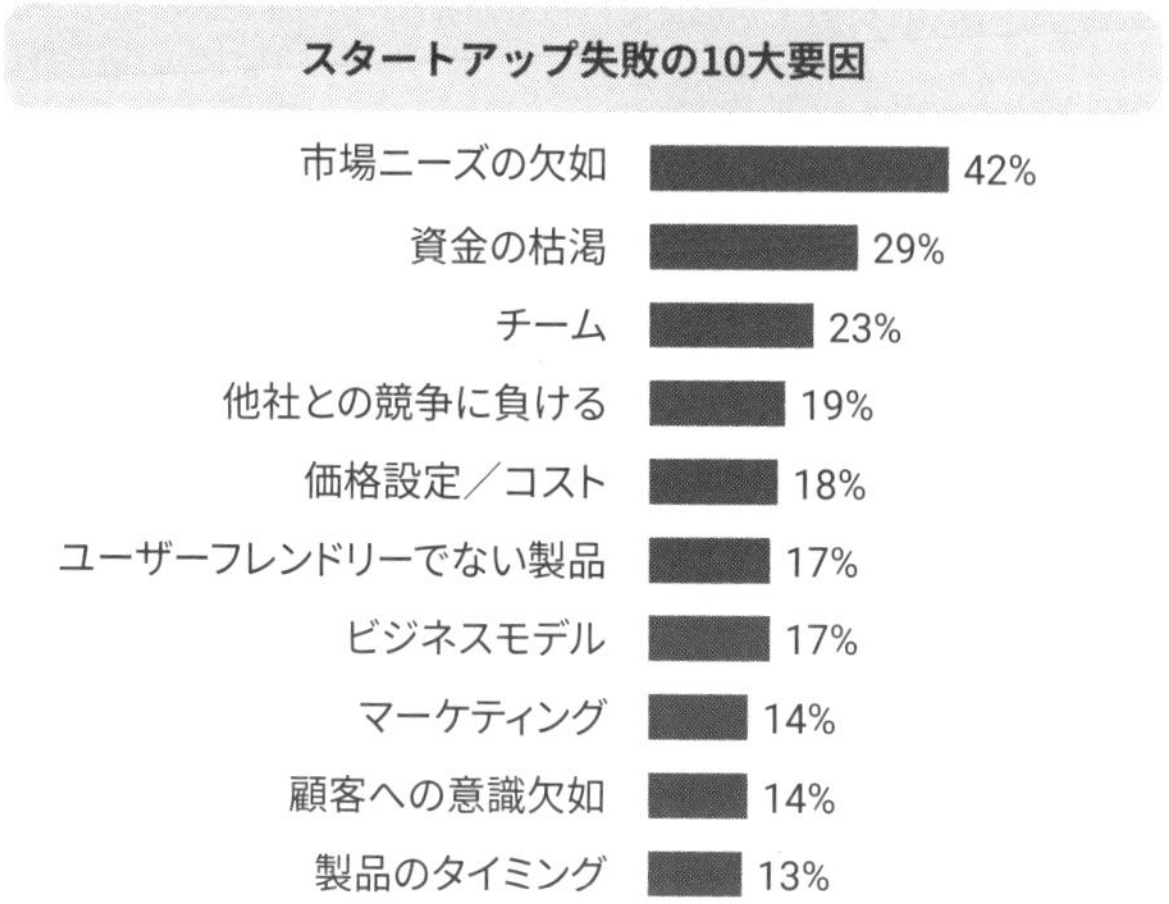

（出所）https://startupsmagazine.co.uk/article-how-be-10-when-90-startups-fail

エグジット（IPO、M&A）に持っていく以外に道がないことは、図表4－6を見ても明らかだ。これは米国において、シードラウンドの増資を実行したスタートアップが、その後どのような変遷を辿ったかを示したものだ。初回の投資を実行したスタートアップのうち、半数にも満たない48％の企業しか次の増資に成功していない。14％は早くもエグジットしているが（このステージでのIPOは想定し難いので、ほとんどが買収であろう）、38％は増資に失敗している。次のラウンドでは増資に成功企業は30％となり、そのまた次のラウンドは15％、6度目の増資に成功するのは3％となってしまう。いかに、スタートアップが増資を受け続けるのが難しいかがよくわかるだろう。6度目の増資に至るまでに、買収もしくは上場を果たすスタートアップは30％、増資に失敗するスタートアップが68％となっている。

スタートアップの経営者は、次の増資を成功させるためのマイルストーンや新規の投資家を惹きつける成果を作らなければならない。そうしなければ生き残れないのである。

だからこそ、大企業の慎重でのんびりしたな意思決定はスタートアップに嫌われる。

「PoCの結果を踏まえて、NDAへと進みましょう。ただし、法務部に回すので1カ月ほど時間がかかります」

こうした大企業のスローな対応は、スタートアップにとっては残酷な致命傷にも等しい。ポリネーターはそのギャップを理解して、適切に立ち回らなければならない。

図表 4-6　シードラウンドの増資を実行した米国スタートアップのその後の変遷（2008〜2010年）

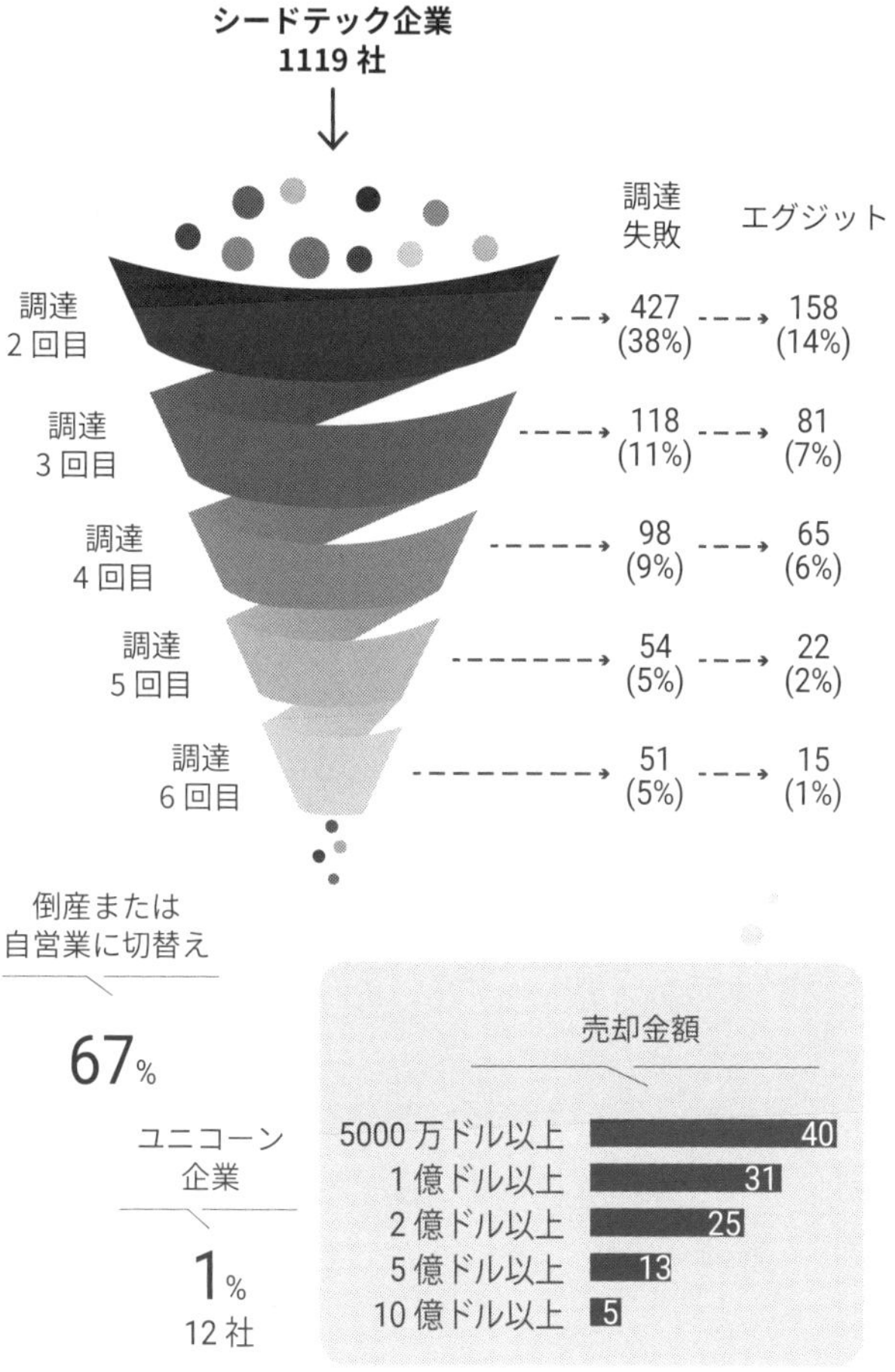

（出所）https://www.cbinsights.com/blog/venture-capital-funnel-2/

「スタートアップはピボットが早い。意思決定はとにかくスピーディーに」

東京海上ホールディングスの楠谷勝氏は、2016年からシリコンバレーに単身派遣されてインシュアテックのスタートアップとの共創に従事してきた経験を踏まえて、ピッチャー役に重要なのは「意思決定の速さ」だと断言する。

「優れたスタートアップと手を組みたいと考えるのは皆同じ。ではライバル企業が多数ある中で、選ばれる側になるためにはどうすればいいかを考えたときに、やはり意思決定の速さは必要不可欠な条件です。スタートアップにとって、スピーディーであることは、もうそれ自体が魅力です。

スタートアップと連携して実感したのは、ピボットの速さです。事業の方向転換を決定するのがとにかく早い。6カ月やって駄目だったら、もう次に行くんですね。我々としては『もうちょっと粘りませんか』と言いたくなるのですが、そのあたりの意識のすり合わせは苦労した点でもありますね。

ただし、その場合はスタートアップ側に変わってもらうのではなく、自分たちがスタートアップ側に合わせなければならない。そのためには意思決定はスピーディーに、ある程度の権限は現場で使えるように、体制を整えておくことが重要だと思っています」

「メールの返信を3日怠ると信頼は地に落ちる」

スピーディーな対応が最重要課題であることは、栗田工業のイノベーション本部オープンイノベーション推進部部長・小林氏も頷くところだ。

「これまで会ってきたスタートアップは、いずれもスピードを大事にする企業ばかりでした。それゆえにちょっとした対応の遅れが信頼を失うことに直結していました。

例えば、スタートアップ側から何かしらの質問が来たとして、自分では答えられないからと別部署に確認するため、返信までに3日を要してしまったことがありました。たったそれだけでも、大げさではなく、信頼は失われてしまいます。

さらに、スタートアップ同士はVCを通じて、こちらが思っている以上につながっていますから、1社のスタートアップに信頼を失うと、エコシステム内での評判も落ちてしまう。対応の遅れや中途半端な回答は、業界内での信用を失うことにつながるのです。返信に3日かかるのであれば、『担当部署に確認するから3日待ってほしい』ときちんと素早く返信する。スタートアップと信頼関係を築いていくためには、スピーディーな対応と併せて、そのような丁寧さも大切になってきます」

　こうした対応は、ポリネーターに限らず、一般的なビジネスパーソンにとっても基本的なものだろう。多彩なスキルや積極性が求められがちなポリネーターだが、実は基本的なことを誠実にやり続ける姿勢が土台にあってこそ、初めてポリネーターとしての活動が成り立つといっても過言ではない。

3 スタートアップからの信頼を得て、維持する

スタートアップにスピードが何よりも重要であることが理解できたならば、次にすべきことは信頼を得て、それを維持するための努力だ。

栗田工業は2018年にアメリカのフラクタを買収した。フラクタは水道管の劣化予測ソフトウェアサービスを展開する米国のスタートアップであり、立ち上げたのは日本の連続起業家としても知られる加藤崇氏だ。加藤氏は自らの著書『クレイジーで行こう！』（日経BP）で、栗田工業の小林氏についてこう語っている。

「水関係の展示会があると、小林さんから良いタイミングでメッセージが入る。（中略）水関係のテクノロジーに投資をするファンドを紹介してもらったこともあったし、また、フラクタの給与（報酬）設定で悩んだときも、水関連のテクノロジー企業の相場などを教えてもらった。毎度毎度、どうしてこの人は、全く事業上の接点がない僕たちに、こんなに良くしてくれるんだろうと思いながら、人的な交流を続けてきた」

この記述の3年後、栗田工業によるフラクタ社の買収が実現した。

VCの世界においても同様の事例は珍しくない。起業家と初めて会ってから投資を実行するまで、VCはあらゆる意味で起業家のパートナーとなる。事業構想を聞き、計画の壁打ち相手になり、ファイナンスの計画を一緒に考え、投資先でなくとも取引先を紹介することもある。出会いから投資を実行するまでに2〜3年かかることもしばしばだ。増資のタイミングは一般的に2年に1度であり、そこを逸するとまた次のタイミングまで関係を維持することが求められる事情もある。

スピードに乗り遅れまいとする努力は大事だが、目先の利益にばかりにとらわれていては、本末転倒だ。スタートアップとの関係性を温めるためには、中長期の時間軸で付き合っていく視点も必要なのである。

栗田工業によるフラクタ社の買収の背景には、水ビジネスにおいて豊富な実績を栗田工業が持ちながらも、水道ビジネスを手がけていなかったこと、既存事業との軋轢の少ない事業をフラクタ社が持っていたこと、フラクタ社の持つAI技術が栗田工業の既存事業にも活用できる可能性があることなど事業上の相乗効果の大きさに加えて、現場が築いた信頼関係があったことは間違いない。

信頼を勝ち得るためにどうすればいいのか

ポリネーターの役割は、スタートアップの生態を理解し、寄り添い、自社との協業を提案していくことにある。伝統的企業や大企業の理屈を押し付けてしまうと、スタートアップからの信頼は得られない。

しかしながら、伝統的企業の多くは「両利きの経営」で言うところの深化のために最適化された組織とも言える。スタートアップと同様のスピード感で意思決定をしていくことは、そもそも難しい。ポリネーター自身も伝統的企業の中で育ってきた人材であることが多く、スタートアップや起業家の性質を十分に理解しているとは限らない。

また、またポリネーターの思い通りに社内が動いてくれるとも限らない。それを承知で、かけ離れたビジネスマインドを持つ両者の間を取り持っていくことが、ポリネーターの役割なのである。

図表4－7に示したように、社内を巻き込み、事業部とのマインドのすれ違いを乗り越えることがポリネーターの大事な役割である。

図表 4-7　マインドのすれ違い

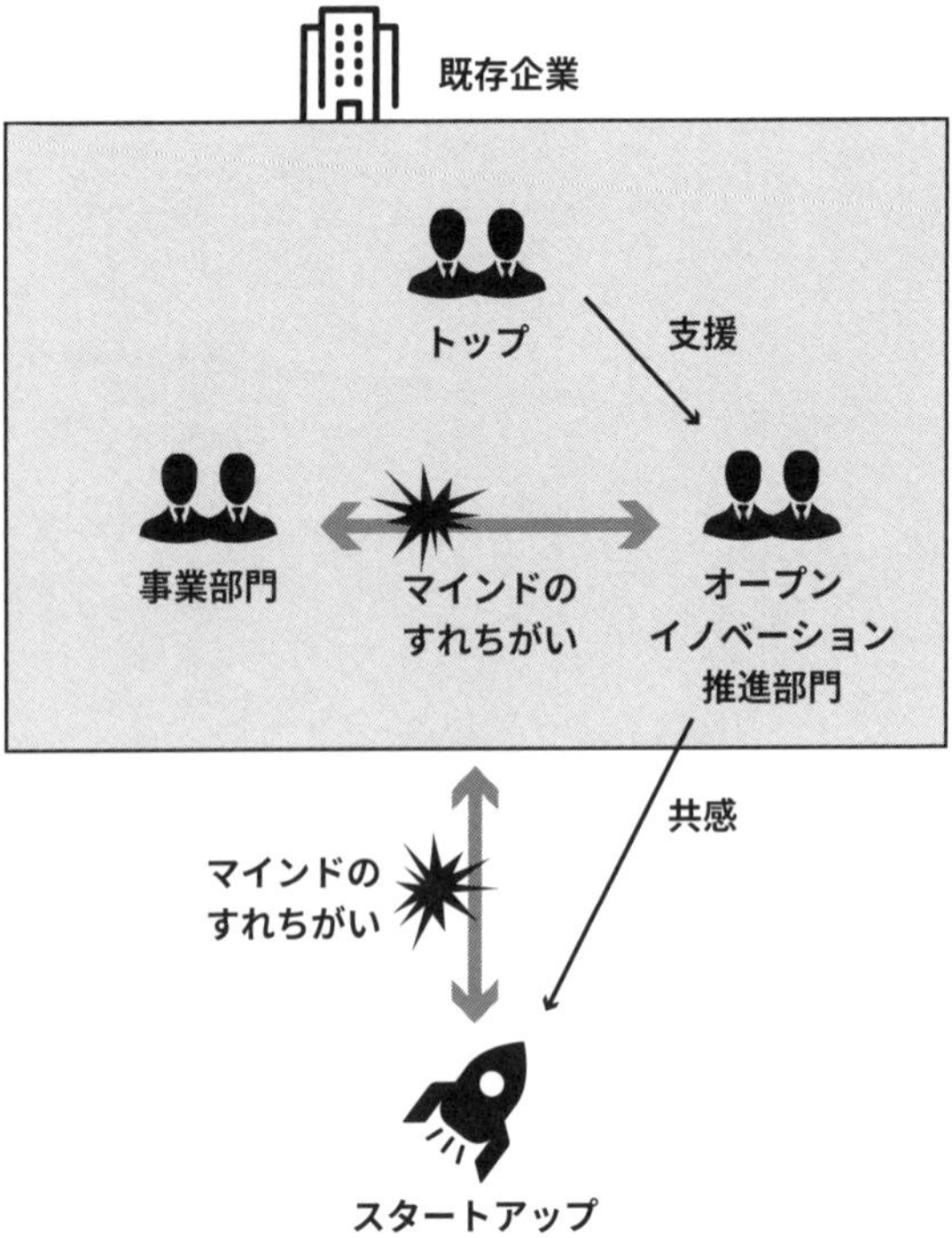

過去に日本の大企業が、北米のスタートアップへの出資検討を進めていた際の事例を紹介しよう。

北米のあるスタートアップとの折衝にあたった日本企業の担当者は、寝る間を惜しんで作業をしたが、同社にとって初めてスタートアップへの出資案件だったこともあり、本社の決裁は難航した。意思決定に時間がかかったのだ。

だが、その担当者を紹介した投資家がスタートアップとの間に立ち、「今現在はこういうプロセスでこのように時間を要しているが、あとは○○と××を越えれば意思決定がなされるはずだ」との状況説明をスタートアップの経営陣にこまめに伝えていた。

もちろん、ライバルに先を越されてしまうリスクはあったが、結果として出資は無事に実行された。何らかの形で誠意を示すことができれば、スピードの停滞があっても信頼を勝ち得ることができる好例と言える。

「立派なことは期待しない。無理なことは無理。人間として信頼関係を」

SOMPO Light Voltexの上原氏は言う。

「基本的にスタートアップは、特に人材のリソースが少ないので、余計なことは排除することを覚悟しなければならない。一緒にプロジェクトを進める際には、立派な資料も壮大なプロダクトも出てこないことを理解しておく必要がある。そのあきらめがある前提で、それでも自分たちよりもいい技術を持っていて早くゴールに近づけるかどうかで評価するしかない。一番いけないのは時間の浪費。スタートアップにとって最も重要な人材の動きを止めてしまうし、お金も溶かしてしまう。オーダーをシンプルに、そして無理なことは無理ということを意識している」

「スタートアップに限ったことではないが、先方の興味あることに関心を持つこと、人間同士として付き合うことを意識していく。そうすると、起業家たちが信頼している人からも信頼されるようになり、活動が非常にしやすくなっていく」

上原氏は、MUFGのフィンテック事業創出のための子会社Japan Digital DesignのCEOを務めていた時代に、東証マザーズに上場していたスタートアップのクラウドワークスとの合弁で、終身雇用にとらわれないクラウドワーカー向けに、新たな金融サービスの提供を目指して株式会社クラウドマネーを2018年7月に設立した。

しかしながら、モバイルウォレット事業の競争環境激化を理由に、わずか10カ月後の2019年5月に解散している。残念ながら失敗に終わったとも言えるこのプロジェクトであるが、勝てないと判断すれば、即座に撤退するという伝統的企業にはあまり見られないスピード感を感じさせるニュースであった。

4 シリコンバレーのルールを知る

どの業界にも可視化されていない不文律があるように、シリコンバレーにもルールがある。シリコンバレーに駐在する多くの日本企業がまずすべきことは、このルールを理解することだろう。シリコンバレーに限らず、日本国内も含め広くスタートアップと付き合う上で大事なポイントとなる。

投資や契約におけるルール

投資家（VC／大企業）とスタートアップはフェアな関係でなければならない。お金の出し手である投資家がスタートアップを下に見るような交渉をすると、シリコンバレーにはいくらでも資金の出し手は存在するので、乗り換えられてしまうだろう。

アメリカでは、シードステージの企業向けや増資の間のブリッジファイナンス（短期融資）に

図表 4-8　シリコンバレーのルール

[投資・契約]
- 投資家／大企業とスタートアップはフェアな関係（資金の出し手が偉いわけではない）
- スタートアップ向けの社債は出資と同様
- 優先株式は、戦略的な意味合いで使用するのではなく、ファイナンシャルリターンを確保するためのもの（スタートアップ向けには業務提携と出資は分けて考える）
- 提出したタームシートはコミットメントに近いと考えるべき
- Pay to Play

[習慣・マナー]
- 失敗は当たり前、早く失敗して方向転換
- スピードが何よりも大事
- 給与とキャピタルゲインは税率が大きく異なるので株の報酬を望む
- 表敬訪問は嫌われる
- ネットワークは人に紐づく

[カルチャー]
- Give & Take
- 新しいものを生み出す人への尊敬
- 仕事を断る時も、競合にも、フレンドリーに
- 学歴は関係ない。ハーバード MBA よりプロダクトを生み出す人が尊敬される
- オープンマインド。聞く耳を持つこと
- 否定しない。Yes, And

おいて、コンバーチブルノート（Convertible Note）を使用することが多い。これは日本でいう転換社債である。このコンバーチブルノートを発行した後、スタートアップが次の増資を実行するのに苦しんだ際に、権利としては社債の償還を求めることができる。しかし、その要求をする投資家は非常に少なく、いかにして次の増資を成功させるかに一緒に汗をかく姿勢が求められる。

優先株式の条件設定にも注意が必要だ。優先株式では、リスクを取って資金提供した投資家がリターンを確保するために、条件を付与することができる。だが、戦略的な目的を達成するための条件を付与するものではない。また投資時には、優先株式の条件とともに株主間契約の条件が付与されるが、そこにおいても事業会社にとって都合の良い条件を並べようとすると、既存株主から嫌悪感を抱かれ排除されることがある。少し専門的になるが、そもそも投資契約は集団投資スキームなので、1社が独自の権利を折り込むことはふさわしくもない。

これは日本国内での事例だが、日本を代表する事業会社2社と、私が担当するスタートアップに協調投資をした際に、投資契約に「他社に優先して自社と事業をすること」といった内容の条件を片方の企業が入れようとしてきた。私はスタートアップにもこの条項のリスクとアンフェアな点を説明して、削除を要請して合意してもらった。

また、シリコンバレーの優先株式の条件に見られる条項に「Pay To Play」がある。将来の資金調達時に出資に参加しない場合には、優先株主の権利が失われるというものである。優先株式を保有することには、「権利」だけでなく「義務」も伴う意味と捉えても大げさではないだろう。

習慣・マナー

日本企業に多い行動の1つに表敬訪問があるが、これはシリコンバレーでは非常に嫌われる。スピードを重視するスタートアップにしてみれば、意思決定権者に来てもらって、その場で口頭での契約を取り付けたい。もしくは契約に至るまでの条件を確認したいという気持ちでミーティングに臨む。それなのに、アジェンダのない表敬訪問で終わってしまっては、その落胆たるやない。

日本企業のシリコンバレー駐在者にとって、前述したようにシリコンバレーに経営陣を連れていくことは重要な役割である。それだけに、このバランスは難しいところだろう。

また、ネットワークは人に紐付くということを企業は忘れがちである。日本企業に多い3年ごとのジョブローテーションで、シリコンバレーにおけるネットワークを保持し膨らませるのはかなり難しい。

カルチャー

ギブ&テイク。まずはギブであるという精神を持つということ。シリコンバレーでは、学歴は関係なく、何かを生み出す人が尊敬される。仕事を断るときでもフレンドリーであることが求められる。

人のフィードバックを受け入れるオープンマインドを持つこと、人のアイデアを否定しないことも大事。これも生み出す人を尊敬するカルチャーと似た要素である。

日本企業のポリネーターとなった人たちは、当初は多少困惑しながらも、このあたりのルールを理解し、今では当たり前のように行動している。このルールを理解しながら、スタートアップと付き合っていくと、普段の面談においての行動も変わってくる。

筆者も初めてシリコンバレーにてスタートアップと面談した際に、"What is a next step?"とCEOに質問され、緊張感が増すことが何度もあった。ポリネーターは面談時にnext stepを明確にしておき、その後の対応も早ければ早いほうが良い。例えば投資の検討が難しいといった「ノー」の答えほど早いほうが良い。

自身だけでは判断できず、事業部の判断が必要なときなどもあるだろう。しかし、スタートアップは、会社だけでなく、その窓口の人物を見ている。事業部にもスピード感の重要性を意識しながらスタートアップと連携してく。

また、「ノー」の伝え方も重要である。第10章でも触れるが、VCの仕事でも、面談したスタートアップとの間でビジネスが生まれる可能性は非常に低い。つまり断ることが非常に多い。それだけに、スタートアップからの信頼を得るためには、断り方が大切である。「このタイミングでは、○○といった理由でノーだが、あなたの事業は○○で素晴らしい。こういったことがクリアされたら、我が社でもぜひ再度事業化に向けて話していきたい」といった前向きなフィードバックを付け加えることが大事なのである。

ここまで書きながら思うのは、スピード感を除いては、スタートアップとの連携に限らず、取引先と誠実にフェアにビジネスを進めていこうと思えば、当たり前のビジネスマナーと言えることがほとんどである。ただ、言うは易く行うは難しで、これをやり続けられる人は多くはない。やり続けることができれば、スタートアップからも信頼を得られるだろう。

「徹底してスタートアップの論理に合わせた対応を」

シリコンバレーのルールを理解し、柔軟に対応した成功例として、再び日立ソリューションズのケースを挙げたい。「スタートアップ対応のための専門部隊」として同社が立ち上げた戦略アライアンス部の市川氏は、スタートアップとのコミュニケーションの要点、ポリネーターがなすべきことを次のように考えている。

「私が所属している戦略アライアンス部は、スタートアップ特有のスピード感やビジネスの進め方を理解している専門部隊であり、関連事業部とスタートアップの間に配置され、事業化を加速させる役割を担っています。アメリカチームが探索に特化したピッチャー役とすれば、日本の戦略アライアンス部はキャッチャー役です（ピッチャーとキャッチャーについては次章参照）。アメリカチームから届くリクエストを各事業部に問い合わせ、対応できるリソースはないかを検証したり、ニーズを掘り起こしたりする、コンシェルジュ的な役割も担っています」

日立ソリューションズのような大企業にとって、スタートアップ対応に特化した専門部隊を創設することは大きな変革だったはずだ。だが、そこまでする必要性があると確信を持って動けたのは、市川氏がシリコンバレーでピッチャー役を担った悪戦苦闘の日々があったからだという。

「シリコンバレーでの経験を活かして、帰国後は間接部門にスタートアップ側に合わせてもらえる組織づくりを心がけました。具体的には、まずは法務まわりの変更です。アメリカであれば、組織としての寿命が短いスタートアップは、コーポレートカードでスピーディーに決済をしていくのが一般的です。ところが、日本だと契約の手順に時間がかかり、そこまで柔軟に対応できない。かといって毎回、特別枠のような対応をしていては非効率的ですから、そのあたりの簡略化を目指しました」

スピード対応の重要性は、もちろん今も現地のピッチャー役に引き継がれている。

「スタートアップと面談するときには、会社の概要や大きな数字だけを提示するのではなく、自分はどのような部署にいて、具体的に何の責任を持っているのかを伝えます。その上で、自分たちは何をしたいのか、目的をはっきりと伝えなければなりません。

面談相手がCEOやセールス担当者の場合は、技術的な部分だけにこだわるのではなく、まずビジネスの話から入る。具体的な技術の話に踏み込むのは、ビジネスの話で盛り上がった後です。

CEOと話が盛り上がったから一気にNDAへ、と期待するのは早計です。CEOとは意気投合したが、すでに投資をしていた企業が反対して取締役会で同意が取れなかった、なんてことはざらにありますから。

そこの判断を見誤らないためには、自分たちが向き合っているスタートアップが今、どのようなステージにいるかを理解した上で交渉することが重要です。

次のステップに進めない場合は、敏速かつ丁寧にフィードバックをする。次のステップに進めるのであれば、すぐにＮＤＡ締結をする。連絡をしないまま時間が経過するのは、信頼構築の上でマイナスにしか作用しません」

スタートアップが描く理想と、自社の新たなビジネスの可能性を重ね合わせること。スタートアップを巻き込む方法は、伝統的企業に敏捷性をもたらす最善ルートになり得る。

5 PoCを大切にする

スタートアップとの協業を考える上で、必ず登場するワードがPoC（Proof of concept）だ。一般には「実証実験／概念実証」と訳されるが、スタートアップとの連携においては、スタートアップのアイデアが伝統的企業の課題解決に機能するかどうかを試作品段階で確認する、もしくは本格導入の前に検証やデモンストレーションを確認する作業を指す。スタートアップの技術を検討する際は、PoCを経ることで本格導入に耐え得る製品、サービスなのかを確認するのが常識だ。

これは社内の新規事業や新製品開発においても同様だろう。PoCを経ることで多額の投資を行う手前の段階で、誤判断を防ぐことができる。

また、アーリーステージのスタートアップにとっては、PoCの結果、本格導入に至らなかったとしても、大企業に採用される上で何が不足しているのかを確認できる貴重な機会となる。

「PoCに失敗はない。実験をしたことにすでに価値がある」

PoCをどう捉えるかに関しては、ポリネーターの役割を担う担当者のリアルな言葉が参考になるだろう。

「コマツはものづくりの企業ですから、PoCは実証実験をするというそれ自体にすでに価値があります。本格導入に至らなかったから失敗だ、という考え方をそもそもしません。本格導入する上での課題が具体的に見えた、と捉える機会がPoCなのです」（コマツの冨樫良一氏）

「日立ソリューションズではPoCを技術評価の場ではなく、日本市場にマーケットがあるかどうか、つまりビジネス評価（＝Market Fit）の場として捉えています。ですからスタートアップに対してもテクノロジー単体で評価することはありません。技術評価したい場合はそのことをしっかり伝えます。また他社商品とも比較する前提で進めるときは、そのことを共有しておかないと後々不信を招くため、打ち合わせの初期段階で伝えるようにしています。NDAまで達するのは、スタートアップとの合意、PoC、テクニカル分析を経た上ですが、契約できな

い場合も、しっかりとしたフィードバックを欠かしません」（日立ソリューションズの市川博一氏）

コマツの冨樫氏も、ＰｏＣではスタートアップへのフィードバックが重要であり、「コマツが導入するには、どのレベルの基準が必要で、それが今は満たせていないから次には進めないが、満たされそうなときにはまたぜひ話がしたい」とクリアに話をしておくという。実際に、数年後にあらためて話をしたいとスタートアップから連絡が来て連携が進んだケースもあるという。

新規のビジネスはどれだけ準備をしても不確実性が高い。だが、適切なＰｏＣは既存企業とスタートアップの双方にベネフィットをもたらしてくれる。そのことをポリネーターとしては心に留めておくべきだろう。

スタートアップ連携のＰｏＣにおける注意点

事業会社とスタートアップとの関係においては、ＰｏＣの目的は事業会社の持つ既存の技術、製品、サービスに対する解決策や新たな改善策を見つけ出すためのプロセスとなる。

ＰｏＣの定義は抽象的で統一的な解釈がないため、当事者間でも認識のズレが生まれることも多い。それを防ぐためには、双方の期待値、ゴール設定を一致させて臨むことが重要である。

ＰｏＣは事業化に向けた大事なプロセスである。スタートアップとしてみれば、ＰｏＣで良い評価を得られれば事業化につながることを期待する。しかし、事業会社側が慣れていないと、ＰｏＣの目的を社内においても明確にしておらず、単なる技術検証で終わってしまい、次のステップにつながらない。そういう残念なケースを何度も見聞きしてきた。

ＰｏＣはスタートアップとのオープンイノベーションにおける極めて重要な機能となるので、このプロセスでスタートアップの信頼を得られないと、事業会社にとっては大きな痛手となる。ポリネーターはＰｏＣの留意点などを関係部署に説明して円滑に進めていくことが欠かせない。

ある会社にＰｏＣに関してヒアリングを実施した際に、留意点として挙げていた項目がわかりやすいので紹介しよう。

①スタートアップの時間軸を意識
②スタートアップと事業会社で対等なパートナーシップ
③ＰｏＣの意味・目的を認識

図表4-9　PoCの位置付けと目的

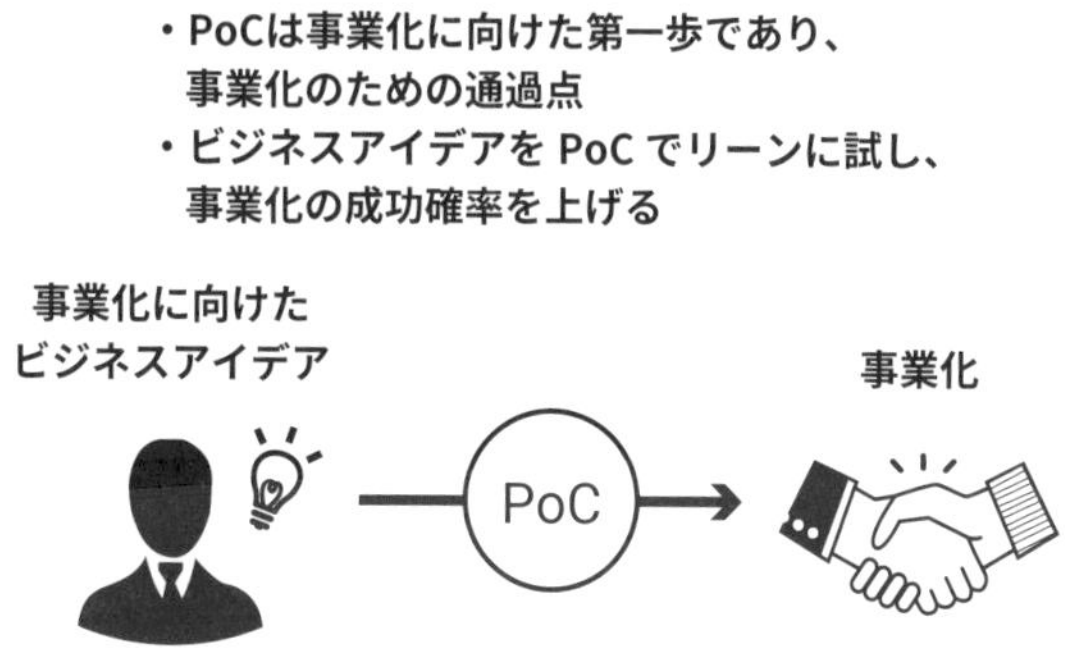
・PoCは事業化に向けた第一歩であり、
事業化のための通過点
・ビジネスアイデアをPoCでリーンに試し、
事業化の成功確率を上げる
事業化に向けた
ビジネスアイデア
PoC
事業化

④小さく、スピーディに
⑤PoC開始前にスタートアップと議論し、できる情報は共有しておく
⑥スタートアップが期待していることを理解する
⑦PoC中のコミュニケーションを密に行う

この7項目について説明しよう。

①スタートアップの時間軸を意識

すでに何度か取り上げてきた話であるが、スタートアップにとってスピード感は何よりも大切である。スピードを重視するスタートアップが作ったものが破損した場合は、修理は依頼せずに、全交換を求めたほうが圧倒的に早い。開発サイクルの早いスタートアップの場合は、次に出てくるものは品質が向上してくることが多い。

②スタートアップと事業会社で対等なパートナーシップ

自社の未来に向けて不足するものを補うためにスタートアップと連携するにもかかわらず、スタートアップを下請け企業のように扱ってしまう大企業もいまだに少なくない。また、大企業の品質基準と同等のレベルをＰｏＣの段階で求めて、スタートアップが困惑するという事例もある。ＰｏＣの段階でスタートアップが作るものに対しても自社の品質基準を適用すると、ＰｏＣが長期化することもある。最終的に商品に組み込んで販売する際には品質への責任を負うべきだが、ＰｏＣの時点では「ビジネスを成り立たせ得るかどうか」だけを判断すべきである。

③ＰｏＣの意味・目的を認識

大企業側は「スタートアップの技術を自社の何の事業でどう使いたいのか」「最終的にどのような事業にしたいのか」をできる限り具体的に伝えることが大事である。求めるスペックやクオリティ、用途を明確にすることによって、ＰｏＣで何を確認するのかも明確になり、スタートアップも動きやすくなる。目的が不明瞭なままＰｏＣをスタートし、スタートアップに忖度を強いるようなことでは、うまく進まない。解決したい課題、実際のユースケースなどを

図表4-10 PoCに関する認識のズレ

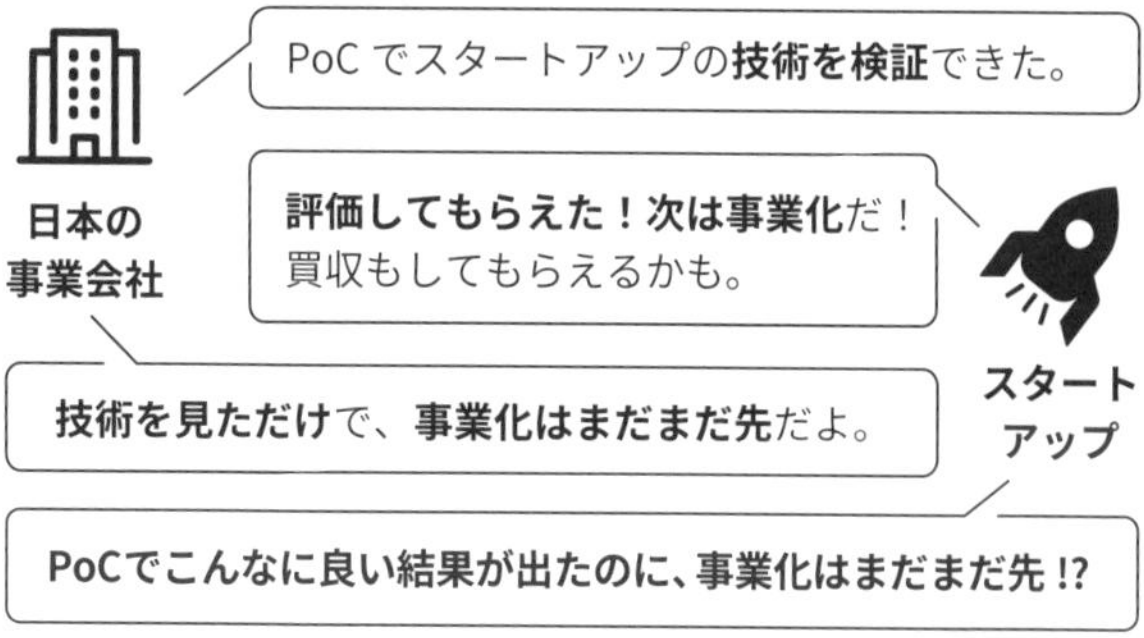
PoCでスタートアップの技術を検証できた。
日本の事業会社
評価してもらえた！次は事業化だ！
買収もしてもらえるかも。
技術を見ただけで、事業化はまだまだ先だよ。
スタートアップ
PoCでこんなに良い結果が出たのに、事業化はまだまだ先!?

明確にしておく必要がある。

④小さく、スピーディーに

ＰｏＣをスピーディーに進める上で、他の部門との連携は不可欠である。昨今は、スタートアップと大企業の持つデータを連携させることを伴うＰｏＣも多い。その際に、社内での下準備ができていないとＰｏＣが始まらない。クラウドコンピューティングが普及する前に作られた情報取扱規則をいまだに踏襲しており、データのやり取りをするたびに問題が発生するという事例も聞いたことがある。

⑤ＰｏＣ開始前にスタートアップと議論し、できる情報は共有しておく

ＰｏＣの先にある開発スケジュールやその後の事業展開について、大企業側が考えていることや事業化へ

向けたクライテリア（基準）も共有しながら議論することが望ましい。ある素材関連企業では、1年かかってもPoCの検証が完了しないことがあった。ダラダラ続けても良い結果は生まれない。一定の期限を設けて撤退・仕切り直しをすべきである。

ある企業の担当者が言うには、「海外のスタートアップは『できない』と言わないことが多い」。それは「今、できる」ではなく、「いずれ、できる」が混ざっていることもある。大企業側としても「いつまでに何をしてほしいか」を明確に伝えないと、スタートアップに振り回されることになる。

また、PoCとその先にある共同事業において知的財産（IP）が発生し得る場合に、その取り扱いをPoC開始前に取り決めておかなかったことでトラブルになったり、協業が頓挫したりするということもある。

⑥スタートアップが期待していることを理解する

スタートアップとしては、PoCを経て、事業化もしくは本格採用を期待している。大企業側が「単なる技術検証」と考えている場合は、それを明確に伝えておかないと、期待値にギャップが生じ、トラブルにもなる。ある企業は、自社内での事業化の検証が終わっていない場合は、PoCという言葉を使わず、Technical Valuation（技術検証）という言葉を使い、認識のズレを生じさせないように切り分けているという。

⑦ＰｏＣ中のコミュニケーションを密に行う

ＰｏＣのスケジュールが遅れることは、もちろんある。スタートアップ側の準備が遅れることもあれば、大企業社内の問題で遅れることもある。その際には、スタートアップとのビジネスに限らない話だが、密なコミュニケーションが欠かせない。

ただし、コミュニケーションを「密にすること」と「いろいろな人が介入すること」は違う。ＰｏＣの窓口が一本化されず、いろいろな担当者から連絡が入り、スタートアップが混乱したという事例もあった。ある企業がスタートアップとのＰｏＣ契約において商社を仲介させたところ、その企業が意図しないところで商社が取引を独占したりして、支障をきたした事例もあった。

ＰｏＣの予算を確保しておく

ここで日本の伝統的企業の残念な実例を紹介しよう。その企業は国内ＣＶＣとしては大規模な数百億円のファンドを運営しており、投資予算は十分にあったのだが、スタートアップとの協業がうまくいかない時期があった。その理由は、ＰｏＣへの社内の理解の浅さにあった。投資の予算は用意したものの、ＰｏＣには予算がついていなかったため、本格導入には至らないケースが多発していたのだ。ＰｏＣのたびに都度決裁になり、なかなかスタートを切れないということであった。

ＣＶＣ活動を開始している会社の多くは、数十億円、数百億円の予算を確保していることが多いが、ＰｏＣの予算を取っていないこともある。しかしＰｏＣなしで事業化を進めることはほぼ不可能である。ＰｏＣの費用は1件あたり数百万程度が一般的で、年間にして数千万円も確保できればかなりの件数を実行できる。投資の予算が数百億円もあるのに、ＰｏＣへの予算がないというのは、オープンイノベーションを通じて何を目指すか、そのための戦略が伴っていないことを表している。

スタートアップとの連携では、ＰｏＣなどの予算を確保していくことも欠かせない（第7章参照）。事業の成長を止めず、必要なリソースを確保するためには綿密な下準備が欠かせない。ファイナンス面でのサポートを最大限に引き出すこともまた、ポリネーターの腕にかかっている。

ＰｏＣの予算を経営企画部で一括管理している会社も多い。この際には、経営企画部がＰｏＣやスタートアップとの連携に関して深く理解していなければ、柔軟な予算の使い方ができなくなる可能性もある。ポリネーターとしては経営企画部とのコミュニケーションも重要となるし、もしくはPoC予算をポリネーター側で管理させてもらうことも有用となる。

ある企業では、PoCにも段階があるので、当初はポリネーター的な部署が管理する予算で負担し、具体的な協業のステップに進んだら事業部の負担してもらう形にしている。初期のPoCである程度結果が見えてくれば、事業部でも予算の申請を出しやすくなるからだ。

初期のPoCで短期的な結果にとらわれすぎると将来の果実を失うことにもなるため、オープンイノベーションに積極的な企業は、PoC予算を事業部に負担させないという会社が多い。PoCは短期的にはコストとなり、事業部の損益を悪化させることになるからだ。

以上のようにPoCには様々な注意点があり、ここにおけるポリネーターの役割は、①自社の将来像とスタートアップに求めることを明確に示し、②事業部との連携において期待値コントロールを間違わないように間に入って調整を行い、③経営企画などと連携しながら柔軟性ある予算を確保し、④データ連携、契約の手続き、IPの処理などについて他部門との連携も行なっておき、⑤事業部に適切な担当がいなければ連絡窓口になることなどが挙げられる。結果として、ポリネーターの行動原則を集約したようなものとなる。

COLUMN

日米のエグジット比較から見えてくる問題

日本とアメリカのスタートアップ事情は様々な面で異なるが、その中でも大きな違いの1つと言えるのがエグジットの動向だ。エグジットとは、創業者や投資会社がスタートアップ企業に投資した資金を回収することを指す。

図表4－11を見てほしい。これは日米のスタートアップのエグジット状況を示したものである。日本だとＩＰＯが全体の7割であるのに対して、アメリカはＭ＆Ａが9割を占めている。

スタートアップの買収金額も日米では大差がある。アメリカでは１０００億円を超えるスタートアップのＭ＆Ａも珍しくない。２０２１年以降だと、ペイパルがペイディを３０００億円で買収して大きな話題となった。

対して、日本でのスタートアップのＭ＆Ａは、そのほとんどが数億～数十億円規模にとどまっている。ＩＰＯと並ぶ選択肢としてＭ＆Ａがあるというよりは、短期的にはＩＰＯが困難な企業のエグジットとしてがＭ＆Ａが行われている、というのが日本の実情だろう。

図表 4-11 日米スタートアップのエグジット状況

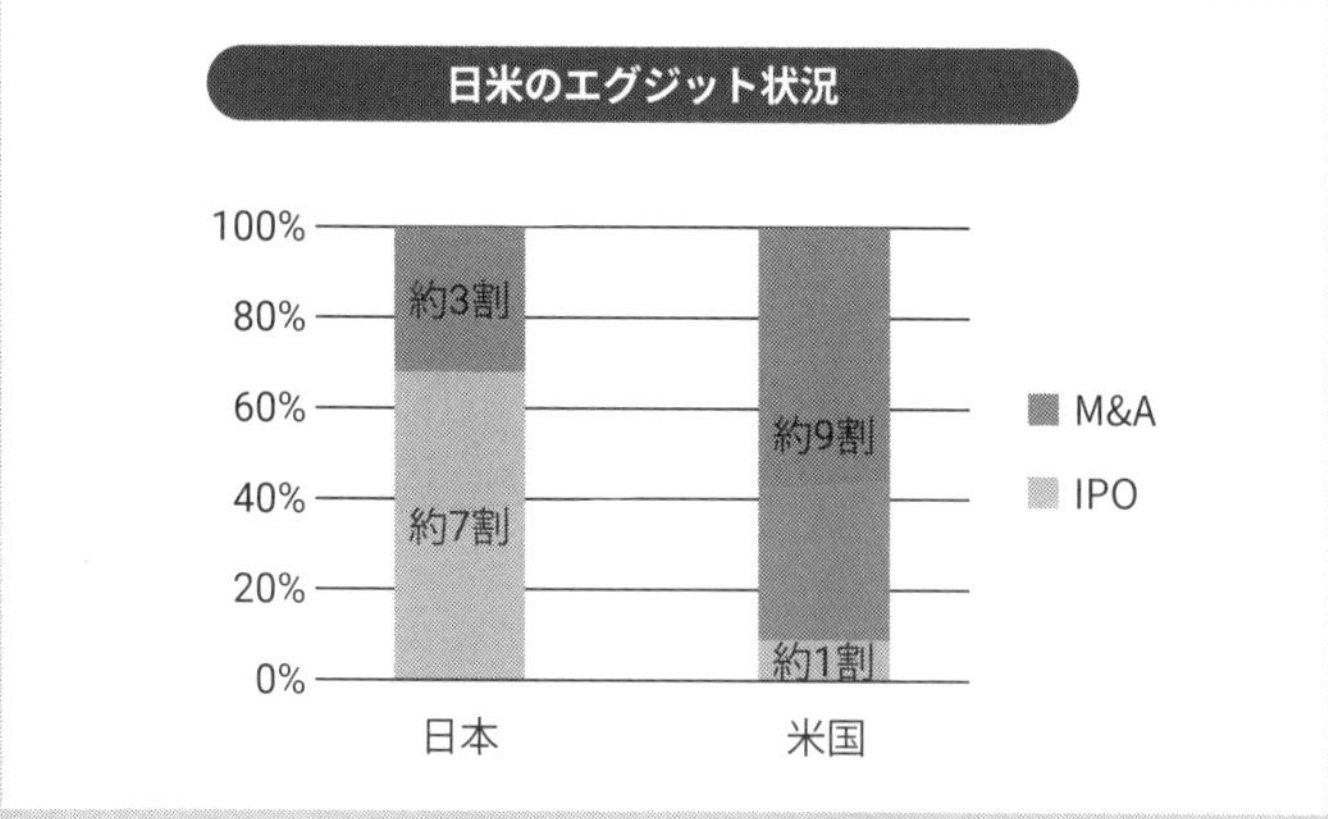

（出所）経済産業省『大企業×スタートアップのM＆Aに関する調査報告書』

では、なぜ日本においては、スタートアップの買収が活発ではないのか。

筆者は、自らが担当する投資先スタートアップが大企業に買収された経験が数回ある。それらの「買収された側」である経営者らに、買収時の交渉や買収後の大企業との付き合いで感じたことを聞かせてもらう機会があった。

そこで見えてきた共通項を要約するならば、「日本でスタートアップの買収が低調なのは、大企業とスタートアップのマインドのギャップが大きく影響している」ということに尽きるだろう（図表４－12）。

まず、伝統的大企業とスタートアップの買収交渉においては、希望買収価格に関して大きく乖離が生じやすい。大企業側は、買収先の事業

図表 4-12　大企業によるスタートアップのM&Aにおいて生じるギャップ

	大企業	スタートアップ
買収価格	DCF（ディスカウントキャッシュフロー）方式	PSR、技術・人材などの非財務情報、将来性を加味
ルール	買収後は、本社と同じルール	買収後一定期間は、独自文化、スタートアップカルチャーで
成果への考え方	短期的	（ステージによるが）アーリーステージの場合、投資フェーズで、短期的な貢献は困難
評価・報酬	グループ内ルール（年功序列など）	実力主義。将来の成果へのインセンティブ

計画からその企業の将来のキャッシュフローを計算し、それを現在価値に修正して算定するDCF法を採ろうとする。その際、将来立ち上がる数値に対しては控え目に見たい。

一方、スタートアップ側は自社の将来価値を大きく見せたい。現在の価値に非財務情報である人材の価値や、自分たちの技術力などを上乗せして評価してもらいたいと考える。

実際、スタートアップ、特にアーリーステージ企業の場合は、ビジネスが投資段階にあり、買収後の投資次第でそのビジネスの将来価値は大きく変わる。しかし、日本の大企業は、現状から予想できるキャッシュフローを手堅く見積もり、「将来の大化け」の可能性を盛り込みたがらない。ここでまず交渉が行き詰まることが多々ある。

図表 4-13 買い手（大企業）と売り手（スタートアップ）のそれぞれの不満

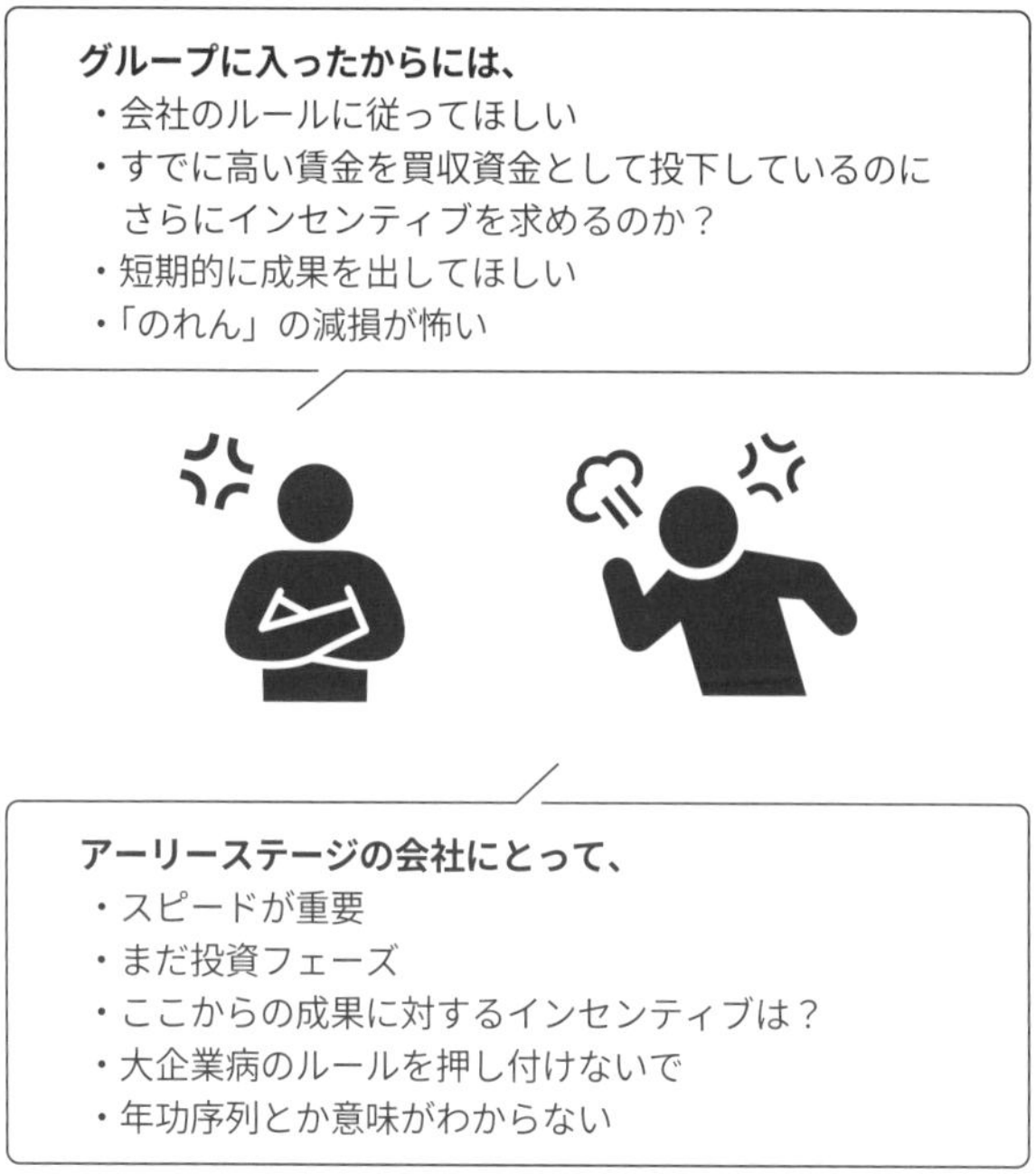
グループに入ったからには、
・会社のルールに従ってほしい
・すでに高い賃金を買収資金として投下しているのにさらにインセンティブを求めるのか？
・短期的に成果を出してほしい
・「のれん」の減損が怖い
アーリーステージの会社にとって、
・スピードが重要
・まだ投資フェーズ
・ここからの成果に対するインセンティブは？
・大企業病のルールを押し付けないで
・年功序列とか意味がわからない

加えて、買収後の予算や成果に関してもギャップが生じやすい。スタートアップ側は大企業のグループに入ったことで資金面での心配がなくなり、中長期的な成長を視野に入れてじっくり事業展開できると考えがちだが、大企業側は四半期決算も踏まえ、短期的な収益貢献を求めてくる傾向にある。

もちろんこのあたりは、買収元、買収先の双方の慣れの問題も大きい。だが、いくら子会社化されたとはいえ、小さな失敗を許容・改善しながらスピーディーに成果を出すことを信条とするスタートアップ側が、その行動基準を失うことは致命傷になる。

また、報酬面のギャップも大きい。買収後は、買収元の企業の年功序列の報酬体系に合わせるよう打診され、エンジニアの給与が半減しかけたという逸話を耳にしたこともある。他にも、買収後に親会社から派遣された役員が、スタートアップ側の事業をまったく理解しておらず、親会社ばかりを見て仕事をする話なども枚挙にいとまがない。

これらのギャップを埋めるためには、大企業によるスタートアップ買収の目的は何かをあらためて問い直さなければならない。

大企業のリソースを活かして、スタートアップの事業をスケールアップさせていく。これが大企業によるスタートアップ買収の醍醐味であるはずだ。加えて、その過程で行動パターンの異なるスタートアップ的組織をグループ内に取り込めることもメリットである。

そのためには、スタートアップの良さを失わず、スタートアップの最大の資産である人材の離散を招かないように、融合と協業を進めていかねばならない。今後、日本企業によるオープンイノベーションがさらに強化され、スタートアップの買収を進めていく上でも、スタートアップの特性を理解しつつ、大企業の持つリソースを適切に活用できるポリネーターが果たすべき役割は大きくなるだろう。

第5章

社内の駆動

「いくら良い情報を投げ込んでも、本社が動いてくれない」

シリコンバレーに限らず、スタートアップの企業開拓をしている事業会社の方と話していると、頻繁に耳にする言葉だ。

スタートアップを開拓し、一定の信頼を得て、協業を目指して本社に持ちかけるところまで進めるのは簡単ではない。だが、何とかそこまで漕ぎ着けたとしても、その協業案件を持ちかけたはずの本社側が、その情報の価値をしっかりと理解して受け取り、適切に展開してくれるとは限らない。

この背景には、「オープンイノベーションが有用だといっても、できれば自社内だけでイノベーションを成し遂げられたらベスト」という発想が横たわっているからだろう。これはスタートアップを探索し、協業を目指す企業が直面する課題である。

だが、ポリネーターはそこで引き下がってはいけない。いつまでも社内の大勢の意見に従っていたら、オープンイノベーション実現の可能性も、結果として将来的な会社の競争力も、低下していく可能性が高まる。。

オープンイノベーションを実現するためには、新しい事業の種を見つけて運ぶだけでなく、事業化していくための行動も必要になる。社内を巻き込んで協力を取り付けるために飛び回り、「自社でもできるかもしれないが、社外にもこんな企業や技術がある」と提案を続け、組織を実際に駆動させるのである。ポリネーターの力量が問われるのはむしろここからだ。

そのために必要なことは何か。次の4点は重要である。

1 ピッチャーになり、キャッチャーにもなる
2 間接部門を巻き込む
3 事業スタート時にしっかりと支援する
4 時に、「独立した」新事業組織を提案する

1

ピッチャーになり、キャッチャーにもなる

本章の冒頭でも述べたが、日本企業のシリコンバレー駐在者と話をしていると、「良いネタをたくさん投げているのに日本側がそれに応えてくれない」「投げたボールがどこかに落ちてしまっている」との嘆きを頻繁に耳にする。

外で得た知見や情報を社内に伝えるという性質上、ポリネーターは野球でいうところのピッチャーに似ている。それゆえスポットライトが当たりがちなポジションでもあるが、ピッチャーだけでは野球はできない。何よりも欠かせないのは、ピッチャーが投げたボールを受けるキャッチャーである。

オープンイノベーション活動に社内を巻き込んでいく上では、このピッチャー・キャッチャー問題に対応していくことが重要である。オープンイノベーションにつながる種（スタートアップに関する情報など）を、本社に向かって「投げる」役割＝ピッチャーと、本社側で「受け取る」役割＝キャッチャーの双方が機能することによって、オープンイノベーションは駆動され

図表5-1　ピッチャーとキャッチャー

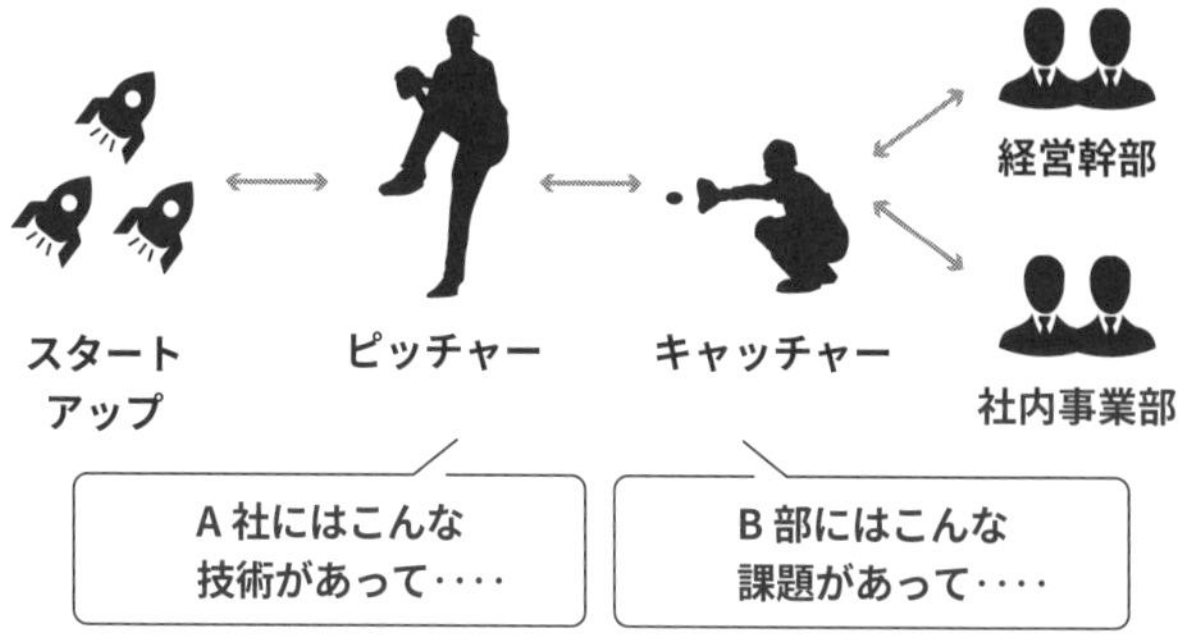

ていく。

ピッチャーはスタートアップを探索し、自社への展開を促していく。協業候補先を探す。スタートアップのコミュニティに入り込み、協業候補先を探す。日本企業からシリコンバレーに派遣されている社員の方々の多くが、ピッチャーと言ってよい。協業候補先となるスタートアップに自社の魅力やニーズを伝え、スタートアップとの初期の関係性を構築することが仕事である。

そのピッチャーとコンビを組み、スタートアップとの協業に向けて社内での調整を担っていくのがキャッチャーである。ピッチャーが投げた情報を受け取り、事業部へつなぎ、協業に向けた調整を行うのがキャッチャー役になる。キャッチャーは、経営企画部や新規事業部などに籍を置いていることが多く、社内を横断的に動くことが求められる。

スタートアップとのオープンイノベーションを実践する上で、この2つの役割が機能することは極めて重要である。筆者の経験からは、ピッチャーよりもキャッチャーが機能していないことが、スタートアップとの協業において事業会社のボトルネックとなっていることが多い。シリコンバレーに派遣された社員が、ピッチャーとして多くのスタートアップとの関係性を築くものの、会社としての成果につながらない原因は、キャッチャーの機能不全が主因なのである。そもそもキャッチャー役が存在せず、ピッチャーから事業部門にいきなりボールを投げているような組織も存在している。

事業部門は、目先の損益を向上させることに邁進している。そのプラスになるとは思えないボールが投げ込まれたとしても、事業部に受け手は不在であり、情報は放置されたり、棚上げされたりしがちである。

そこでピッチャーの情報をしっかり受け止めて、社内に展開していくキャッチャーが欠かせない。キャッチャーの役割としては、事業部への普段からの啓蒙活動、事業部での協力者の開拓、タイミングを見計らっての事業部へのつなぎ、間接部門との調整、そして事業立ち上げ時における支援などが求められる。

2020年時点においてシリコンバレーにオフィスを構える日系企業数は1000社を越え

ており、歴史的にみても最多レベルである。[※1] もちろんこのすべてがスタートアップやテクノロジー探索をしているわけではないが、この会社数と比例して、ピッチャー役の人材が数多く派遣されていることは間違いない。事業会社としては、高いコストをかけながらピッチャーを派遣する以上、キャッチャー体制の整備を進め、社内を大いに巻き込みながら成果につなげていただきたい。

キャッチャー役に向いている人材

ここでキャッチャーに向いている人材に関して触れておきたい。探索活動を成果につなげるための理想的なキャッチャー役は、次の資質を兼ね備えた人材だと考えている。

■ ピッチャーへの理解力：ピッチャーの経験があるのが理想的だが、なかったとしてもピッ

※1　JETRO「ベイエリア日系企業実態調査2020」
https://www.jetro.go.jp/ext_images/_Reports/02/2020/3036c2e8c06d15ba/20200730_rev.pdf

チャーの世界を触れることに積極的であること（イノベーションへの関心、チャレンジ精神、好奇心）

- 社内政治力：社内政治に長けており、社内のキーパーソンを理解していること
- 事業創出への意思：事業部とのやり取りにおいて、単なる御用聞きでなく、新たな事業を生み出すことへの強い意志を持っていること
- アンテナの高さ、社内人脈：アンテナ高く各事業部の潜在需要を汲み取ることに長けていて、社内で顔の広い人物であること
- 情報発信力：オープンイノベーション活動に関して、事業部に宣伝し、認知を高め、利用してもらう社内マーケティング担当として動けること
- プロジェクト管理能力：数多くのスタートアップとの事業パイプラインを持つこと。プロジェクトの中には数年かかるものもあり、複数のプロジェクトを管理する能力を持つこと

両方を経験したポリネーターが挙げる「必要な10項目」

日立ソリューションズでスタートアップの探索事業＝ピッチャー役を15年以上続けてきた市

川博一氏は、海外ベンダーの商材担当を経て、2010年からアメリカ支社に異動し、シリコンバレーでの探索に従事する「ピッチャー役」として経験を積んだ。だが、そこで感じたジレンマから、本社のキャッチャー役へとシフトする。

「シリコンバレー赴任後は、アメリカのほぼ全エリアをターゲットにしたスタートアップ商材の探索やトレンド把握を行ってきました。そこでの経験を踏まえてわかったことは、スタートアップとの連携が進むかどうかは、こちらではなく相手のタイミング次第であるということ。スタートアップは日々アジャイル開発ですから、たった1日で開発背景がガラッと変わってしまうこともざらです。そうした動きに臨機応変に対応するには、こちら側があらかじめ予算を確保しておき、事業部につなげた後のリソース負担も含めて自分たちがサポートする必要がありました。けれども、日本の本社側はそこまでの実情に理解が追いついていなかったため、現実問題として、そうスムーズにはバトンを渡せなかったケースが頻発したのです。それならば日本に戻って自分で組織を変えたほうが早いのでは、と考えるようになりました」

渡米から6年後、日本に帰国した市川氏は、海外からの情報を受け止める本社の「キャッチャー役」となるべく、グローバルビジネス推進本部 戦略アライアンス部のリーダーに就任する。

「シリコンバレーでスタートアップと交渉し、日本の事業部に変更や追加投資の判断を投げて、『ノー』が出たときはそれを説得してまた戻して……という作業を6年間続けてみて、ピッチャー側が追加投資の判断や裁量権を持つことはもちろん重要ですが、並行して自社のキャッチャー体制も整えないと結局は企業として乗り遅れてしまう。現在は間接部門のメンバーにもスタートアップ文化を理解してもらうため、調達・営業も入れたタスクフォースを作って、情報共有会を行っています」

ピッチャーとキャッチャー、両役を実践してきたポリネーターの先駆者的存在とも言える市川氏は、「オープンイノベーション実現はキャッチャー次第である」と断言し、キャッチャーとして社内を動かすために必要な10項目を挙げている。

- 自社開発vsスタートアップアライアンス（第1章参照）
- 打席に立たせる
- トップダウンアプローチ（第6章参照）
- ヒット狙い
- とにかく続ける（第8章参照）
- 間接部門強化（本章で後述）

- ベンダーよりの支援
- ギブ&ギブからスタート
- ライフサイクルマネジメント対応
- 事業部⇅米国赴任サイクル

これらの項目は、他社のポリネーターたちが語っている内容とも共通する部分が多い。ここでは「打席に立たせる」「ヒット狙い」「ギブ&ギブからスタート」の3つを取り上げ、他社の事例も盛り込みながら解説していく。

打席に立たせる

「本業でそれどころではない」「PoCの費用を負担していたら損益が悪化する」「人がいない」「失敗したらこちらのマイナスになる」など、事業部はスタートアップとの連携やPoCをやらない理由をつけがちである。この「断る理由」、言い換えればオープンイノベーションへの不安を取り除くためのサポートをポリネーターは全面的に行わなくてはならない。そこでは特にキャッチャーの役割が重要だ。

どれほどいい球を投げても、誰も受けてくれなければゲームは続かない。キャッチャーにグラブを構えさせ、そこにボールを置きに行くくらいの地道な活動や制度設計を工夫し、とにかく事業部を打席に立たせることを意識する必要がある。

ヒット狙い

伝統的企業の多くは事業規模が大きく、スタートアップとの連携やCVC出資、新規事業創出において、とかくスケーラブルなビジネスかどうかを求めがちである。

しかし、オープンイノベーション協業するスタートアップがアーリーステージである場合には、その製品も未熟であり、大きな売り上げが立っていることはあり得ない。いきなり大きな事業に仕立て上げるのは、ほぼ不可能だ。そんな都合の良い機会はそうそうないし、またアーリーステージのスタートアップを振り回すことにもなる。そこを踏まえた上で、数字的なインパクトは小さくとも、小さな成功事例をまずは積み上げていくことを推奨する。

日立ソリューションズの市川氏は、「いきなりホームランを狙わずに、ステップ・バイ・ステップで進めてきたことが、今の部署の成功要因だと思っています」と振り返る。日立ソリューションズが踏んできたステップを要約すると以下の通りだ。

- 特定部署を決めて徹底的にサポート
- そこで小さくても成功事例が出た際に、提携を大きく発表し、主に社内にアピール
- そこから社内の他部署も「自分たちも調整してみようかな」と関心を引き付ける
- 社外的にもアピールできる程度のヒット商材が生まれる
- 営業が顧客向けにも拡販ツールとして活用し始め、再現性が高まっていく

ギブ&ギブからスタート

事業部には、当然ながらスタートアップとの連携に代表されるオープンイノベーション活動よりも、本業での成果が求められている。事業部を巻き込んでいくためには、事業部のキーマンにオープンイノベーションへの理解と積極姿勢を持ってもらうことが欠かせない。そのためには、とにかく情報を与え続けて、事業部のスタートアップへの関心度、熱量を保ち続ける必要がある。

本書で紹介している各社のポリネーターたちは、事業部キーマンや経営陣はもちろんのこ

と、社内全体に対する情報発信を続けている。社内啓蒙を進めるために、筆者もファンドに出資している事業会社から社内向けの講演依頼を受ける機会が多い。

日立ソリューションズでは、近年は定期的に全社員に向けたシリコンバレーの最新トレンド報告会を行っており、年々その参加者は増えているという。

既存事業部へのリスペクトを忘れてはならない

市場開拓や新しいニーズの把握・開発に取り組む新規事業部は、基本的には社内で疎まれやすい存在だ。疎まれるとまではいかなくとも、既存事業からはどうしても軽んじられる傾向にある。会社に利益をもたらしているのは既存事業部なのだから、これはある意味で仕方ない。

だが、「両利きの経営」における既存事業の深掘りと新規事業の探索は、「どちらが偉い」という話ではない。既存事業でしっかり稼ぎながら、新規事業で次の芽を育てていくのが鉄則だ。

だからこそ、探索を担うポリネーター側は、既存事業部へのリスペクトを忘れてはならない。収益の柱としての既存事業に敬意を払いつつ、自分たちが行っている探索の意義を折に触れて伝え、「この探索が既存事業を加速することにもつながるはずだ」とその価値を訴えて理解と協力を引き出し、巻き込んでいく。そうしたバランス感覚とコミュニケーション能力がポリネーターには求められる。

社内の事業への理解と経験、さらには個人の愛嬌などのキャラクターも問われるため、経験の浅い若手社員にはやや高いハードルかもしれない。誰もがすぐにうまく立ち回れるわけでもないだろう。

だが、社内から理解や協力を得られない新規事業は、予算を削られ、最終的には継続できなくなっていくことが往々にしてある。自分たちの存在価値や正しさをアピールするだけでは、社内を巻き込んでいくことはできない。歩み寄り、知ってもらい、可能性を感じてもらうことで、居場所を確保する。その地道なプロセスの積み重ねていくしか道はない。

一番時間をかけている活動は？

事業部を横断して横串を通し、社内を駆動していく。それがポリネーターの果たすべき役割だ。優れたポリネーターたちは、事業部キーマンや経営陣だけでなく、会社全体に対して日々の情報提供のような地道な啓蒙活動を続け、小さなトラックレコードを積み重ねながら、社内での認知と信用力を勝ち取っている。

図表5-2　ポリネーターの活動時間配分（東芝テックの鳥井氏）

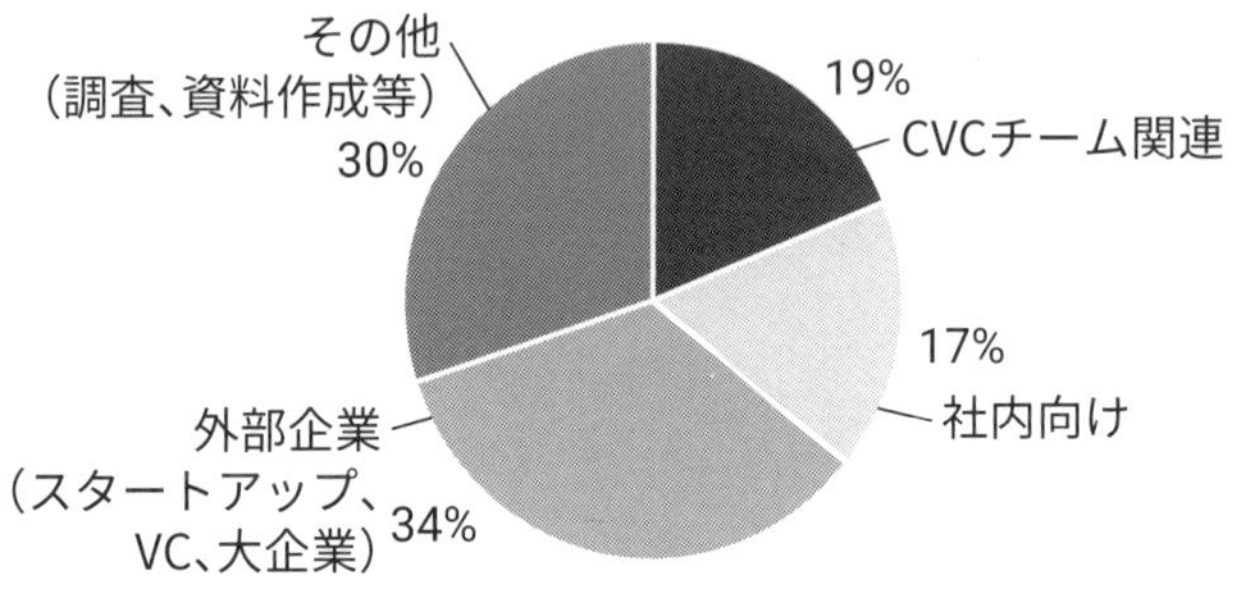

図表5－2は、東芝テックの鳥井敦氏に、日々の活動の時間配分を示してもらったものである。

「CVCチーム関連」とは、CVCチームでの投資候補案件の共有会議や、投資先の報告、社内との協業プロジェクトに加えて、チームメンバーとの1on1なども含まれている。「社内向け」というのは、社長との個別ミーティング含む経営幹部や事業部門との定期不定期のミーティングなどである。

「外部企業」は、その多くがスタートアップとの面談になるが、VCや大企業との打ち合わせも含まれる。投資候補のスタートアップはVCからの紹介などが多く、それを実施する上でもVCや他のCVC含む事業会社とのネットワーキングが必要となるからだ。「その他」は、調査をしたり資料作成をしたりする時間である。

「CVCチーム関連」（19％）と同じくらい「社内向け」（17％）に時間を割いているところに、経営トップとのコミュニケーションや社内の巻き込みが重要なことを表わしている。この２つを足した時間（36％）とスタートアップを中心とした「外部企業」との時間（34％）が同程度になっているというのも、社内社外をつなぐ役割を持つポリネーターの活動を表している。

2 間接部門を巻き込む

第7章で取り上げる「資金の確保」とも一部重なるが、オープンイノベーション成功のポイントの1つとなるのが、間接部門を巻き込めるかどうかである。法務部門、調達部門、品質保証部門などをスタートアップ文化に馴染ませることが大事であり、それは事業部とスタートアップそれぞれを助けることとなる。この点を理解し、対応できている会社は、スタートアップからの評判も良くなる傾向にある。

過去に筆者の同僚が、ある事業会社とスタートアップを引き合わせた際に、こんなことが起こった。スタートアップが「技術詳細を見せる前にNDAを交わしたい」と事業会社に雛型を渡したところ、事業会社の法務でのチェックに時間が取られ、1カ月の時間を要した。その結果、スタートアップ側から呆れられる事態となり、協業には進まなかった。

シリコンバレーで企業支援をしている人物が話していた事例だが、ある企業はNDAなり契約書がスタートアップから届くと、丸ごと翻訳会社に翻訳を依頼し、修正案を先方に送り、それに対しての修正が届いた際に、また翻訳会社に依頼するということを当たり前のように行っているということであった。

あらゆる事態に対応するために細かく規定する傾向にある大企業同士の業務提携契約において求められることと、スタートアップとのＰｏＣを進めていく上で結ぶ業務提携契約やＮＤＡにおいて求められる内容には、そもそもギャップが生じやすいが、それに加えて言語を問題として契約に時間をかけているようではオープンイノベーションは覚束ない。

些細な点に思えるかもしれないが、そうした細部から仕組みを変えていかなければ、現実問題としてオープンイノベーションのスタート地点に立つことすら難しい。

その後、前記の事業会社のポリネーターは社内を説得して法務部門とも掛け合い、スタートアップ向けのＮＤＡを作成したという。また、ポリネーターの役割も果たしていた研究開発部長の権限で契約を結ぶことができるように、手続きを変更した。これによって、スタートアップとのコミュニケーションがスムーズとなり、他にも各種の手続きを同様に改善し、多くのスタートアップとの連携を果たして行くことにつながった。

このように社内の間接部門に向き合うこともポリネーターの重要な責務である。

COLUMN

法務がボトルネックになる

財務部門や法務部門の巻き込みは、オープンイノベーションにおいても重要である。海外企業との契約などでは法務の負担が大きいが、日本企業との協業でも法務がボトルネックになることが起こり得る。

大企業とスタートアップとの協業検討時における法務の注意点に関して、スタートアップ投資やスタートアップと大企業の協業取引における法務に詳しく、『スタートアップ投資ガイドブック』（日経BP）の著者でもあるTMI総合法律事務所の小川周哉パートナーは、次のように言う。

「スタートアップと伝統的大企業の意思決定フローは大きく異なっており、例えば伝統的大企業においては1つの契約を結ぶのにどれだけ多くの人が介在しているのか、社内のどこの部署を巻き込んで検討しているのか、その規模の会社に入ったことがない人には、わからないことが多い。大企業同士だと、お互いある程度は想像がつくので、暗黙知としてビジネスを進めていくことができる場合も多いが、スタートアップにはそれがないので、事前にきちんとした説明が必要となる（もちろん、大企業であっても、「事業部だけで話を進めて、最後に少しだけ法務や財務、企画に話を通せばよい」と思っていたら、これらの関連部署から集中砲火を浴びて、話が進まなくなるようなケースも珍しくはないが）。

伝統的大企業同士のビジネスだと、まずお互いに決裁に必要なプロセスを確認し、契約締結なり、プレスリリースのターゲットを決めて、大まかな日取りなどのスケジュールの合意を取ることが多いが、スタートアップとの契約においては、そのようなすり合わせができていなかったり、そもそもそのようなすり合わせをしようと考えていないのではないか、と邪推せざるを得ないようなケースが散見される。

例えばこんなケースがあった。ある日突然、大企業があるスタートアップと業務委託契約を結び、ビジネスをしていたところ、期間が切れる直前に、契約期間を更新するための契約が大企業からスタートアップへ送られてきた。契約の条件などについての交渉余地は基本的になし。スタートアップとしては契約を結ばないと仕事が打ち切られてしまうので、『翌日まで』と弁護士に相談したが、翌日に締結することが先に決まっているということは、要するに『これでサインするか、さもなければ取引を打ち切るか』というスタンスであって、そもそも交渉をする気などまったくないことになる。相手に対して『交渉させたくない』という意思が透けて見えている。

このような態度はスタートアップに対して非常に失礼な話で、相手が誰であろうとフェアな進め方ではない。ましてやパートナーとして事業を作ろうとしていくスタートアップにこのような態度で臨むのでは、すぐに信用を失ってしまうことになる。対等な立場のビジネスパートナーとしてスタートアップを見ていない企業は、まだまだ多い。

交渉は、『当事者の双方が得られる利益の合計の最大化』を目的に行うものであり、ゼロサムゲームをしているのではない。ただ相手を削ればよいわけではないし、ただこちらが得をすればよいわけでもない。お互いにとって最大限に良い取引となるポイントを双方が探る、という基本的な視座を、大企業もスタートアップも、より明確に意識したほうがよい」

まだまだ、スタートアップに対して、上からの目線で、取引をしてあげているという感覚が残っている会社が多くあるということだろう。

小川弁護士が数多くのスタートアップと大企業との取引を見てきた中では、創薬スタートアップと大手製薬会社の取引は、比較的、両者とも慣れていると感じることが多いという。創薬スタートアップにとってもライセンスアウト先としての大手製薬会社との関係は必須であるし、大手製薬会社にとっても有望な創薬スタートアップからのライセンスに関しては、世界中に代替する取引先が存在していることを認識して臨んでいる。双方にとって重要度の高い取引となるので、フェアな交渉となりやすいのだろう。

大企業の残念な態度

筆者は、大企業とスタートアップとのやり取りの中で、残念な事例を聞いた。

ある伝統的大企業が日本国内のスタートアップに対し、買収意欲を持って接触し、買収の前に業務提携を提案した。将来的に買収を前提とした提携関係を実現するために、というかけ声の下、提携する業務を他のプロジェクトより優先して実施するように強いプレッシャーをかけ、スタートアップ側もそれに応えた。だが、角度を変えたPoCを繰り返して1年ほどずるずると時間が経過した後、最終的に大企業側は買収検討を中止し、手を引くこととなった。

買収の文脈においては、買い手企業が関心を持ちながらも、検討の結果、最終的に買収を断念するのは珍しいことではないし、アンフェアでもない。ただ、このケースでは、買収を人参としてぶら下げながら事業連携への強いプレッシャーを与え、期限を曖昧に引き延ばした。そのため買収が流れるだけでなく、スタートアップの価値を引き下げてしまった。

その後、そのスタートアップ側は簡単にあきらめることができず、交渉を続けたものの、業務提携のプロジェクトに社内の重要なリソースを振り切った分、目先の業績が悪化し、当初よりも大幅に低い買収価格（借入の状況を考えると、二束三文のような提示であったという）で、買収後もリテンションの条件として一般的な範囲を大きく超える、長期間の経営陣コミットを条件とした買収オファーを提示されることとなった。しかも、「金額とその期間に関しては一切の交渉の余地はない」というコメント付きだった。スタートアップ側はさすがに受け入れることはできず、断ることとなったそうだ。

逆にスタートアップに振り回される場合も

逆に、知名度も競争力もあるスタートアップが大企業と付き合う際には、立場が逆転し、大企業が振り回されるケースもある。シリコンバレーにおいても日本においても、一定のステージに成長したスタートアップには、例えば投資銀行出身で（しかも、実際に実務経験のある）交渉上手な役員が所属していることも多いため、難しい交渉を求められることが少なくない。しかし、スタートアップに盲目的に寄り添い、必要な交渉をしなければ、それは後々のトラブルの原因ともなりうる。

ポリネーターは、スタートアップとの交渉時における窓口になることも多い。スタートアップ側と自身の属する立場の双方を理解し、フェアに交渉できるように動く姿勢が求められる。

CVCからの投資を検討する際には、初期段階にNDAを結ぶことが多い。このNDAを巡っても、スタートアップから提示されたNDAを大企業が修正するのに数週間かかり、スタートアップに返信した際には、もう関心がないと思われて、他の企業との話が進んでしまっていたようなケースもある。

かといって、契約である以上、将来のリスクを抑えておきたい事情もある。「例えば、CVCチームが投資検討時において結ぶNDAと、事業や技術の内容にわたる取引関係を構築する際に結ぶNDAに段階を分けることなどで、スタートアップの求めるスピード感と大企業が避けたいリスクの双方を守るような方法もある」と小川弁護士は言う。

スタートアップとの交渉に慣れている会社は、ある点だけは譲れないが、他の点を譲ることで双方のメリットを考えた落とし所を捉えていく努力をする。だが、慣れていない企業は、ゼロサムゲームで交渉してしまう傾向にある。スタートアップとの取引に慣れていなかった某伝統的大企業の法務部が、契約の最終段階で契約に誤字を見つけ、その修正にさらに1週間を要したケースもあったという。こうした事態を克服していくには、場数を踏むことも必要であろう。

3 事業スタート時にしっかりと支援する

オープンイノベーションを駆動させるための3つ目のポイントは、事業のスタート時にポリネーターがしっかりとコミットし、支援を行うことだ。

「事業部に丸投げしたので、あとはお任せ」では新規事業は前進しない。「優先順位が低い」「勝手がわからない」「リソースがまだ完全に揃っていない」「時期尚早では」など、新しいことを始める場面では「やらない理由」がいくらでも噴出してくるのが常だ。

だからこそ、ポリネーターが率先して動く以外に道はない。そのためには、ポリネーターはスタートアップの御用聞きになってはいけないし、出てきた言葉をそのまま持ち運ぶ伝書鳩になってもいけない。詳細なヒアリング、視点の切り替え、両者の間に立って翻訳するスキルが必要だ。

「CVCチームが成長をサポートして事業部につなぐまでの踊り場を作る」東芝テック

スタートアップと事業部門とが連携し、事業をスタートさせる際のサポートに関しては、東芝テックの事例が参考になるだろう。同社CVC推進室の鳥井氏は次のように語る。

「イノベーションの可能性と伸びしろはあっても、どことなく危なっかしいスタートアップは少なくありません。そうしたスタートアップの成長をバックアップするために、当社ではCVC推進室の一部にクロスファンクショナルチームを作り、このチームが主体となってスタートアップが一定期間成長するまでサポートする手法を取っています。

新規事業は市場展開するまで時間がかかるので、既存事業部にこの役回りを任せてしまうと、どうしても優先順位が下げられてしまうんですね。投資した瞬間から『いつリターンがあるんだ？』と早急に結果を出すことを求められてしまいますから、そうした環境ではなかなかイノベーションは生まれません。クロスファンクショナルチームを独自の媒介役として別に切り分けることで、外部とのネットワークを構築しつつ、長期的なリターンを得られるような仕組み作りをしています」

新規事業が成長していく過程では、社内の期待値が過剰に上がりすぎないように、もしくは

図表 5-3　東芝テックのCVCチームによるサポート体制

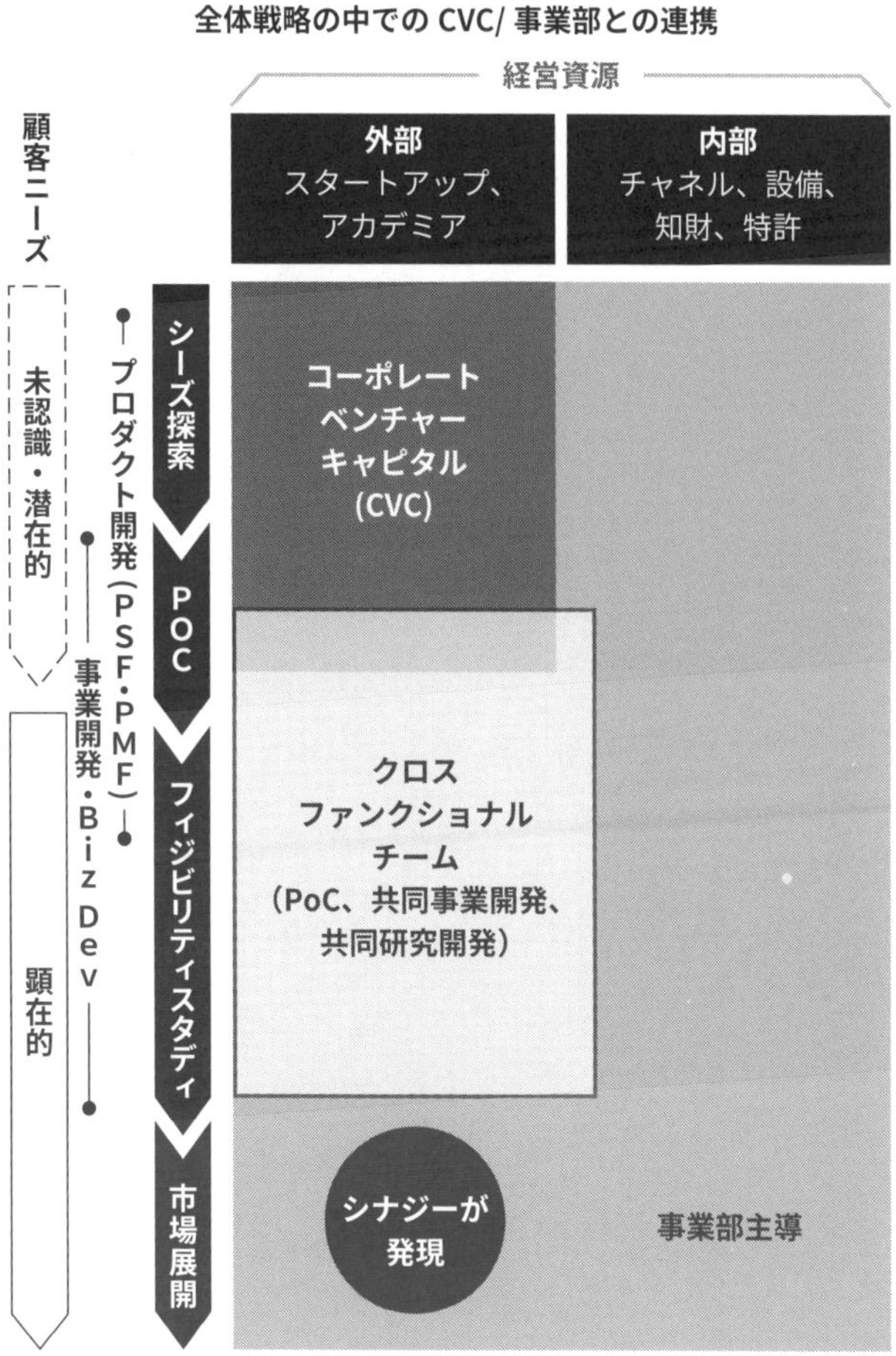

（出所）KPMG FAS『実践CVC』中央経済社（2018年）を改変して作成

下がりすぎないように、コントロールしなければならない場面も出てくる。事業部任せにすると、期待が先走ってしまうこともある。

東芝テックの鳥井氏は、過去にあった失敗事例も語ってくれた。あるアーリーステージのスタートアップの製品を事業部に紹介したところ、事業部が高く評価し、顧客に一気に拡販すべく動き出した。しかしながら、スタートアップ側はまだ多数の顧客や潜在顧客に応対する体制が整っておらず、事業部が紹介した顧客からクレームが発生する事態になってしまった。「このような問題を起こさないためにもスタートアップの状況をよく知るCVCチームが事業部に対して然るべきタイミングでつないでいくような踊り場を作ることも大事な機能となります」（鳥井氏）。

このときの教訓を活かし、現在東芝テックは、協業を目指して投資をしたスタートアップを事業部に紹介するにはまだ早いと判断した際には、CVCチームがサポートを続けていく体制を取っている（図5−3参照）。その中で、具体的に事業化を目指したフィジビリティスタディが必要となった際には、クロスファンクショナルチームがプロジェクトベースで発足する。このクロスファンクショナルチームの活動予算もCVCチームが負担・管理することで、スタートアップの状況を理解しながら事業部との連携を果たすべく工夫している。

「成功事例を作るためのコンシェルジュになる」

日立ソリューションズでスタートアップ探索の任務を15年以上担ってきた市川氏は、「スタートアップとの協業は、最初の成功事例を作るまでがとにかく難所。だからこそ、まずは成功事例を作ることを何よりも最優先させます」と言い切る。市川氏は社内を動かすために、具体的に次のようなサポートを心がけたと語る。

「協業のスタート段階から、事業部の不安を取り除くための全面的なサポートを心がけています。海外スタートアップとの協業であれば、英語の通訳やプレゼン作成も一緒になって行う。協業はとにかく場数と慣れが肝心。翻訳ソフトや音訳ツールなどをどう使うかといったところから、スタートアップとの付き合い方に至るまで、徹底して寄り添うコンシェルジュのような存在であることを心がけています。事業部の不安を取り除き、1回でも多く打席に立ってもらう。

オープンイノベーションは可能性の宝庫ではありますが、最初から数億円ビジネスの成功といったヒットが出せるとはまったく思っていません。重要なのは『それならうちの部署でもトライできるかも？』と他部署から思ってもらえるような存在感を示すこと。スモールステップで少しずつ成功体験を積み重ねていき、1つの商材でも提携できるようになれば、それが社内へのアピールにもなります。さらにその小さな成功を営業が顧客向けにアピールしてくれるようになれば、花形事業へと発展させていくことも可能です。

とにかく継続が大事であり、かつフレキシブルな対応が求められる現場ですから、当社ではそのための活動費用は戦略アライアンス部が年間でプールし、全面的に負担する形を取っています」

成功事例がなければ、何をやっても刺さらない。それはすべてのビジネスの現場に共通する。成功事例の説得力は絶大だ。逆に言えば、成功事例を1つでも作り出せれば、事業部は動かせる。

スタートアップとの協業に失敗はつきものだ。だが、解決策をくり出しながらスモールステップで小さな成功体験を積み重ねていけば、道は開けるはずだ。オープンイノベーションの成否を決めるのは、自社の強みを正しく認識し、社内を動かしていくポリネーターの活動にかかっている。

4 時に、「独立した」新事業組織を提案する

既存事業とはフィットしない事業や、既存の組織では対応ができそうもない新規事業を推進する場合には、新しい組織を立ち上げることも必要になる。

東京海上ホールディングスのデジタル戦略部長を務める楠谷勝氏は、「独立した」別組織の必要性を次のように説いている。

「かつては不足するケイパビリティを補うには、その道のプロフェッショナルを雇い、社内の優秀なメンバーを急速に育てていくという手法を取っていました。しかしながら、それまで会社に備わっていないデジタライゼーションを推進する上で、必要不可欠なケイパビリティをいかに俊敏にグループ内に整えるかを考えた際に、機動的にグループ会社を立ち上げて整備するという手法を取り入れています」

東京海上グループでは、2021年にグループのデータ中核機能を担う東京海上ディーアー

ルを設立し、グループのデータ分析・ソリューション開発力強化を図ることとした。同社は「最新テクノロジーの研究活用」をしながら、「高度なデータ分析体制」を敷き、「アジャイルな開発実装体制」という従来同グループには不足していたケイパビリティを補い、データドリブンな保険商品や保険に留まらないリスクソリューションの提供を目指している。

別組織を持つメリットとして、楠谷氏は「デジタル人材を雇い入れていく際に、カルチャーの異なる組織だと馴染めずにすぐに退職してしまうことが多い。デジタル人材が働きやすい組織を作り、既存の部門でなく別組織で雇用していくことでそれを防ぐことを目指している」と語る。

ＳＯＭＰＯホールディングスが、デジタル技術を活用した商品・サービスを生み出すために設立したSOMPO Light Vortexで執行役員として新規事業の開発を担っている上原高志氏も、独立した組織の必要性を説く。

上原氏は、大学卒業後、三和銀行に入行し、調査部、企画部を経て、ＭＵＦＧがフィンテック事業の開発を狙って設立したJapan Digital Designの初代社長を務めるなど、まさに独立した新事業組織を設立し、オープンイノベーションを実践してきた。

ＭＵＦＧがフィンテック組織を作るときに、当時社長だった平野信行氏から、行内ではスタートアップに詳しい上原氏が指名された。まずはイノベーション・ラボを設立して、フィンテックサービスを作るべく協業できそうなスタートアップを中心とした企業に仕事を発注する形で活動を開始した。

１年かけて数多くのＰｏＣを実施したが、大きな成果を上げることはできず、新たな事業は生まれなかった。

上原氏は「本格的に新しい事業を手がけるなら、外部人材、特にエンジニアを採用していく。スタートアップの面白い技術があれば、実際に触れてみて、理解する。そういった環境を作らないと駄目だ」と確信した。新しいビジネスモデルを作っていくためには、優秀なエンジニアを採用することも必要で、銀行の中でなく、別組織にする必要があると考えた。

そこで、経営陣にイノベーション・ラボの総括をする際に、「このままでは成果を上げられそうにないので、もっと本格的に予算もつけて、独立した会社でやらせてほしい、そうでなければ成果は出ないので、やめたほうがいい」と直訴した。そしてJapan Digital Designが設立され、上原氏は社長となった。同社には、著名なデータサイエンティストやスタートアップ経験者など多彩な人材が採用され、スタートアップとの連携も進めながら新しいサービスを生み出していった。

第6章

トップとの一体化

「コロナが落ち着いてきたところで、シリコンバレーを見に行きましょう。何が変わったのか、何が変わっていないのか。それらを見ながら、今後のことを考えませんか？　せっかく社員を派遣されているのですから、その人たちが見ている世界を共有しながら一緒に考えましょうよ」

コロナ禍に入って1年半ほどが経過した頃から、筆者（中垣）は多くの大企業の経営陣にそう言い続けていた。そして2022年の夏頃から、多数の大企業の役員レベルの方々の訪米が相次ぎ、筆者は何度も同伴する機会に恵まれた。

2年半ぶりのシリコンバレーは刺激的であった。新しいテクノロジーとの驚きの出会い、さらにはそれ以上に「まだ未来の技術だろう」と思っていた最新技術が着実に浸透してきたことを痛感した。

街中を走る電気自動車（EV）のTESLA、それに伴って当たり前のように敷設されているスーパーチャージャー（急速充電設備）。スターバックスに行けば、店頭で注文する人よりも、店外からアプリで注文・決済をして受け取りに来た客のほうが数倍多い。レストランやスーパーマーケットを訪れれば、代替肉がすでに選択肢の1つになっていた。もちろん、物価高と円安も身をもって感じた。

筆者はベンチャーキャピタリストとして、スタートアップへの資金提供とその成長支援を手がけている。と同時に、ファンド出資者である伝統的企業が、スタートアップとの協業によって新しい事業を生み出していくオープンイノベーションのサポートにも携わってきた。このような職業柄、企業の窓口であるポリネーターの役割を持つ方々とも必然的に相当な時間を過ごしてきた。

そうした経験を踏まえた上で確信を持って言えるのは、オープンイノベーションを成し遂げるためには、ポリネーターと経営トップとの一体化は必要不可欠である事実だ。

大企業に属するポリネーターは、自社のトップが何を考え、どこを目指すのかを常に把握しておかなければならない。と同時に、スタートアップの技術やテクノロジーの動向をつぶさに探り、それをトップに直接語りかけ、できれば触れてもらう機会を作り出すことにも奔走しなければならない。

筆者は現場で動くポリネーターと経営トップの双方と付き合い、両者における認識のギャップを少しでも埋められるよう努めてきた。しかし、有能なポリネーターの方々は、サポートなどなくとも上手にトップを巻き込み、連動している。本章では、ポリネーターが組織で機能するために重要な要素である「トップとの一体化」について触れていく。

社内のマイノリティが組織を動かすには？

前章でも述べたが、新規事業部門などポリネーターの役割を担う人は、往々にして社内でマイノリティ的な立ち位置にならざるを得ない。どこの会社でもどこの業界でも、既存事業で売上を生み出し、会社を支えるチームがマジョリティ側である。ポリネーターはそこからまったく外れたポジションにいる。自社の可能性を異なる視点から見つめ直し、少人数のチームで新しいビジネスの機会を探り、スタートアップと自社事業部門を接続することがポリネーターの役割である。

マイノリティの立場にあるポリネーターは、社内での影響力は限られている。そこで重要になるのが、経営トップとの連携だ。トップの明確な意思として、新規事業の育成やオープンイノベーションの重要性を掲げてもらい、「トップとの一体化」を図っていくことが、ポリネーターが活動していく前提となる。この前提は、スタートアップ企業との関係構築、既存事業の巻き込み、組織カルチャーの変革、資金の確保など、ポリネーターの行動原則のすべてにおける共通事項でもある。そのポイントは以下の3点であろう。

第6章　トップとの一体化

1 虎の威を借りる

2 トップを焚きつけ、動かす

3 同じ話を繰り返す

1 虎の威を借りる

第3章で述べたように、組織カルチャー、すなわち行動パターンは簡単には変えられない。変えるにしても相当な年数がかかる。人員と階層が多い大企業であれば、なおさらそうだろう。

本書で何度も述べているように、オープンイノベーションの推進部門が有望なスタートアップとの連携を事業部門に提案しても、事業部門としては当面の損益上はプラスに働かない新規事業には、積極的にリソースを割きたがらないことが多い。

こうした社内におけるマインドのすれ違いを打破するためには、トップからのメッセージがとても有用だ。有り体に言ってしまえば、トップの「虎の威」を借りるのである。優れたポリネーターたちは、時としてVCやメディアの力も利用しながら、トップの支援を取り付け、社内のマインドのすれ違いを乗り越えていくことを躊躇しない。

ポリネーターがトップの「虎の威」を上手に借りることができれば、組織の変革スピードが加速することは間違いない。

「幹部層をエバンジェリスト化する」

日立ソリューションズの市川博一氏は、シリコンバレーと日本を行き来しながら「幹部層のエバンジェリスト化」に長年力を注いできた。

「私は2010年にシリコンバレーに赴任して以来、一貫してスタートアップの商材探索やトレンド把握を行い、日本の事業部に報告するピッチャー役を担ってきました。けれどもどんなに有望だと思える情報を報告しても、日本側の意思決定スピードがあまりにも遅すぎて海外のスタートアップ企業と噛み合わなかった。それならば日本に戻って自分で組織を変えたほうが早いのではとの思いから、2016年に帰国。グローバルビジネス推進本部 戦略アライアンス部の一員として、シリコンバレー発の情報をキャッチアップする日本サイドのキャッチャー役にシフトしました。

そうした活動を経て痛感したのは、会社を動かすためにはやはりトップダウンが重要であること。そのために、社長をはじめ役員陣にはシリコンバレーに来てもらい、スタートアップ企業や最新のトレンド、テクノロジーに直接触れてもらう機会をどんどん作り、継続的に行っています。

シリコンバレーで刺激を受けたトップ層は、アメリカで得た知見や発見を帰国後は直近の部下たちにも伝えてくれます。つまり、トップ層がエバンジェリスト（伝道者）になってくれるんですね。

また、現役員だけではなく、次世代の役員候補が部長時代のうちに賛同を得ておくことも重要です。そこから、各部門がオープンイノベーションに関しての実績競争を始めてくれると、さらに良い流れが生まれます。地味な活動ではありますが、こうした活動を継続的に行っていくことが、巡り巡って新規事業の社内認知を高めることにもつながっています。

海外における新規事業の開拓は、ときには数千万円から数億円の予算が発生するにもかかわらず、短期では成果が見えづらいため、既存事業部からは『遊んでいるのか？』と思われがちです。そうした誤解を解くためにも、上層部の理解を得ることは欠かせません」

一方で、経営陣のエバンジェリスト化に成功しても、人が入れ替わるのが組織の常である。「探索活動を10数年と続けていくと、その間に幹部もトップも入れ替わるのが普通です。私たち戦略アライアンス部はそうした入れ替えが起きるたびに、新たに就任した幹部に営業に行き、スタートアップ独自のカルチャーや新規事業の進捗、この先のビジョンなどを説明して、味方になってもらうよう努力してきました。中期的に見たときに、投資に見合っている価値があるかをそこで理解してもらうことは、決裁のスピーディーな承認にもつながりますから」

「虎の威」が広がっていくように仕掛ける

ＭＵＦＧのオープンイノベーション組織も、当時の平野信行社長の危機感から生まれたものであった。革新的な金融サービスの創造を目指して設立されたイノベーション・ラボ、その発展系としてJapan Digital Design（ＪＤＤ）が誕生した経緯について、ＪＤＤのＣＥＯを務めた上原高志氏は、「平野社長は常々、『既存事業を漸進的に発展させることも大事だが、ディスラプティブ（破壊的）な成長も大事だ。両方がないと生きていけないが、大所帯では漸進的な方法に偏りがちだ。そうしていると、突然想定していなかったところから敵が生まれてくる』とおっしゃっていた」と振り返る。

ＪＤＤの設立後、上原氏は四半期に1度、グループの会長、社長、頭取、ＣＳＯ、ＣＩＯ、デジタル担当役員とディスカッションする機会を作り、逆にこれ以外の公式なレポートラインは持たないことを確約してもらった。この6人だけしか参加しない形にしてもらったことで、ディスカッションしやすい場となったという。

そして、報告だけでなく、経営陣とともにシリコンバレーを何度も訪問した。その頃、グループの事業会社の経営陣もシリコンバレーへの出張が多くなっており、「銀行の経営陣としてシリコンバレーやスタートアップについて知っておかなければ」というムードが生まれ始めた。役員同士で「まだ行ってないの？」という雰囲気になり、訪問して帰国した役員がその様子を語ることでシャワー効果が生まれた。「そうなると、多くの役員の方々が、ＪＤＤの活動などを行内で話してくれるので、その取り組みが経営マターなのだなと事業部が勝手に配慮してくれるようになっていきました」（上原氏）。

虎の威を借りるとしても、上品、かつ効果的に権威をかざす。経営幹部がその活動を社内外に語るようになれば社内は動いていくことになる。

トップの発信が社内外にもたらすポジティブ効果

日立ソリューションズの市川氏が言うように、トップ層がエバンジェリストになってくれて、トップが自身の言葉で明確にオープンイノベーションに関する発信をするようになれば、新規事業は格段に進めやすくなる。

「新しいビジネスの種を今、まくべき必然性は何か？」

「自社でも開発できる領域なのに、なぜスタートアップ企業との連携が必要なのか？」その理由をトップが繰り返し語っていくことによって、社内での新規事業開発の認知度が高まる。「なんだか面白そうなことやってるんだな」と他部門から思われるだけでも、社内の空気はプラスの方向に醸成されるはずだ。

当然、トップの言葉とアクションを注視している幹部からの認知も高まる。進行中のプロジェクトとして、その存在を幹部の頭に入れておいてもらうだけでも、途中でストップがかかる可能性を下げられるだろう。スタートアップ企業との連携に本気である姿勢を示すことは、社外へのアピールにもなるはずだ。

リスクが高い探索において、「虎の威」はこれ以上ない担保になる。トップの意志を乗せることで、ポリネーターの行動は初めて効力を持つといっても過言ではない。既存事業の存在感が強い企業ほど、トップに後押ししてもらうことが必要不可欠だ。

「組織が変わる鍵はＣＥＯ」

東京海上ホールディングスでデジタル戦略部長を務める楠谷勝氏は、デジタライゼーション推進にあたって「組織全体が変わっていくための最大の鍵は、間違いなくＣＥＯだった」と振り返る。

「企業のデジタル戦略推進に絶対的な正解はありません。そんな状況下で何を指針に進んでいけばいいのか。弊社の場合は、CEO自らが切実な危機感を持ち、自分の言葉でその必要性を語ってビジョンを示したことによって、役員層も含めて組織全体の意識が変わっていくきっかけとなったと思います。トップと経営陣が、目指すべき方向を一致させながら、その方向性が社員にも浸透したことが、DXに限らず、新規事業をやり抜く上で何よりも重要な最初のステージだと強く感じています」

トップが先を見据え、役員とビジョンを共有し、自社の組織カルチャーの変革と連動させながら現場に浸透させていく。これらの要素がバラバラでいる限り、新規事業は長続きしないだろう。

ポリネーターは大企業の組織内ではマイノリティだが、オープンイノベーションにおいては全体の調和を図るために密かに組織を指揮する「隠れた指揮者」のような存在とも言える。

ある企業のポリネーターは、「忖度ができない人はポリネーターではない」ときっぱり言い切る。オープンイノベーションの先にある大きなビジョン、自社のありたい姿を明快に思い描き、虎の威を借りることも厭わないという姿勢が、ポリネーターには求められる。

2 トップを焚きつけ、動かす

一方で、現場はひりつくような危機感を抱いているにもかかわらず、トップや経営陣が保守的で、過去の成功モデルを捨てきれないために、変化できない日本企業も珍しくはない。その場合、ポリネーターがやるべきことは、トップに働きかけ、行動を促すことだ。

大企業であればあるほど、トップと現場の距離は遠い。そして新規事業の探索を追求する社員はミドルマネジメント層であり、トップがまだ知らないオープンイノベーションのリアルを間近で見聞きしている。スタートアップ企業の行動パターン、鍵となる技術は何か、最前線で起きていること、協業のバリエーション……。それらの情報を具体的に外部から内部へと持ち込めるのは、トップではなくポリネーターであることが多い。

トップが保守的で動かない企業にあっては、トップに伝え、提案し、情熱を焚きつける誰かがいなければ、組織は変われない。トップを動かす焚きつけ役であること。これもまたポリネーターの重要な機能だ。

また、トップが変革に意欲的だったとしても、最先端の現場の情報を上げるなど、現場からのボトムアップがあって初めてオープンイノベーションは実現する。

「第1コーナーはボトムアップ、第2コーナーからトップダウン」

オープンイノベーションを創出する過程は、初めからトップダウンで進むものではない。コマツの冨樫良一氏は次のように考えている。

「トップダウンがしっかり機能していない会社は必ず行き詰まります。一方で、新しい企画やプロジェクトの発案はボトムアップ、従業員から出るものであるべきだと私は考えています。新しいアイデアは必ず現場から生まれます。建機の情報をリモートで確認できる当社のシステム『コムトラックス』も現場からの声がきっかけで開発・搭載されました。現場がまず発案し、トップがそれを判断する。第1コーナーはボトムアップ、第2コーナーからがトップダウン。これまで当社がオープンイノベーションで成功させてきた事例は、すべてこの方式でした」

コマツは2010年代以降、社を挙げてのオープンイノベーションに取り組み、多数の成功事例を生み出してきた。2014年にはトップ直轄のCTO室が設置されたが、そこにもオー

図表6-1　経済同友会がまとめた「民間主導型イノベーションを加速するための23の方策」

1	トップによる具体的な将来ビジョンの提示
2	オープンイノベーションのためのM&Aの拡大とベンチャー企業への投資：トップ及び最高イノベーション責任者が自ら牽引
3	ユーザーの現場を熟知した開発者による新商品の構想
4	国内市場だけでなくグローバル市場を意識した商品開発
5	既存組織と切り離した革新的商品開発チーム（トップ直轄）の創設
6	就業時間の20％ルール等、“クレイジー”アイデアを創出する人事制度の構築と組織風土の醸成
7	企業から大学への委託研究費の抜本的拡大
8	大学・公的研究機関からの研究者受け入れ、企業から大学・公的研究機関への研究者派遣
9	社内人材（特に若手社員）の海外派遣の強化
10	研究開発体制への外国人研究者の積極的組み入れ
11～23は国の取り組み（公的研究機関のあり方）、大学の取り組みについてなのでここでは割愛	

（出所）経済同友会

プンイノベーション推進におけるコマツの姿勢が表れている。

２０１４年２月、コマツの野路國夫会長が委員長を務めていた、経済同友会の科学技術・イノベーション委員会が、「民間主導型イノベーションを加速するための23の方策」を発表した。その方策には、①トップによる具体的な将来ビジョンの提示、②オープンイノベーションのためのM&Aの拡大とベンチャー企業への投資：トップ及び最高イノベーション責任者が自ら牽引、③既存組織と切り離した革新的商品開発チーム（トップ直轄）の創設、④社内人材（特に若手社員）の海外派遣の強化、といった内容が提言されていた。野路会長が委員長として提言したからには、自ら実践しようということで、コマツにはトップ直轄のCTO室が発足したのである。

オープンイノベーションでも「現場主義」。全役員で毎年シリコンバレー合宿

トップがオープンイノベーションに積極的になれば、自らが率先してポリネーター的な動き方をしていく。コマツはまさにそうである。

コマツの経営陣は年に1度、Technology IAB（International Advisory Board）という名の役員合宿を行うことが恒例行事になっており、その取りまとめはCTO室が行っている。Technology IABは、外部有識者やスタートアップ企業との面談や最新プロダクトに実際に触れながらディスカッションを行い、長期的なビジョンについて語り合う機会である。コロナ禍においてオフラインでの開催は一時休止したが、2022年から再開し、社長、会長を筆頭に本社と関連部署の役員に至るまで全員がシリコンバレーに集った。

コマツの信条は「現場主義」であると冨樫氏は語る。だからこそ、シリコンバレーという最先端の現場にトップ層が皆揃って足を運ぶことに意味がある。役員のフットワークの軽さに関して、コマツは間違いなく日本の大企業としてはトップクラスだろう。この定例合宿に限ら

ず、コマツの経営陣は頻繁にシリコンバレーを訪れている。

「スタートアップ企業との協業ではトップの本気度を見せる」

栗田工業も、トップの強いコミットによってオープンイノベーションを推進している。

2018年に栗田工業は、水道管の劣化を予測するAIを開発するフラクタに3700万ドル（約40億円）を出資し、同社株式の過半数を取得して連結子会社化した。そのM&Aを実現させた大きな要因は、トップのコミットメントだった。

「スタートアップ企業との協業の意思決定は、当然のことながら現場にいる我々だけではできません。フラクタと当社が協業できた大きな要因は、交渉プロセスのかなり早い段階から当社の門田道也社長（当時）をはじめとするトップ層がミーティングに参加するなどして積極的にコミットメントしたことが間違いなく大きいと思っています。

また、同時期に北米を中心に海外M&Aを活発化させたことによって、決裁規定もより柔軟になりました」（小林秀樹氏）

3 同じ話を繰り返す

「敢えて同じことを話してください。同じことをベンチャーキャピタルの立場から言ってもらえると、また違う受け取り方をするかもしれませんので」

私は定期不定期に、ファンド出資者を中心とする事業会社の経営トップの方とミーティングをしているが、その際にどんな話をするか、事前にポリネーターの方と打ち合わせることも多い。あるミーティングに際して、ポリネーターの方に話してきた内容だけでは、すでに社内で共有されていて新鮮味に欠けるとも思い、新しい内容にすることも考えていた。ところがポリネーターの方からは「同じ内容を敢えて話してほしい」と依頼された。それはなぜか。

ポリネーターや私が話したことを、経営トップが「自分ごと」として語りかけるようなことがあれば、そのミーティングは大成功なのである。

ポリネーターの立場からすれば、「それはこれまでにも自分が言っていたことだ」と言いたくもなるかもしれない。ただ、オープンイノベーションを実行していく上では、現場のポリネーターと経営トップの考えが一致していることが重要である。そのためには同じ話を繰り返し伝えていくことも必要である。

一度話しただけで伝わると思ってはいけない、というのはコミュニケーションの常識だろう。相手が積極的に聞く姿勢を持っていたとしても、ほかにもっと重要なことがあれば対応は後回しになる。相手の行動を促したいのであれば、しつこいくらい話をしていくことが欠かせない。

東芝テックでCVC投資を推進する鳥井敦氏の場合は、「経営陣に東芝テックにおけるCVC構想の在り方を理解・納得してもらうため、役員のほぼ全員に時間を確保してもらいながら、運営体制から出資スキーム、投資決定プロセスに至るまで、役員1人に約6時間ずつかけて説明を実施した」と振り返る。

ポリネーターがトップをはじめとした経営陣に働きかけるアプローチは、会議の場での提案だけとは限らない。

栗田工業の経営企画室で新規事業企画を担っていた小林氏は、当時の経営企画室長であった上司に対して、ことあるごとにスタートアップ企業の面白さを雑談のように話していた。やがて、その上司自身もスタートアップ企業に興味を持つようになり、自らその周辺をリサーチするようになった。後にその上司が専務取締役となったことで、スタートアップ企業との協業がスムーズに回る一因にもなったという。

「トップが外へ発信することで社員の意識が変わった」

また、トップの言葉をメディアに乗せて社内に浸透させることで、間接的に既存事業部にトップの意志を届ける方法もある。社内を動かす1つの手段として、ポリネーターは覚えておくべきだろう。

東芝テックの鳥井氏は、「経営トップが率先して変革意識を言葉にすることの影響力はとても大きい」と語る。社内会議などで語りかけるだけでなく、経営トップがメディアに出演し、語ることも有用な方策の1つということだ。

「すべてを自社の力だけで進める自前主義はもう限界に来ている。今後はパートナー企業との協業によって、ソリューションの幅を広げていくしかない。そうした会社としての大きな戦略を錦織弘信社長がメディアで語ることは、新たな組織能力獲得に向けて土壌づくりの一部でもあります。

当初、社長のメディア出演は、外への発信、つまり外部とのネットワーク構築が主な目的だったんですね。ところが、あるメジャーな経済メディアで錦織社長が『安定企業にも必ず賞味期限が訪れる』と率直な危機感を語ったところ、予想外に大きな反応をしたのは当社の既存事業部でした。外部のメディアという枠組みを通して語られた社長のメッセージが、社内の既存事業部に一番ダイレクトに届いた。トップの言葉とアクションが、組織カルチャーの醸成にいかに大きな影響を及ぼすのかを実感する出来事でした。外部のメディアに掲載されることで、かえって社内の関心を引き起こすことを学びました」

虎の威を借りつつ、積極的に巻き込んでいく

新規事業は、言うまでもなく不確定要素が多い。また、新規事業部だけでは判断できない局面も多々発生する。だからこそ、ポリネーターはトップと密にコミュニケーションを取り、トップを巻き込み続けていかなければならない。

ポリネーターとトップとのベストな関係性は、100社あれば100通りの方法論があるだろう。これに関しては絶対の答えはない。だが、受粉を手助けする鳥や昆虫のように、最新の

情報や貴重な知見を意思決定層に送り届けるスタンスを貫くことで、あらゆる場面でチャンスが見つかるはずだ。

第 7 章

資金の確保

どれだけ理想論を並べ立てても、組織に属する会社員である限り、予算が下りなければアクションは起こせない。本章ではポリネーターが成果を出していくために絶対に欠くことのできない「資金の確保」の重要性と、それを引き出すための実践法について述べていく。

ポリネーターは「資金の確保」の重要なポイントとして、次の3点を押さえる必要がある。

1 「予測ー回収」思考ではなく「確率ー成長」思考を提案する

2 予算だけではなく、随時必要な資金を得ていく

3 CFOと対話していく

これらはすでに解説した「社内の駆動」や「トップとの一体化」とも密接に連携している。ポリネーターが企業のイノベーションを加速させるために欠かせないポイントである。

1

「予測－回収」思考ではなく「確率－成長」思考

まず大前提として、新規事業への投資は既存事業への投資とは性質が大きく異なっていることを理解しなければならない。

通常、事業を進めていく上では、成果を予測・数値化して、目標を立てる。設備投資で考えるとわかりやすいだろう。企業が新工場を設立する際には、「どれくらいの期間で投資額を回収できるか」を前提に適正額を意思決定する。設備投資によって得られる年間キャッシュフローを予測し、いくら投資すれば何年で回収できるのかを予測する。変化がめまぐるしい現代では、投下資本の回収にかかる時間は短ければ短いほどいい。企業が事業を推進していく上では、こうした投資対効果に立脚する「予測－回収」思考で考えることが多い。

新規事業を回収期間だけでジャッジしてはならない

しかし、新規事業に限っては、回収期間のような「わかりやすい基準」だけで判断するわけにはいかない。

新規事業の成功確率は極めて低い。「千三つ」（1000件のうち成功できるのは3件程度）と言われる通り、新規事業は不確実性を拭いきれない。

だからこそ、新規事業を前進させていく側は、これらの不確実性を前提に折り込んだ「確率－成長」思考をベースにすることが重要となってくる。

これは株式投資をするときに「基本中の基本」として学ぶことと同じである。買った株がすべて値上がりする「全勝」はあり得ないという前提で、投資対象を分散してリスクを抑えていく。ポートフォリオを組んで、その中のいくつかの成功によって、全体をプラスにしていくという考え方だ。成功する確率は低いかもしれないが、成功した投資先が1社でも大きく成長すれば、リターンは大きくなる。

ＶＣファンドの収益モデルを参考にする

「確率－成長」思考の実行プロセスに関して、ＶＣの収益モデルを例にさらに掘り下げてみよう。

ＶＣの世界では、投資成功率が３割であれば一流と言われている。その前提を踏まえた上で、10社に投資して成功するのは３社と想定しておこう。ファンドを全体として２倍にするには、成功した３社で大きな投資倍率を計上することを目指し、追加投資などを続けていく。「10社すべてがそれなりに成功」で２倍を達成するのではなく、「成功するのは３社だけ。その３社を成長させて大きなリターンを得る」という考え方である。

図表７－１は、ファンド総額を25億円と想定し、10社に投資を実行した場合のシミュレーションである。ファンドの運営コストはファンド総額の20％としている。まずは、10社にそれぞれ１億円程度を投資し、そのうち７社に追加投資を実行している。ＶＣファンドは投資先の成長にそって、初回投資に加え、２回程度の追加投資することが多い。

結果として回収額は、４社は０、１社は投資額割れ、２社は投資金額ぴったり、１社は投資金額の４倍、２社が投資金額の５倍以上となったとする。これによってファンド総額25億円は、運営費用を差し引いても約2倍の50・5億円となった。こうなれば目標達成である。

事業会社の新規事業はVCの投資とは異なるが、スタートアップとの協業による新規事業の成功確率のイメージを持つには参考になるはずだ。少なくとも、CVCによるオープンイノベーションを目指す場合は、VCと同じ想定が必須である。

「10社すべてで成功」を前提にしてしまうと、回収額0の4件、投資金額割れの3件を許容できなくなるため、追加投資を躊躇してしまう。すると成功見込みの高い3社への追加投資も行われなくなり、中途半端な結果となってしまうのだ。


これまで自前主義が主流だった企業の多くは、新規事業に資金を投入する際、どうしても「予測－回収」思考になり、「何年後に元手を回収できるのか？」という発想をベースにしてしまいがちだ。もちろん、それも重要な視点だが、スタートアップ企業との協業や新規事業の取り組みにおいては、その視点をいったん捨てるべきだろう。

新しい取り組みやオープンイノベーションは、成果が出るまでにどうしても時間がかかる。少なくとも5年、10年単位の中期戦になることは避けられないだろう。新規事業への投資では、このような前提と時間感覚を受け入れることが欠かせない。

ところが、日本企業の多くは、CVC投資から比較的短期間で撤退してしまう事例が過去に

図表 7-1 VCファンドの収益シミュレーション

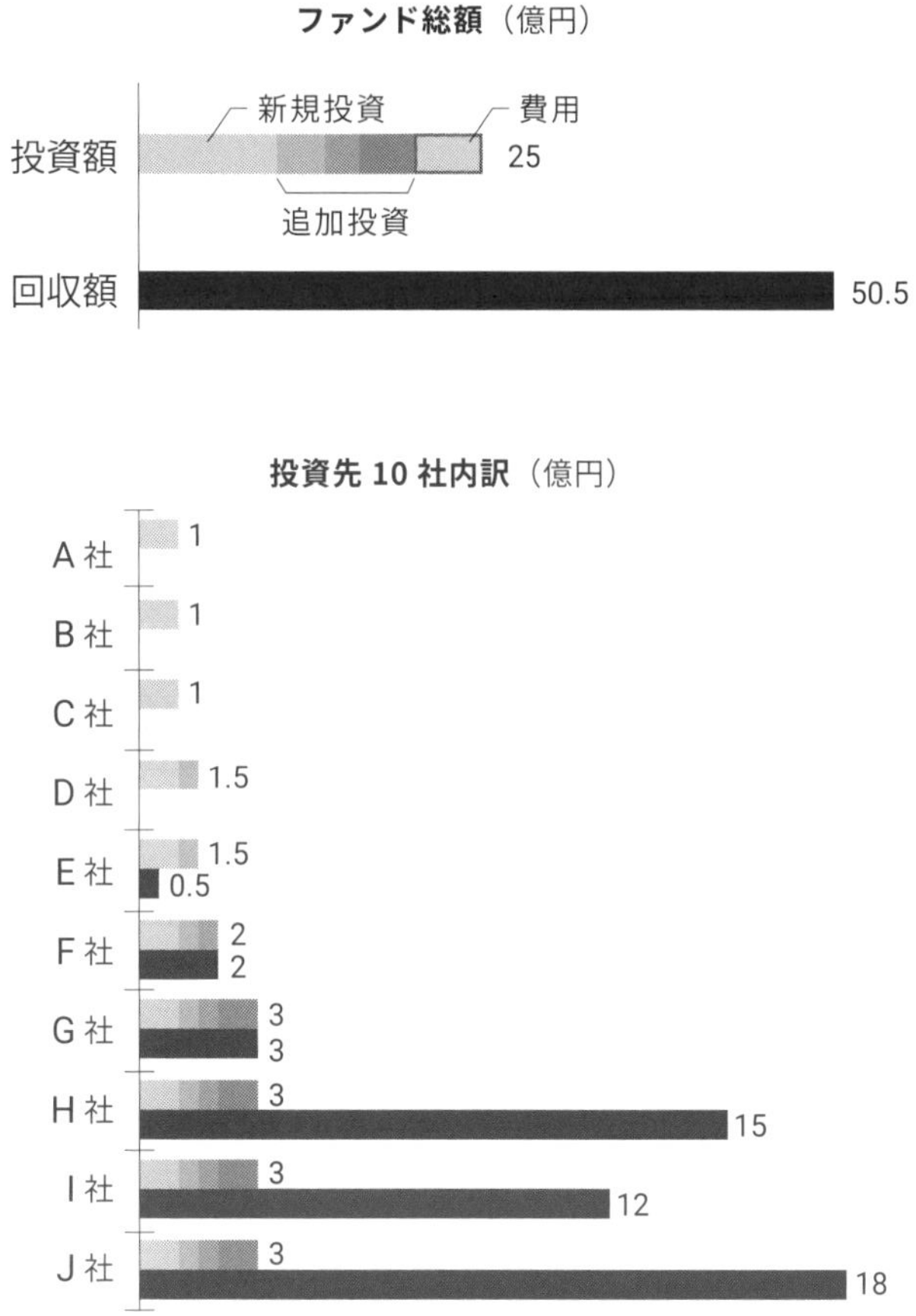

おいては非常に多かった。「予測－回収」思考がインストールされているため「5年で成果が出ないのであれば、追加投資はもうしない」となってしまうのだ。ＣＶＣを通じて何を実現したいのかが曖昧なため、既存事業と同じ投資回収の感覚から抜けられず、ＣＶＣから撤退している事例はさらに多い。

新規事業が軌道に乗るまでの道のりは容易ではない。だからこそ投資する資金の性質も、そうした「予測－回収」とは違うルールで動かしていく必要がある。トップ自身がその前提を理解しておかなければ、オープンイノベーションは実現しないだろう。

不確実性が高い新規事業に予算を充てると、「そんな予算があるのならば既存事業にもっと投資すべきだ」との反発が社内から上がってくる。大企業でよく見られる構図だ。「予測－回収」思考に立てば、確かにその主張は正しい。

しかし、新規事業への資本投下に限っては、広い視野と長期スパンの「確率－成長」思考を土台にしなければ、新しい展開は期待できない。まずは前線に出て探索を担うポリネーター自身が、この前提を頭に叩き込み、経営陣と共有しておかなければならない。

次に紹介する東芝テックの事例は参考になるはずだ。

「投資委員会のメンバーに既存事業の担当役員は入らない」

東芝テックがCVC推進室を立ち上げるにあたり、最もこだわったのはメンバーの人選だった。鳥井敦氏は次のように話す。

「東芝テックとしてはCVCを立ち上げるにあたり、投資の意思決定をする投資委員会メンバーには、既存の事業部門の担当役員は一切入れず、コーポレート担当役員のみが参加する形を取りました。既存の事業部門の担当役員はアドバイザリーとしてのみ招聘します。探索は外部とのネットワークを構築し、市場展開まである程度は待たなければならない中長期の事業なので、既存事業と同じ感覚で、投資した瞬間から『どういうリターンがあるんだ？』と早急に成果を求められては、探索が機能しなくなってしまいます。探索組織として一定の独立性を保ち、スタートアップが伸びていけるよう適切にサポートする。そのための投資決定プロセスを守るためにこのような構成となったことは、以後の活動においてとても重要でした。もちろん、立ち上げ時は反対の声があがって揉めました」

新規事業を支える資金の性質が「予測－回収」ではなく、「確率－成長」にあることを意識していたからこその判断だろう。あらゆる新規事業は「確率－成長」モデルで推し進め、それが軌道に乗って国内展開が見える段階まで到達してから「予測－回収」モデルに切り替えるのが合理的だろう。

東芝テックでは、その後のCVC事業の評価に関しても、投資して保有する株式の売却によるキャピタルゲインを得るまでには時間を要するので、保有株式の現在価値を定期的に評価し、含み益を勘案した利回りを基準としているとのことである。

「全体でリターンを出せるポートフォリオを構築」

栗田工業もまたスタートアップへの投資をするにあたって、1社に偏ることなく、ポートフォリオとして成果を上げることを目指している。

「会社としては、出資とその効果に対する実績をどうしても早急に求めたくなります。しかし1～2社だけへの投資ではリスクが分散できず、本来ならば想定内であるはずの失敗も目立ってしまう。そうなると新規事業の推進そのものが危うくなってしまいますから、全体でリターンを出せるように複数社のポートフォリオ構築の必要性を実感しています」（小林秀樹氏）

2 投資予算だけではなく、随時必要な資金を得ていく

「確率－成功」思考を基盤にした上で、新規事業を成功に導くために欠かせないのは、追加の投資を継続していくことだ。種まきをしたら、あとは放っておいても実がなるはずだ、という発想はスタートアップとの協業においては禁物だ。継続的に水や肥料を与えるつもりで成長をサポートしていくことが欠かせない。

特に、「カネを出さないやつは口を出すな」「カネを出すからには口を出す」というカルチャーが根付いているアメリカをはじめとした海外の投資活動では、ＣＶＣ側が何度か追加投資をすることで、継続的にスタートアップをサポートしていくのが常識になっている。

経営会議と事業部から独立したスピード感のある決裁機能を持つ

東芝テックの鳥井氏は次のように語る。

「スタートアップに投資をして終わり、では何も生まれません。大切なのは投資した後に、その企業の持つ強みを活かせる仕組みをこちらが用意できるか。出資予算は中期計画の投融資予算枠に組み入れて、年度ごとに見直すようにしています。

また、その予算から投資決定プロセスのための投資委員会を設置しています。投資委員会は週に1回開催しますが、事業部役員の承認を取らなくとも追加投資が決定できるような社内体制を構築しました。事業部の役員と新規事業部が顧客や市場動向などを踏まえた意見を交える会議はもちろん行っていますが、事業部役員が意思決定に加わることはありません。

これは見方を変えれば、事業部役員にもメリットがあります。新規事業というチャレンジへの意思決定に自分たちが加わらないことで、失敗した際のリスクを負う必要がなくなるからです。追加投資の意思決定や主導権は、新規事業部が握っておくこと。これによりスムーズな追加投資が可能になります」

スタートアップへの投資に関しては探索チームの裁量で意志決定できるよう、独自の決裁機能を用意した。結果として、追加投資などの意思決定が迅速に進むようになったという。

「数億円規模の投資となると、通常は経営会議に上げなければなりません。けれどもスタートアップ側は、1日でも早い意思決定を必要としている。ようやく協業の成果が見え始めているのに、必要なときに追加投資ができないとなると、スタートアップ側に見切りをつけられて貴重な機会を逃してしまいます。そうならないように新規事業を推進するチームは経営陣やCFOとしっかり交渉して、独自の決裁機能を握っておくべきだと考えます」

また、投資をした後に投資先企業との連携を模索していく上での資金の確保も大事になる。東芝テックにおいては、CVCの投資予算とは別に、投資先のスタートアップとの連携を目指したPoCやフィジビリティスタディを進めていく際の予算を確保している。その予算で、CVCチームと事業部とのつなぎ役を果たすクロスファンクショナルチームが活動を進めていくが、その活動予算全体をCVCチームが管理負担している。

スタートアップとの協業でフレキシブルに資金を用意していくという点について、MUFGにおいてイノベーション・ラボの元所長であった上原高志氏は、次のように話す。

「企業の各部門には多くの場合、予算のバッファーがある。大企業の場合は、バッファーの予算だけで相当額に及び、そのような予算がどこかに少しは余っているものである。それに甘えすぎてはいけないが、正論でその取り組みが経営（顧客基盤）に与える必要性を説き、筋を通しながら、予算を獲得していくことが大事」

3 CFOと対話していく

未来に向けた投資は「確率－成功」思考が必要になる。日本の事業会社が重視してきたR&D（研究開発）にしても、成果が上がらずに終わる研究は山のようにあり、その中から少数の成功が出て会社の将来の柱に育っていく。オープンイノベーションにおけるスタートアップもまったく同じである。

そうした未来への投資に共通するのは、中長期戦、少なくとも中期戦になることは避けられないことである。

短期決戦では済ませられないからこそ、「確率－成功」思考を基盤にした上で、柔軟に決裁や承認が可能な運営体制を整え、持続的に資金を確保していく必要がある。そのために重要なのは、CFO（最高財務責任者）との対話だ。

社内で予算を勝ち取るためには、会社のお金の出入りに責任を持つCFOを味方にすることが欠かせない。ポリネーターの役割を担う人は、CFOと継続的かつ丁寧なコミュニケーションを心がけることが重要になる。

日立ソリューションズの市川博一氏は、スタートアップとの連携における予算について、次のように話す。

「スタートアップとの連携には多岐にわたる予算が必要です。社員をシリコンバレーに赴任させておけば、情報収集も案件開拓も進むと思っている企業は少なくありませんが、実際はカンファレンスをするにしても高額なコストがかかる。さらに、シリコンバレーだけでなくニューヨークやラスベガスで開催されることも多い。このあたりの活動予算を見越していないため、中途半端な活動で成果を出せず、２、３年で撤退してしまう企業をいくつも見てきました。

人件費、ＰｏＣのためのコスト、有償評価のコスト、米国拠点であればカンファレンスのコスト、将来の赴任者候補育成のための事業部からの研修生受け入れコスト、ＶＣへの出資予算、間接部門（アライアンス戦略部の国内）の若手社員向けトレーニング費用、事業部からの受け入れコスト……。こうしたあらゆる場面で派生する予算を見越して、年度予算作成時に組み込んでおく必要があります。そうした海外特有の事情もＣＦＯにしっかり伝えて、できれば共感まで引き出していけたらベストではないでしょうか」

「また、スタートアップとの連携は、ルーティン的というよりも、タイミングは相手次第でもあるので、事業部としてはバジェットを取りにくい。なので、戦略アライアンス部が予算を取っておいて、事業部につなげた際のリソース負担も含めて、自分たちが乗り込んでサポートします」

事業部がスタートアップとの連携に前向きになった時に、フレキシブルかつ事業部にリスクを負わせずに動かせる予算を確保しておくことは、ポリネーターが活動していく上でも重要な要素となるだろう。

ＣＶＣからの投資においても、スタートアップとの協業を進める上で、なぜ追加投資が必要なのか、必要であればどのような目的のための追加なのか、その追加投資によって次はどのフェーズを目指しているのか……。そうした背景と事情を、ポリネーターがリードしてＣＦＯに伝え続けることが重要だ。

第8章

あきらめない

オープンイノベーションを成功させるには、組織カルチャーを変えることが欠かせないが、組織カルチャーは一朝一夕では変えられない。

第3章でも触れたが、組織カルチャーとは「行動パターン」だ。曖昧な雰囲気ではなく、ある事象が起きたときに会社として何を是とするのか。どのような価値基準を持ち、どう振る舞うのが適切なのか。その行動パターンこそが組織カルチャーである。

組織全体として変わっていかなければ意味がない。そして企業規模が大きくなるほど、組織カルチャーの変革も難易度が増していく。

組織カルチャーを構成するのは、その組織が独自に持つ価値観、規範、哲学、意思決定プロセスだ。それらはいずれも長い時間をかけて醸成されてきたことを考えれば、変革は容易ではなくて当然だ。

それを前提に、オープンイノベーションを推進するポリネーターは、すぐにあきらめてしまうタイプの人では務まらない。長期戦を覚悟で、粘り強く行動していくことが求められる。ポリネーターに向く人材として、以下2点を挙げておきたい。

1 「カルチャーが変わる」ように仕掛け続ける

2 グリットとタフネス

1 「カルチャーが変わる」ように仕掛け続ける

組織カルチャーの刷新、自社とスタートアップのカルチャーの融合は、どの企業も苦労している。ゴールに向かって邁進するためには、長期戦の構えで信頼を勝ち得た上で、社内からも価値を見出してもらうしかない。

「10年間、ギブ&ギブ&テイクの草の根活動を続けた」

２０１０年から6年間シリコンバレーに駐在した、日立ソリューションズの戦略アライアンス部の市川博一氏は、組織カルチャーを変えていくまでに「10年の時間を要した」と打ち明ける。

「スタートアップとの協業を目的とする戦略アライアンス部が全社組織として認知され、フル活用してもらえるまでに約10年の歳月がかかっています。そこに至るまでの10年間を一言で表すならば、ギブ&ギブ&テイクの草の根活動です。

事業部のキーマンに有益な情報を与え続けることで、『このチームは使えそうだな』と思ってもらえる存在になり、そこを突破口として徐々に社内での存在感を高めていきました。アメリカ駐在メンバーは半年に1度のサイクルで帰国していたのですが、その際には必ず現地のトレンド報告会を全社向けに行って経営陣に認識を共有してもらい、いずれ駐在するかもしれない若手層にシリコンバレーの現地画像をたくさん見せて、憧れを焚きつける訴え方を意識しました。

なぜここまでギブ&ギブの姿勢に徹したのかというと、シリコンバレーでは2~3年で撤退する日本企業が非常に多いんですね。するとシリコンバレーのインナーサークルでも日本企業はすぐ撤退すると思われて評判が下がってしまう。

社内認知活動を地道に継続させてきたのは、そうした撤退組と同じ轍を踏まないためです。ギブ&ギブを全方位に意識することで、巡り巡って自分たちにテイクが来るような長期スパンで活動を続けてきました」

ある企業のCVC責任者は、CVCを立ち上げる際に、自分を10年は異動させないでほしいと経営陣に懇願したという。もちろん結果を出せなければ異動させられても仕方ないが、結果を出しているのに異動させるのはやめてくれという趣旨である。そしてメンバーにもそのつもりで来てほしいと伝えたという。

ＣＶＣの仕事では、投資を実行するまでに1～2年かかることもあるし、その投資先との協業実績を上げ、投資回収を実行できるエグジット（上場など）に至るまでに5年以上必要なことは珍しくない。それを数サイクル回そうと思ったら、最低10年は必要となる。3～5年ごとのジョブローテーションで多くの業務を体験させる伝統的企業のやり方はＣＶＣにはなじまないと考え、無理を承知で頼み込んだという。

耳が痛いことにも真正面から向き合う

東京海上ホールディングスは、デジタルトランスフォーメーションを入り口にして、ケイパビリティ（企業全体の組織力）向上に力を注いできたという。同社の楠谷勝氏は、一貫して長期的なビジョンを念頭に置いた上で、デジタルトランスフォーメーションに向き合ってきた。

「デジタル対応がうまくできたら新規事業もうまくいくというわけではありません。デジタルトランスフォーメーションは単なるきっかけであって、大事なのはデジタルではなく、あくまでもトランスフォーメーション。お客さまに喜んでいただけるトランスフォーメーションができるかどうかが組織成長の肝であり、だからこそDXではなく、dX（小文字のd）だと私は思っています。

そして組織が変わっていくためには、耳が痛いことにも真正面から向き合っていかなければなりません。ですから、シリコンバレーでデジタル戦略部を立ち上げた際には、活動レポートという形で、今の自社には耳が痛いであろう現状を率直に日本の経営陣に発信し続けてきました。自部門の領域を超えた勝手な提言に対して、当初は不満の声もありましたが、応援してくれる役員や、もっと大胆にやれと言ってくれる役員も徐々に出始めていきました」

顧客を味方につける

元MUFGで現SOMPO Light Vortexの上原高志氏は、組織を変えるきっかけとして、顧客を味方につけることが効果的だと言う。

「MUFG時代、社外の方との交流が増えたり、メディアに記事が出始めたりすると、銀行の取引先である事業会社の方々から『フィンテックやデジタライゼーションについての話を聞きたいのだが、おたくの上原さんという人が詳しいそうじゃないか』とご指名がかかるようになってきた。法人部門からすると、長年付き合いのある企業に持っていくテーマには慢性的に困っていて、顧客の方から銀行の誰々の話を聞きたいと言われることはとても喜んでくれた。中には講演料を払うので話をしてくれということもあった。『このゼロ金利時代に、利息もほとんど払ってもらえない会社から講演料がもらえるとは』と営業本部はびっくりしながらも喜んでくれた」

新しい行動に対して、顧客が必要と思ってくれると、多くの社員が気にし始め、大きな動きになることがある。

2 グリットとタフネス

ポリネーターはグリット（ＧＲＩＴ）[※1]でタフネスでなければならない。ポリネーターの仕事はイレギュラーな探索の連続であり、そこに楽しみを見いだせる人でないと変化は引き起こせない。

単身派遣されたシリコンバレーでデジタルラボを立ち上げた東京海上ホールディングスの楠谷氏は、「ポリネーターで居続けるためには、グリットが大事」と語る。

「シリコンバレーという、世界一競争が苛烈な現場に身を置いたことで、自社のビジネスモデルがいかに遅れているかを目の当たりにしました。そこで自分が見聞きしたことをトップ層に伝え、社長以下、上から順に一対一で壁打ちのようなディスカッションを繰り返し、認識を入れ替えてもらうことに数年間ずっと心を砕いてきました。私がトップとのコミュニケーションを続けている間に、並行してトップ自身も、世界のトップ企業がいかにテクノロジーと向き合いビジネスモデルを変革しようとしているかの情報を入手し、危機感を膨らませ始めていたようです。

私の信条は、とにかく目標を自分で掲げること。上から押し付けられた目標ではなく、自分で掲げた目標であれば達成にアグレッシブになれますから。私が目標とした理想のチーム像は、戦闘力とライブ感を併せ持つチームです。戦闘力とは戦える力、攻めの姿勢と言い換えることもできるでしょう。ライブ感は、動き続けること、臨機応変なアジャイル開発の姿勢を失わないことです。失敗してもいいから、まずはマーケットに当てて実験する。駄目だったら次の手を探す。この繰り返しができるグリットを基盤に、自分自身と自分のチームからまずは変わっていく。それがひいては組織全体のトランスフォーメーション志向へと少しずつ発展していくように思います」

グリットとタフネスは、多くのポリネーターに共通する資質のように思える。

栗田工業の小林秀樹氏も、海外での知名度ゼロの状態から約2年を費やして独自のネットワークを構築し、スタートアップとの協業を成功させている（第4章参照）。

※1　Guts（度胸）、Resilience（復元力）、Initiative（自発性）、Tenacity（執念）の頭文字をとったもので、「やり抜く力」と言う意味で使われる。ペンシルベニア大学教授のアンジェラ・ダックワースが提唱した。

「最初の頃はシリコンバレーで栗田工業の名前を出しても、『どこの誰？』という反応しかなくて、これはやばいなと焦りました。だからといって、そこで足踏みしていては何も変わらない。知名度がゼロならば、知ってもらうための努力を自分たちで継続していくしかありません」（小林氏）

最前線に立つポリネーターがマインドセットと行動を変えていけば、組織の内部にも新しい風が入ってくる。行動すれば、自社に足りないものは何かが見えてくる。そこで得た気づきをフィードバックすれば、自分自身やチームはより成長できる。

まずはポリネーター自身が起点となって変化していくことが、結果的に組織カルチャーの変化を後押ししていく。タフな戦いを続けていくことになるポリネーターにとって、グリットは必要条件だと言える。

超グリットのスタートアップと付き合っていく

ポリネーターの資質としてグリットとタフネスが必要と書いてきたが、スタートアップもまたグリットである。

有名なQ&AサイトであるQuoraに、以下のやり取りがある。

「グーグルは最初の投資家を見つけるために何回ピッチ（投資家向けに事業のプレゼンテーションを行うこと）をしたか？」

「グーグルは増資を受けるために350回ピッチした。スカイプは40回、シスコは76回、パンドラは300回、増資を受けるまでにピッチした」

彼らが粘り強く投資家を見つけたからこそ今がある。こういったスタートアップと付き合うポリネーターもまた、グリットでタフネスであることが求められる。

「苦労」を楽しむ

ここまで述べてきたような困難に対して、各社のポリネーターたちは涙ながらに立ち向かっているのかというと、そうではない。多くのポリネーターたちには、苦労を楽しんでいるという共通点がある。

ある企業のポリネーターは、「新規事業や探索は、面白いおもちゃを会社からもらっているようなもの」と表現する。最近ではオウンドメディアやSNS、ポッドキャストを駆使して、現地から積極的に発信を続けているポリネーターも急増している。

個人の資質によるところも大きいかもしれないが、多くのポリネーターは、目の前の苦労を俯瞰した視点から楽しめる余裕やオープンマインドの精神を持っている。つまずきや停滞も、さらなる成長のプロセスかもしれない。

指示を待つのではなく、主体性や創造性を発揮して自ら動くポリネーターの存在は、組織にポジティブな影響をもたらしてくれる効果もある。

COLUMN

日本企業によるスタートアップM&Aの動向

本書では、日本企業のオープンイノベーション最前線で活動するポリネーターのあり方について論じてきた。紹介してきた方々は、いずれも意欲的にオープンイノベーションに取り組んでいる国内企業に属している。

本書で紹介している事例以外にも、多くの日本企業がスタートアップとの連携によるオープンイノベーションに取り組んでいる。ここではその例を紹介したい。

トヨタ自動車は、子会社のウーブン・プラネット・ホールディングスを通じて、近年スタートアップの買収に積極的だ。２０２１年にはライドシェアサービス大手リフトの自動運転部門を、また道路情報解析に強みを持つカーメラを買収している。

ホンダは、世界中のスタートアップに向けた支援プログラム「ホンダ・エクセラレーター」を２０１５年から推進している。スタートアップへの出資・買収にも積極的で、シリコンバレーで日本人が起業したドライバー向けスマホアプリ開発のドライブモードを２０１９年に買収したほか、ＡＩ、ロボティクスなどの分野のスタートアップにも投資している。

ソニーは２００８年に音楽情報データベースを持つグレースノートを買収（その後売却）したのを皮切りに、米ゲーム大手バンジーをはじめ高額買収を重ねている。投資ファンド「ソニーイノベーションファンド」の運用総額はすでに６００億円を越える。

富士通は、オーストラリアのＩＴサービス企業であるウービー、ベルソルなど、本業を補完する企業の買収を実施している。国内では２０１５年からスタートアップ協業プログラム「富士通アクセラレーター」を開始している。

ＫＤＤＩはスタートアップインキュベーションプログラム「ＫＤＤＩ∞Ｌａｂｏ（ムゲンラボ）」を２０１１年から運営している。また、ＣＶＣ投資も積極的に実施しており、２０１４年には生活ハウツーサイトを運営するナナピ、２０１７年にはＩｏＴプラットフォームを提供するソラコムなどの国内スタートアップを買収してきた。

富士フイルムホールディングスは、２０１４年に東京、米カリフォルニア、ドイツの３拠点に「オープンイノベーション・ハブ」を開設し、世界中のビジネスパートナーとの共創を目指している。２０２２年にはオーストラリアのＳＭＳ配信サービスを手がけるスマート・メッセージング・サービスを買収。他にもｉＰＳ細胞の開発製造を手がける米国のセルラー・ダイナミクス・インターナショナル、米国のバイオスタートアップであるアタラの細胞治療薬製造拠点をそれぞれ買収している。

このように2010年代以降は、多くの国内企業がスタートアップとの協業・買収に積極的に乗り出してきた。だが、成果が見えるにはまだ時間を要するものが多いだろう。本書で何度も紹介しているコマツの無人ダンプトラック運転システム（AHS）のように、買収先企業やその技術を活用して、事業の大きな柱になっている事例はまだまだ少ない。製薬業界では、買収によって開発パイプラインを増やすことはすでに定石だが、コマツのAHSのような事例を増やしていくためには、買収後の事業統合（Post Merger Integration:PMI）の経験を積んでいく必要があるだろう。

第3部

ポリネーターの育成と組織

第9章

ポリネーターをどう育て、どう活かすか？

筆者たちは、早稲田大学ビジネススクールにおいて、各社のポリネーターをゲスト講師に招き、2021年度と2022年度に講義を行ってきた。学生の多くは、大企業に所属しながらビジネススクールに参加していた。彼らの所属部署は経営企画、新規事業、CVCなどであり、ポリネーター的役割を担う可能性のある人材たちであった。

参加する学生から「ポリネーターは育てることはできるのですか?」「ゲスト講師の話を聞いていると、その方々の個性によって成り立っているように思いますが?」といった質問が数回あった。

ゲスト講師に招いた方々が、その個性によってポリネーターとしての価値を高めていることは否定しない。しかし企業としては、持続的にポリネーター人材を確保していかないと、オープンイノベーションを推進することは難しくなってしまう。この章では、次の2点について考えてみたい。

1 ポリネーターをどうやって育てるか?

2 組織としてポリネーターをどう機能させるか?

1 ポリネーターをどうやって育てるか？

シリコンバレーに駐在しても日本企業文化が抜けない人たち

本書に登場するポリネーターの多くが、シリコンバレー駐在の経験があるというのは特徴的な話である。第4章でも述べたが、シリコンバレーはいまだに世界で最もスタートアップが集積した場所であり、またスタートアップを中心にエコシステムが出来上がっている場所とも言える。シリコンバレーでのスタートアップ探索をミッションとする駐在員たちは、この地域に染まり、そのインサイダー（ここでは、この地域に溶け込み、重要な内部情報を知ることのできる人を指す）とならなければ、成果を上げることはできない。

シリコンバレーは、そこにいるだけでオープンイノベーションを実現するポリネーターになれるような万能薬ではない。日本から派遣された社員の中に、カリフォルニアの生活を謳歌しながらも、日本人とばかり付き合っているような人がいることも否めない。3年ほどの駐在期間のうち、2年程度経過した頃に成果が出ないため焦り出す方、成果が見えずに行き詰まる方を何度も見てきた。

スタートアップに染まる環境に一定期間身を置く

第3章や補論2でも触れているように、いわゆる大企業的な行動基準は、既存事業を拡大させていく上では機能していることが多い。しかしながら、オープンイノベーションの探索活動を手がけていくポリネーターは、スタートアップ的な行動基準を理解して活動する必要がある。長年染み付いた大企業的な行動基準を振り解かなければならず、大企業の中にいながらその違いに気がつき、スタートアップ的な行動基準に馴染むことはかなり難しい。

その課題を超えていくためには、物理的にスタートアップ的な場所に身を置くことは有効である。例えば、出資者からトレーニーを受け入れるVCも存在している（第10章参照）。私が共同創業したDNXベンチャーズも出資者から人材を受け入れるプログラムを提供してきた。VCのオフィスに席を置き、そこでVCが見るトレンド、スタートアップとの付き合い方、ディールソーシング（案件開拓）、デューデリジェンス（投資検討）、投資後のフォロー、事業開発などを実感できる機会となっている。

第4章で触れたが、SOMPO Light Voltexの上原高志氏がアクセラレータに参加した話は、一定期間スタートアップの起業家のように活動する経験となっており、興味深い。また最近では、大企業から半年から1年間、スタートアップへの出向を経験できるようなプログラムを提供する会社も存在する。

実際にスタートアップに囲まれた環境に身を置くと、多くの方はその違いに戸惑う。ファンドへの出資を決め、シリコンバレー駐在が決まり、DNXのシリコンバレーオフィスに席を置き始めた大企業の方々の多くも同様であった。

その中で、スタートアップとの信頼関係を築くプロセスに苦労し、そしてそれを企業内に持ち込むプロセスに苦労しながら、ポリネーターとしての立ち位置、立ち振る舞いに気がついていく人は、成果を上げていく。

ピッチャーとキャッチャーの双方から経験を積ませる

ポリネーター育成の順序として、まずは日本の本社内でキャッチャーの役割を経験させて、事業部との「つなぎ」の重要性を認識してから、その後シリコンバレーに赴任してピッチャーとなるパターンも有効だろう。キャッチャーや事業部の気持ちを理解していれば、スタートアップとの初期の交渉段階で、一定の社内事情も踏まえて、スタートアップの期待値のコントロールをして、ボールを投げられるようになる。

既存部門に異動させたら退職してしまう人も多い

シリコンバレーでスタートアップに触れた人材は、帰国後、既存事業の部署に異動させると、退職してしまうことも多い。これまで筆者が親しくさせていただいていたシリコンバレー駐在者が、帰国後に何人転職してしまったことか。多くは、他社のオープンイノベーション部門、外資系スタートアップの日本法人メンバー、VCなどに転職して活躍している。

スタートアップそのものへの面白みを感じて退職することももちろんある。だが、私が見てきたポリネーターの転職例の多くは、スタートアップ的な行動基準に馴染んだ頃に既存事業の部署に異動になり、再び大企業的な行動基準に順応しなくてはならず、それが嫌で退職していることが多い。

日本企業の人材育成は、様々な部署を経験させるジョブローテーション型が主流だ。企業としては、探索活動をしたら、次は既存の本業で活躍してほしいと考え、それはその人のためにも良かれと思っての人事なのだろう。しかし会社が考えている以上に、当事者は同じ社内とはいえ、違う行動基準の組織を3年ほどの期間で行ったり来たりすることになり、大きく振り回されている感覚になる。

こうした問題にどう対応するかには、オープンイノベーションに対する企業の姿勢が表れてくる。

とにかく続ける

シリコンバレーに社員を駐在させるコストは安くはない。また、成果を出すためには時間もかかる。そのため、継続的にシリコンバレーでのスタートアップ探索を続けることができる日本企業は実は少ない。長年駐在者を置いているという企業でも、ジョブローテーションにより3年程度で駐在者が入れ替わることが多く、ネットワークやノウハウの引き継ぎができずに、活動が中途半端になっている。

繰り返しになるが、日立ソリューションズの市川博一氏は、「私たちの組織が全社に認知され、大いに活用されるようになるまで10年が必要だった」と語っている。

研究開発の世界においては、基礎研究から事業化まで10年かかるということは受け入れやすいであろう。オープンイノベーションは研究開発を新たに別の形で作り上げるものであり、10年かかるとしても、腰を据えて続ける必要があるということだ。

2 組織としてポリネーターをどう機能させるか？

新しい事業を担う部署には、新規事業部、オープンイノベーション事業部、CTO室など、いろいろな名称があるが、先進的な挑戦を続けて競争力の維持を目指す大企業は、独立性を維持しながら既存事業部とも連携が取れる部署として、ポリネーター組織を持っている。

補論でも強調されているが、組織を変えることができるのは経営者のリーダーシップである。経営者自身が強い意志を持って、それまでの勝ちパターンから生まれる慣性（イナーシャ）を打破し、組織デザインをやり直さなければ、既存事業に取って代わるような新規事業は生まれないし、ましてや業態転換などできない。そもそも、経営者がイナーシャ打破の必要性を感じていなければ、ポリネーターがどれだけ動いても、オープンイノベーションはうまくいかない。

従来のやり方だけで経営がうまくいっているのであれば、ポリネーターの出番はない。しかし、新規事業に乗り出すためにスタートアップとの連携が必要ということになれば、ポリネーターは参謀役としての役目を果たすことになる。

本書で触れてきたポリネーターの方々は、役職においては課長から部長クラスの方が多いが、共通するのは経営トップとの距離の近さであり、少なくとも新規事業開発に向けた探索やオープンイノベーションにおける参謀役を担っているように映る。

参謀役としての役割に加えて、ポリネーターは既存事業部門とスタートアップを仲介することによって新しいビジネスや製品開発を促し、協業のネタを実現に持っていくための触媒者としての役割も果たす必要がある。

こうしたポリネーターの役割を組織として部門化する際には、ポリネーターを機能させるための組織デザインが求められる。ポリネーターの組織には、既存事業と異なる整合性モデル（補論を参照）を持たせることが大事なのである。成功の鍵である「KSF」（Key Success Factors）、組織体制・評価・基準などの「公式の組織」、仕事のやり方としての「組織カルチャー」、「人材」に求められる知識・経験・スキルを、既存事業と異なるものに設定するのである。

ポリネーターの整合性モデルについては補論2を参照していただきたいが、ここでも紹介しておく。

ポリネーターのKSFは「スタートアップとの協業」である。

人材は「好奇心と強いメンタルを持つ人材」となり、多くの場合は社内から抜擢することになる。それは社内の言葉やキーマンがわからなければスタートアップとの仲介や協業はできないからである。また、第3章で述べたように、既存事業へのリスペクトを持っている必要がある。既存事業やこれまでの組織基準を否定するくらいの強い気持ちが必要なポリネーターが、同時に既存事業へのリスペクトや必要性を語るという、一見矛盾するようなバランス感覚が求められる。

「公式の組織」は「既存事業と異なる評価方法を実施」「トライアル数によるポリネーター評価」などである。

「組織カルチャー」はスタートアップの行動基準に準じる項目が入ることとなる。具体的には「失敗の許容」「アジャイル型行動」などだろう。

スタートアップとの協業を通じた新規事業の探索を行うチームが、方針としては「リスクを許容する」と言いながら、単年度損益への貢献度合いが評価軸となっているため、短期的なビジネスを追うことになり、イノベーションが生まれないという事例は多数存在している。

既存事業と明確に区別した組織要素を踏まえたデザインをできている会社は少ない。探索のための柔軟な体制を持たせるためにも、社内における独立性を確保しなければならない。

第10章

VCを使って学習機会を得る

図表10－1を見てほしい。これは2022年12月末時点の世界の時価総額ランキングのトップ5である。VCに詳しい人であれば知っていることではあるが、2位のサウジアラムコを除く4社は、未上場のアーリーステージの時期にVCからのサポートを受けて成長した企業である。

これらのトップ企業だけではない。VCがかつて支援した企業は、米国の株式市場全体の時価総額の41％を占めている。時価総額だけでなく、研究開発費の62％、特許額の48％をこれらの企業が占めていると言われている。[※1] VCが世界経済、特にアメリカ経済に与える影響力はそれほど大きいのである。

近年はアメリカだけでなく、中国、ヨーロッパ、インド、東南アジア、南米、そして日本も含め、VCのスタートアップへの投資額は年々拡大している。

※1　The Economic Impact of Venture Capital. By Will Gornall and Ilya A. Strebulaev

図表10-1 世界の時価総額ランキングのトップ5(2022年12月末時点)

順位	企業名	国名	VCの支援
1	アップル	アメリカ	あり
2	サウジアラムコ	サウジアラビア	なし
3	マイクロソフト	アメリカ	あり
4	アルファベット	アメリカ	あり
5	アマゾン	アメリカ	あり

図表10-2 VCのスタートアップへの投資額

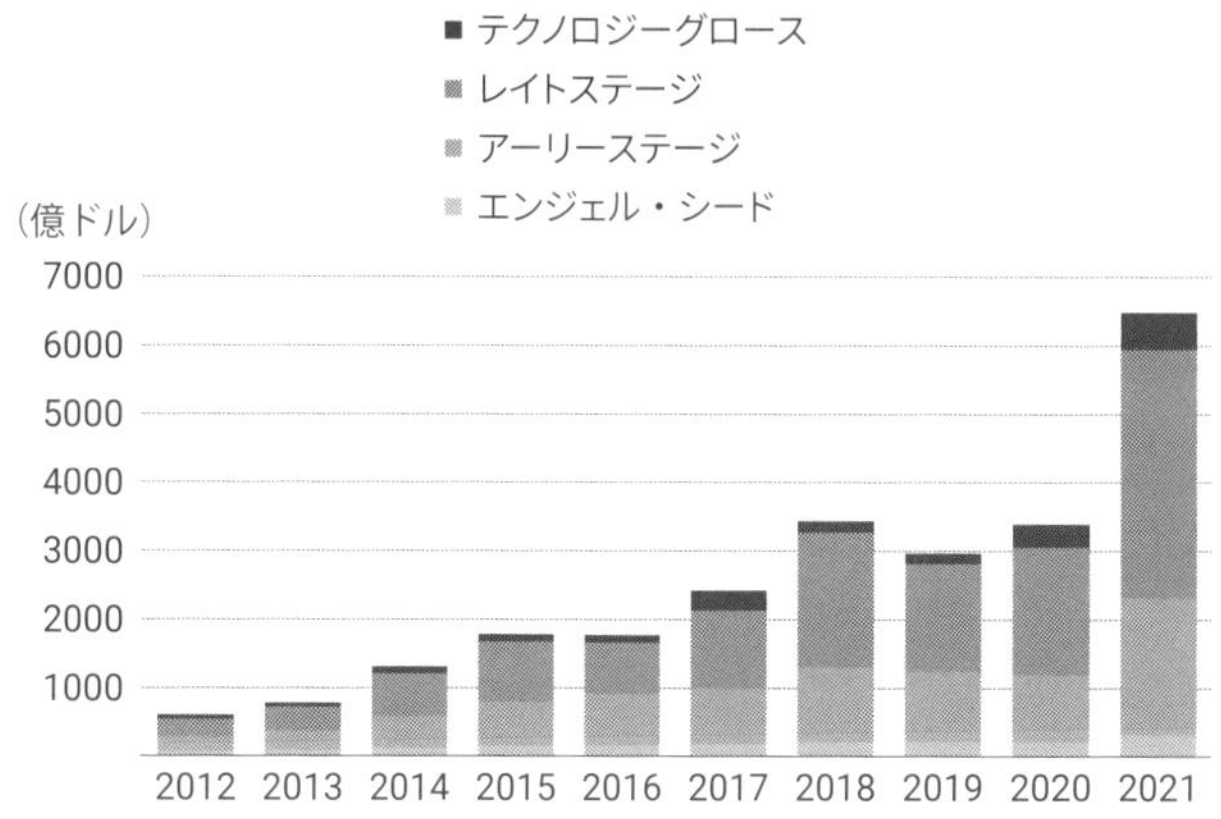

大企業がVCを活用するための3つのポイント

創業間もないスタートアップにとってVCが重要な存在であることは言うまでもないが、スタートアップとの協業によるオープンイノベーションを目指す大企業にとってもVCは頼れるパートナーにもなる。

序章でも述べた通り、事業会社はVCファンドに出資する際、投資による金融的リターンだけでなく、スタートアップの情報、CVCを行うためのノウハウ、オープンイノベーションを実践するための人材なども併せて得たいと考えている。

この章では、事業会社がオープンイノベーションの探索を広く続けていくために、どのようにVCを使えばいいのか、VCの視点から具体策を提案していく。

1 投資によって学習機会を得る
2 投資仲間の企業から学ぶ
3 必ずレファレンスを取る
4 GP（VCパートナー）の経験から学ぶ

1 投資によって学習機会を得る

事業会社は、ＶＣに投資することで多くの学習機会を得ることが可能である。ＶＣ側のスタンスにもよるので、ＶＣに出資することで必ずそのようなメリットが得られるわけではないが、以下のような機会が考えられる。

トレンドの学習機会

ＶＣは投資戦略を構築する際に、注力する産業エリア、その分野のテクノロジーのトレンド、有力スタートアップ、ＶＣ投資動向、スタートアップの買い手候補となる大企業の動きを研究し、次なるスタートアップの勝ち筋を見出していく。テクノロジーに関連するメディアが、翌年の技術トレンドをＶＣに聞く記事を見たことがある人もいるだろう。事業会社にとってＶＣは、スタートアップの情報だけでなく、自社の注力領域に限らず広くテクノロジートレンドを掴むこと、他の事業会社の動きを知ることにも有用となる。

筆者が属するDNXにおいても、出資者に対してトレンドを発信する機会を定期的に開催してきた。それに加えて、運営しているファンドにおける共通テーマに関心ある出資者を集めて、定期的にワーキンググループを開催したりもしている。例えば小売業界に関わる出資者を集めたリテール業界のワーキンググループを発足させた。当初はこちらから情報発信することも多かったが、現状は、各出資者が主体的にテーマを出し合い、ゲスト講師なども招きながら議論する場となっている。

VC業務のスキルの学習機会

ファンド出資した企業の社員をトレーニーのような形で受け入れるVCは昔から存在するが、チームメンバーのように活動させてもらえると、様々なスキルを得ることも可能となる。スタートアップへのアプローチ方法、コミュニケーションの取り方、デューデリジェンスの方法、株価算定、投資先の支援方法/管理方法、決算時の評価基準、社外役員としての動き方、投資先のエグジットへの方策などである。

栗田工業の小林秀樹氏は、同社としてはスタートアップへの投資経験がない中で、スタートアップにかなり踏み込んだ投資をする上で、投資経験豊富なVCや法律事務所のサポートが不可欠であったと述べている。

起業家精神の学習機会

筆者はファンド出資してくれた事業会社の新規事業創出プログラムをサポートしたり、ファンド出資者である事業会社の社員が持つ事業アイデアを磨き上げていくプログラムを手がけたりしてきた。このような機会を通じて、事業会社の社内にスタートアップを理解する人材や起業家精神を持つ人材を増やしていくことにもVCは活用可能である。スタートアップとの接点のない社員に少しでも関心を持ってもらうことは、ポリネーター候補者を増やしていく上でも有効である。

こういったVCの機能を上手に活用することができれば、ポリネーターは活動をスムーズに進められるようになるだろう。

2 投資仲間の企業から学ぶ

VCは、スタートアップと事業会社の間を行き来しながら「横のつながり」に巻き込んでいく役割も担うことができる。

例えばDNXのファンドには、パナソニック、富士通、日立ソリューションズ、京セラコミュニケーションシステム、NEC、ブラザー工業といった製造業やそのグループ企業が出資者として並んでいる。筆者は、ポリネーター役を担っている人々が一堂に集まる機会を設け、情報交換や横のつながりを持てる勉強会を定期的に開催・サポートしている。

ポリネーターは社内では少数派だ。その企業にとって未経験の挑戦を担う探索役であるからこそ、既存事業部とは分かち合えない独自の悩みを抱えていることも多い。未来への種まきは、往々にして孤独な作業になりやすい。

だが、投資仲間という同じカテゴリーに入れば、競合他社であっても、そこでは同志になり得る。DNXが開催した勉強会でも、複数社の探索担当者が一堂に会し、悩みをシェアしながら交流を深める機会があった。同じ悩みを持つ投資仲間、ポリネーター仲間として向き合えば、オープンに打ち明けられること、聞けること、答えられることは格段に増える。

スタートアップとどう付き合えばいいのか。初めての投資で何を見ればいいのか。社内で仲間をどう作っていくのか。社内の壁をどう越えていくのか。VCにはためらって聞けないようなことも、同じ立場、同じ悩みを持つポリネーター同士であれば互いに共有しつつ、一歩先を行くメンバーから知見をもらうこともできるだろう。テーマの違いはあれど、皆が同じようなことで悩んでいることが実感できるはずだ。大企業のポリネーター同士が知見を交換するハブとして、VCを積極的に活用してほしい。

VCを通じた関係性でなくても、シリコンバレーに派遣される駐在社員の間で、同じ現象が起きることもある。各社から派遣されるポリネーターは、多くても数人程度である。少数だからこそ、横のネットワークが情報交換の場として機能している。

3 必ずレファレンスを取る

事業会社がファンドに出資する際にレファレンスを取ることは重要である。ここでも同じくVCファンドに出資している他の企業から学ぶことは多いはずだ。

新規でファンド出資を検討する企業は、すでにファンドに出資をしている他の企業に対して、そのVCの信頼性や実力を確認するためのインタビューを行う。ファイナンシャルリターンを主目的とする機関投資家は、どちらかというと投資先企業やそのVCと並んで出資をしている他のVCへのインタビューが中心になるが、戦略的な目的で投資する事業会社の場合、既存の出資者へのインタビューを求められることが私の経験上は多い。これまでファンドの募集をするたびに、既存の出資者にインタビューのお願いをしたものである。そしてそのインタビューでの安心感で、新規の投資家を何度も獲得することができた。

VCにはいろいろな特徴があるが、出資者である事業会社のサポートにコミットしていないVCのほうが一般的だ。それゆえ、出資後に期待したようなサポートを得られなかったケースは枚挙にいとまがない。

また出資が戦略的な意味合いであっても、ファイナンシャルなリターンを出せるVCなのかどうかの審査も重要である。そのためには投資担当者たちのトラックレコードを確認するのは必須事項であるが、驚くほどここを怠る事業会社も多い。ファイナンシャルリターンは主目的でないとしても、トラックレコードのあるVCのほうが優良なスタートアップと出会える可能性も高く、戦略的にも有用なディールフローを持っている可能性が高い。

オープンイノベーションのためのVCファンドへの出資に継続的に取り組んでいく際に、ファンドのリターンが出ていて、しかも戦略的にも有用となれば、社内のプロセスはかなりスムーズに進むはずだ。

投資をするステージ、業種、地域など、自社の目的にフィットするVCかどうかの確認も大切である。VCファンドを募集する立場からすると、少しでも多くの金額を募集したいという気持ちがないと言えば、嘘になる。筆者自身もその気持ちを全面的に否定はしないが、過去には製薬企業や医療機器企業から「出資を検討したい」と申し出があったものの、我々が投資・開拓している領域と、先方の望む領域が必ずしもフィットしないという理由から、こちらからお断りをしたケースもあった。

栗田工業の小林氏は、初めてVCファンドに出資した際の経験をこう語る。

「そのファンドに多くの伝統的企業が出資しているということは、自社が出資を検討する際に信頼にもなったし、また出資企業同士の連携や情報交換も期待させるものでした。実際に、自社よりも先んじて、グローバルにスタートアップとの連携を果たしていた他の企業に多くのことを学びました」

4 GPの経験から学ぶ

さらに一段上の視点を持つならば、ファンドの管理運営者であるGP（ジェネラル・パートナー）の経験に学ぶ機会も有用だ。GPとは無限責任組合員のことでありファンドの運営者である（ファンドの運営を手がける法人を指すこともあるが、ここでは個人GPをGPと呼ぶこととする）。これに対して、出資先に対する責任が有限であるのがLP（リミテッド・パートナー）である。GPがファンドの管理運営者であり、LPはファンドに対して出資する投資者という立場になる。

VCはスタートアップとの関係だけでなく、LPとの関係においても多くの経験を持つ。VCを上手に使っている事業会社、スタートアップとの連携の上手な事業会社、またその逆のケースも見てきている。事業会社と深く付き合ってきたVCのGPは、うまくいく理由、うまくいかない理由など多くのプロセスを詳細に見てきたはずだ。その経験を活用しないのは、事業会社としてはもったいないことである。

筆者は過去10数年にわたり、日本の伝統的企業がスタートアップとのオープンイノベーションを目指し、努力する姿を横でずっと見てきた。そのようなVCの経験値を、事業会社は大いに活用してほしい。先行事例と同じ過ちをすることは時間の無駄である。

筆者は、スタートアップとの協業がうまく進まない会社の方と話す際に、本書でも取り上げているコマツと米国スタートアップの提携の経緯、栗田工業によるフラクタの買収、日立ソリューションズのスタートアップ連携における組織力など、具体的な事例を挙げてイメージを持ってもらうことを心がけている。

筆者は年に数回ほど、ファンド出資者を中心とした事業会社の社員の方々を集めた場で講演をする機会をいただく。求められるテーマとして多いのは「テクノロジーのトレンド」「なぜこれほど急成長スタートアップが生まれてくるのか」「スタートアップと事業会社とのオープンイノベーションの必要性」「スタートアップや起業家とはどんなものなのか」などだ。

日本は北米などと比べると、VCが産業界に与える影響が小さく、またスタートアップとのオープンイノベーションによってインパクトのある成果を出している企業も少ない。だからこそ、日米に拠点を持ち、スタートアップと長年向き合ってきた我々の話を面白く聞いてもらえることも少なくないのだろう。

投資の「断り方」が大事

先日、ある事業会社のCVCチームと合宿をして半日を共に過ごし、新しい投資分野に関してのディスカッション、投資のプロセスにおける経験談などを共有する場などを設けた。その中で、「投資の断り方について教えてほしい」という質問があった。

VCの仕事は投資をすることだが、実際には投資を依頼されても断ることのほうが多い。筆者の過去の経験では、起業家の方とお会いして投資に至るのは100社に1社程度である。つまり99%は投資をお断りすることになる。

そして「投資を断られた」という噂は起業家の中ですぐに広まるものである。下手な断り方をすると信用低下に直結するだけに、大事なプロセスでもあるのだ。

断る仕事というのはあまり気持ちがいいものではない。だからと言って、ここで手を抜いてしまうと信頼を失うことになる。

「今回は検討の結果、このタイミングでの投資は見送ることといたしました。またのご縁がありましたら、よろしくお願いします」といったメールを送る。これは最も良くない断り方の例である。何を検討し、何が投資を断る理由なのかが何も書かれていないからだ。このメールを受け取ったスタートアップは、「何も検討していなかったのだろう」と考えるかもしれない。

実際、投資案件が重なり、まったく検討の時間を取れずに期限が来てしまうことも起こり得る。その際には、期限を待たずに、「今は先に走らせている投資検討中の案件があり、検討は難しい」「期限をいつまで延ばしてほしい」というコミュニケーションがあるべきだろう。

私は、自分がある投資検討先に投資をお断りしたときのメモを読み上げてみた。本来は、できれば対面で、もしくはオンライン会議で説明すべきことであるが、その際はタイミングが合わずメールで連絡した。そこには、「マーケットの評価」「その中での会社の価値に対して、自分はどこを評価しているが、どこは評価しきれていないということ」「なぜこのタイミングでの投資は断念するのか」の理由をまとめてフィードバックする内容を記載していた。

多くのCVCは、組織としてCVCを開始しての歴史が浅い。まずは投資を積み重ねている最中であり、これから起こる事態に関して、GPから直接話を聞くことには一定の意味があるだろう。

すべての学びは模倣から始まる。GPがスタートアップのどこを見て、どう付き合い、どのように判断しているのか……。そうした視点と判断軸の持ち方、交渉の術をポリネーターは真似をしながら、自分の中にスキルとして落とし込んでいけばいいのである。

COLUMN

ベンチャーキャピタルの発展、私の経歴

VCについて理解を促す一助として、VCの歴史と仕組み、そして筆者（中垣）自身の経歴についても触れておきたい。

VCのルーツと仕組み

私が日本アジア投資（JAIC）というVCに入社した当時、新人研修で「ベンチャーキャピタルのルーツは、香辛料を求めてインドを目指した、大航海時代の東インド会社にある」と教えられた。15世紀から17世紀の大航海時代、ヨーロッパからアジアを往復することは極めてハイリスクであったが、香辛料をヨーロッパに持ち帰れれば莫大な利益を得ることができた。そのハイリスクハイリターンな挑戦を回す仕組みとして誕生した東インド会社は、株式会社の原点であり、VCのルーツでもある。

現代における最初のVCは、1946年にボストンを拠点にジョージ・ドリオ氏やラルフ・フランダース氏らが設立したアメリカン・リサーチ・アンド・ディベロップメント（ARD）と言われている。このARDが小型コンピュータの先駆的存在であったディジタルイクイップメント（DEC）に投資を実行して、大きなリターンを得た。その後、1959年に、ドレイパー・ゲイサー&アンダーソンがVCとして初めてリミテッド・パートナーシップ（有限責任組合、LP）を活用した。このLP方式は現在ほとんどのVCが活用する組織形態となっている。

VCの仕組みは、LPが活用され始めてからは、大きな変更はない。VCの基本的な仕組みは図表10－3の通りである。VCは、無限責任組合員であるGPによってファンドが設立され、そこに機関投資家や事業会社などがリターンを求めて出資をする。そのファンドから、スタートアップに投資が実行され、ポートフォリオが形成される。その投資先のスタートアップがM&AされたりIPOを実現したりすると、ファンドが保有する株式が売却される。

VCは一般的にファンド総額の2％程度をファンドの管理報酬として受け取り、日々の運営費に当てる。ファンドマネージャーは、GPコミットメントとして一般的にファンド総額の1％程度を個人として出資して責任を持って運用する。そして組合員として運用するファンド事業がリターンを出した際に、その一部を出資割合を超えて組合利益の分配として受け取ることができる。いわゆるキャリードインテレストである。キャリードインテレストは一般的には

図表10-3 VCの基本的な仕組み

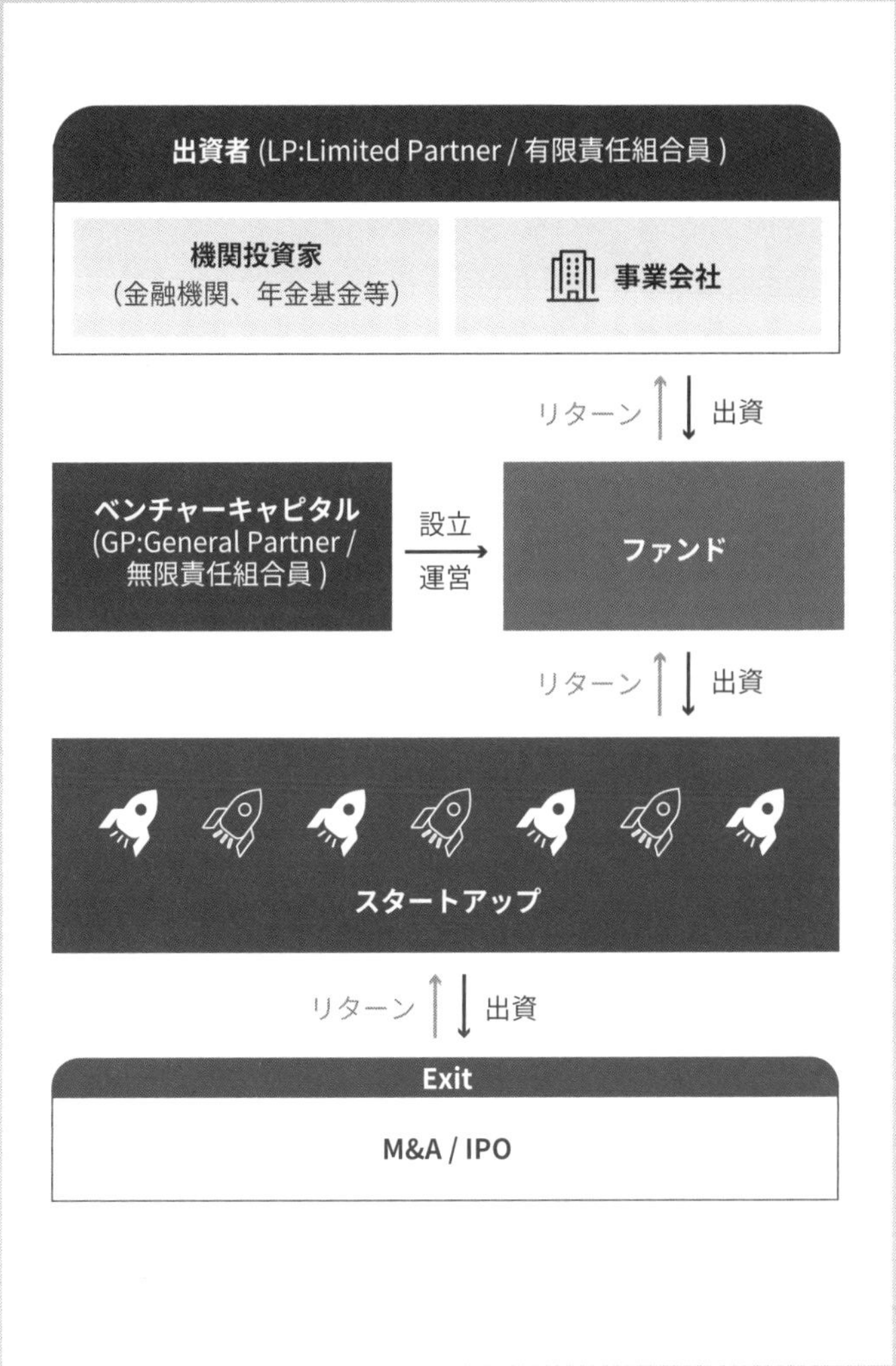

ファンドの元本を越えた金額のうち20％程度である。またファンドの運用期間は10年程度で、2～3年程度の延長期間が設定されていることが多い。

VC市場における日本の位置付けはどうなっているか。日本はGDPでは世界第3位だが、VC市場における存在感は小さいと言わざるを得ない。VCに関してはいろいろなデータが存在するが、日本経済新聞の2022年5月7日の記事によれば、2021年のVC投資額は、首位アメリカの3761億ドルに対して、日本は11位で35億ドルに過ぎず、約100分の1にとどまっている。2位は中国の611億ドル、3位はインドの477億ドルである。

私がVC業界に飛び込んだ1990年代半ばには、日米のVC投資額の差は5倍から10倍あるかないかであった。この25年でさらに差が10倍も大きくなってしまったことは、失われた30年と言われる日本経済の低迷の大きな要因だろう。

事業会社のサポートに注力

筆者は1996年、大学を卒業して日本アジア投資に入社し、VCの世界に飛び込んだ。ほぼ何も知らない新卒社会人が、いきなりベンチャーキャピタリストとして、百戦錬磨の起業家の方々に対して、その会社の将来に大きな影響を与える外部資本の導入や上場を促すような話をしていたわけである。当時の生意気な自分を振り返ると、起業家の方々には正直なところ申し訳ない気持ちもある。

ちなみにVC大国として先を行くアメリカの場合、パートナークラスに就くベンチャーキャピタリストは、MBA（経営学修士）だけでなくMS（Master of Science＝理学修士）を持ち、事業会社でのトラックレコードや起業経験のあるような人ばかりである。

筆者は未経験からのスタートではあったが、優れた起業家との出会いの機会に恵まれ、一定の投資実績を上げて、20代で責任者としてファンドを立ち上げる機会にも恵まれた。

その後、社内プロジェクトとして、北米の大手VCであったドレイパー・フィッシャー・ジャーベットソン（DFJ）と合弁のファンドを作り、それを独立させる形で日米のスタートアップ企業を中心に投資活動を行うDNXベンチャーズを設立し、現在に至るまで27年間、VCの現場で動いてきた。これまでに東証プライム上場企業のSHIFT、ラクーンホールディングス、エス・エム・エスなど12社の上場、6社のM&Aに立ち会ってきた。

また、ここ数年はスタートアップへの投資や投資先支援に加え、ファンド出資者を中心とした金融投資家や事業会社向けのサポートも手がけている。具体的には、IRやオープンイノベーションを実現するためのサポートが中心だ。

ポリネーター的なVCの醍醐味

ＶＣにもいくつかのスタイルがある。

一般的なＶＣは、機関投資家を中心に運用目的の出資者からファンドを募り、フィナンシャルリターンを追求する。投資するスタートアップのステージや業界、投資規模などに関して、それぞれのＶＣが独自の投資戦略を持ち、差別化を図っている。

事業会社から戦略的な意味合いで出資を受けるＶＣは、フィナンシャルリターンに加えて、戦略的なリターンを期待されている。事業会社は、オープンイノベーションに欠かせない機能であるＣＶＣを行う上で必要なノウハウの多くをＶＣが保有していることを知っている。他の事業会社の事例も含めて相当なヒントを保有しているはずだ、とも思われている。その中で、オープンイノベーションを実現できる環境づくりのために、スタートアップと大企業の媒介役となることに力を注ぐＶＣもいる。

ポリネーターを支援するＶＣは後者のスタイルだ。外と中を往復する大企業のポリネーターのように、スタートアップと大企業の双方に深くコミットし、両者がＷｉｎ－Ｗｉｎの関係になれるよう尽力する。筆者もそこに醍醐味を感じているベンチャーキャピタリストの１人である。10年以上にわたり、多くの事業会社のサポートを続けてきた。事業会社を支援するVCというとファイナンシャルリターンを重視しないと思われがちだが、決してそんなことはない。ちなみに筆者は売却完了したものも含め、過去の全投資金額に対して現在の価値は約4倍となっている。

巨大ではあるものの旧態依然としたビジネスモデルから抜け出せない大企業と、リスクを背負いながらも最先端で新しいものを生み出そうとするスタートアップ。両極端な性質を持つ双方の間を行き来して、互いにとって足りない部分を補い合う関係性を構築するプロセスには、他にはない独特な難しさと面白さがある。

ファンド募集の際に、事業会社にサポートの価値をアピールするVCは数多い。しかしながら、いったんファンドが組成されてしまえば、あとは投資を続けるだけで管理報酬が入ってくるVCの構造上、そこまで事業会社のスタンスを理解しながら動くVCは決して多数派ではないかもしれない。だが、動き次第では、VCは事業会社を支援するのに大きな役割を果たすことができる。

前述の通り、日本のVC市場は北米や中国に大きく水を開けられている。しかし、金融危機以降の10年で日本国内のVC投資額は急増し、トラックレコードも積み上がってきた。今後、競争は激しくなることだろう。私はシードステージから数千億円の時価総額を持つようになったスタートアップの成長に伴走してきた経験に加え、日本を代表する事業会社との深いつながりを持つことで、私なりの、“more than money”に磨きをかけていきたい。

補論1

「両利きの経営」の実践地図

加藤雅則

誤解をはらんだまま独り歩きした「両利きの経営」論

オープンイノベーションは「両利きの経営」を実践する上で、欠かせない経営手法の1つである。本稿では、両利きの経営の文脈の中で、オープンイノベーションとポリネーターの役割を位置付けてみたい。

まず、あらためて「両利きの経営」の本来の意味について再定義しておきたい。

2019年に『両利きの経営』（チャールズ・A・オライリー、マイケル・L・タッシュマン著／東洋経済新報社）の日本語版が出版されて以降、日本では「知の探索・深化」というキーワードを軸に「両利きの経営」が紹介される機会が多かったように見受けられる。「知の探索」は自社の既存の認知の範囲を越えて遠くに広げていこうという行為であり、「知の深化」とは既存の事業に関する認知をさらに磨き込んでいく行為として一般に解釈されてきた。

だが、そこには若干の誤解がある。提唱者であるハーバード大学のマイケル・タッシュマン教授、スタンフォード大学のチャールズ・オライリー教授にとって最大の関心事は「知の探索・深化」ではない。既存事業においても「知」の探索は求められるものからだ。

また「知」という原著にはない概念を持ち出すと、本来は組織レベルの議論を展開しているにもかかわらず、個人レベルの学習論との混乱が起こるという弊害がある。両利きの経営の実践において最も大切なのは、経営者の覚悟である。まず経営者が新たな組織環境（社内環境）を整えることで、初めて個人の持続的な探索活動が可能となる。「組織環境を整える」とは、組織の活動システムにおける整合性を確保すること、すなわち〝組織アライメント〟を構築することに他ならない（組織アラインメントについては後述する）。

「両利きの経営」がその射程に据えている経営課題とは、「これまで成功してきた大企業が、〝成功の罠〟（サクセス・トラップ）に陥らず、事業環境の変化に適応できるのか？」にある。すなわち、「大企業の組織内で必然的に生み出される〝イナーシャ〟（組織慣性、後述）をいかに打ち破るか？」が本質的な課題となる。その処方箋として、両教授が提唱したのが、「既存事業を深掘りしながら、同時に新しい探索事業を展開する」経営手法なのである。

「両利きの経営」を実践する鍵は、「いかにして既存事業と探索事業という異なる組織をマネジメントしていくか」である。なぜなら、既存事業の論理は「効率性・リスク回避」であるのに対し、探索事業の論理は「挑戦・検証」にあるからだ。

両教授の40年にわたる研究のベースに流れているものは、「なぜ〝あの大企業〟が衰退してしまったのか？」という組織メカニズムについての問題意識である。２人は、１９９６年に初めて「両利きの経営」のコンセプトを打ち出して以来、2000年代にはIBMが成し遂げたトランスフォーメーションの成功事例、世界銀行での失敗事例の実践研究を通じて、「両利きの経営」の理論をブラッシュアップしてきた背景がある。

そこで重要な論点になっているのは、組織は事業環境の変化に適応し、自らを変容できるか、という組織進化論なのである。

「両利きの経営」を再定義する

「変化↓適応↓変容」のプロセスをたどれない組織は、いかなる大企業であるとも衰退は免れない。コマツで長年にわたり新事業推進業務の中心メンバーを担ってきた冨樫良一氏も、「創業100年を超えるコマツのような伝統的企業であっても、先手を打って変化しなければならないという危機感がある」と象徴的な言葉を述べている。

では、なぜ大企業は変わりたくても変われないのか。「これが正しい」とわかっていても、実際にそれを実行できないのか。

そこに〝イナーシャ〟の問題がある。成功してきた組織の中で作り上げられた組織システムがあるがゆえに、自らを環境変化に適応できなくさせる慣性の力が生まれしてしまうのだ。

経験的には、〝イナーシャ〟は「3種類の成功の罠」によって生み出されるように思う。1番目の罠は、保有するアセットが生み出す罠だ。そこには「投資してきた資産を無駄にしたくない」という思考が隠れている。2番目の罠は、固定的な制度によって生まれる罠だ。培われてきた固定的な制度が、「前例がないのでできません」という反応を生み出すのだ。3番目の罠は、マインドセットの罠だ。これは成功による慢心と言ってもいい。こうして成功してきた組織においては、組織システムが硬直的となり、現場が変わりたいと思っても変われないのだ。「知の探索・深化」だけでは、この問題を解決することはほぼ不可能である。

したがって、経営陣が「両利きの経営」を始めると宣言して、「探索部門」を創設するだけでは、その探索活動がうまくいくはずはない。探索部門が機能するには、まず会社として探索部門の活動に正統性を与えた上で、適正な資源配分、ハード面の支援（評価制度、意思決定システム）、ソフト面（経営陣による組織カルチャーの形成、新しい人材の登用）での支援が欠かせない。つまり、組織システムにおける〝組織アラインメント〟を構築する必要があるのだ。

〝組織アラインメント〟とは、両利きの経営を支える基本概念である。「アラインメント」は「整列」を意味する。タッシュマン教授とオライリー教授は、4つの基本要素（KSF、人材、組織文化、制度）と2つの前提要素（経営チームのリーダーシップ、戦略）で、組織のアラインメントを捉えている。この6つの要素間の整合性（要素間のフィット）を整え、適合性というアラインメントを作り出すことによって、初めて組織は機能するという基本モデル（整合性モデル、図表11－1）に立脚している。この基本モデルが示唆することは、「必要な組織活動を生み出すためには、組織システム内の整合性、いわば組織環境（社内環境）を整える必要がある」ということなのだ。

探索活動に必要な組織アラインメントを整えることなく、いくら個人レベルで「知の探索・深化」を行っても、個人のアイデアが実際の事業化に辿り着くことはできない。よくある典型的な失敗パターンは、既存事業に携わる人材に、兼務で探索事業を新たにやらせようとする事例だ。兼務の人間は、高速回転で活動している既存事業の日常活動に引っ張られて、いつまでたっても腰を据えて探索活動に取り組みことができず孤立し、結果的に形だけの探索部門となってしまうのだ。

以上を踏まえて、「両利きの経営」を再定義しておきたい。「既存の経営資産（アセット）と組織能力（ケイパビリティ）を再活用して、新たな成長領域を見出そうとする経営」と表現できるだろう。

そのためには、既存事業を磨き上げる組織能力と、新しい事業機会を探索する組織能力を同時並行的に追求するのだ。すなわち、「両利きの経営」とは、自社の強みの拡張戦略であり、その戦略実行を意図した組織変革マネジメントなのだ。

しかし、これは「言うは易く、行うは難し」である。同じ会社の中で、既存事業の論理（効

図表 11-1 整合性モデル――組織が機能するとはどういうことか？

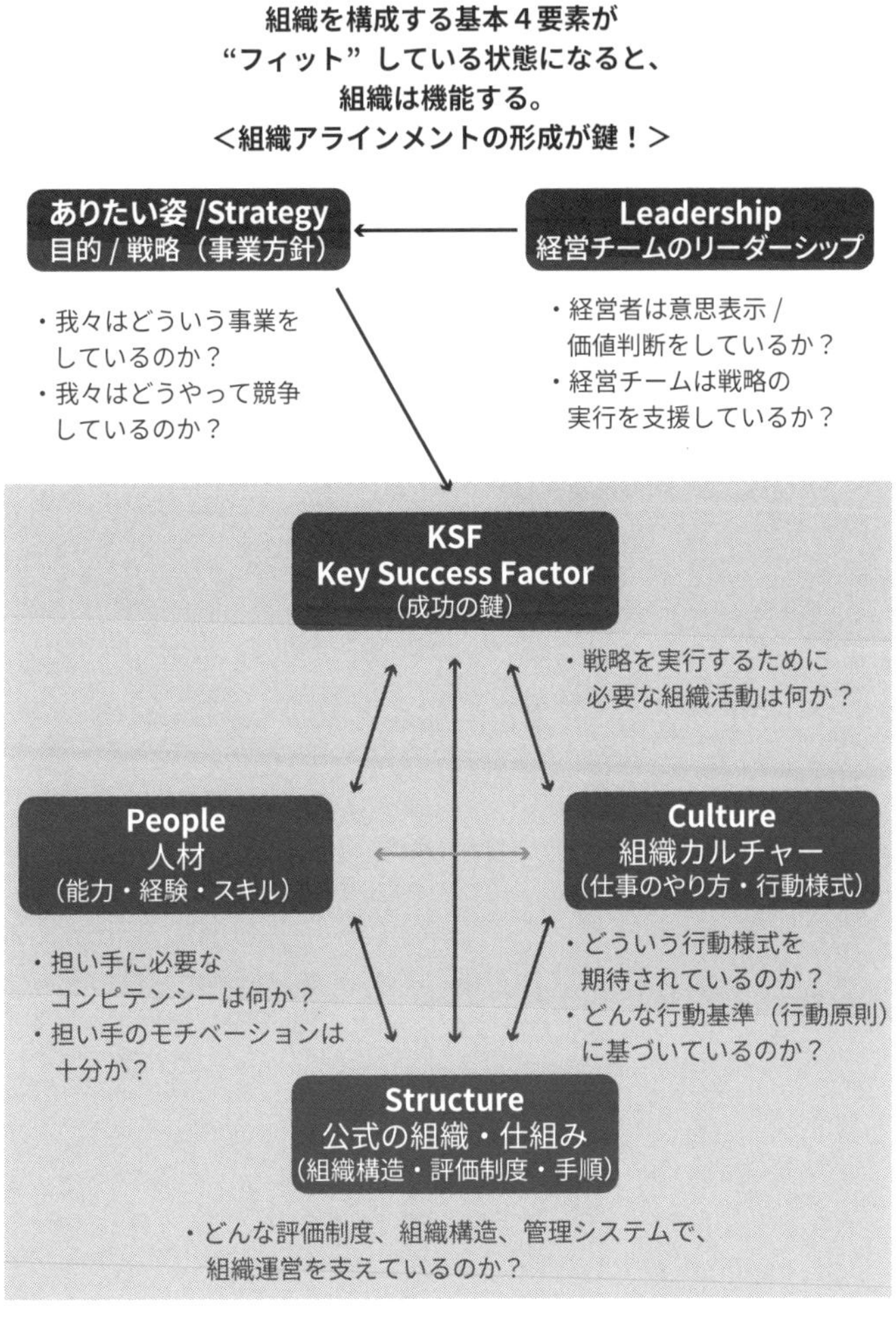

（出所）加藤雅則、チャールズ・A・オライリー、ウリケ・シェーデ『両利きの組織をつくる』英治出版（2020年）

図表 11-2 イノベーション・ストリーム——どこで勝負するのか？

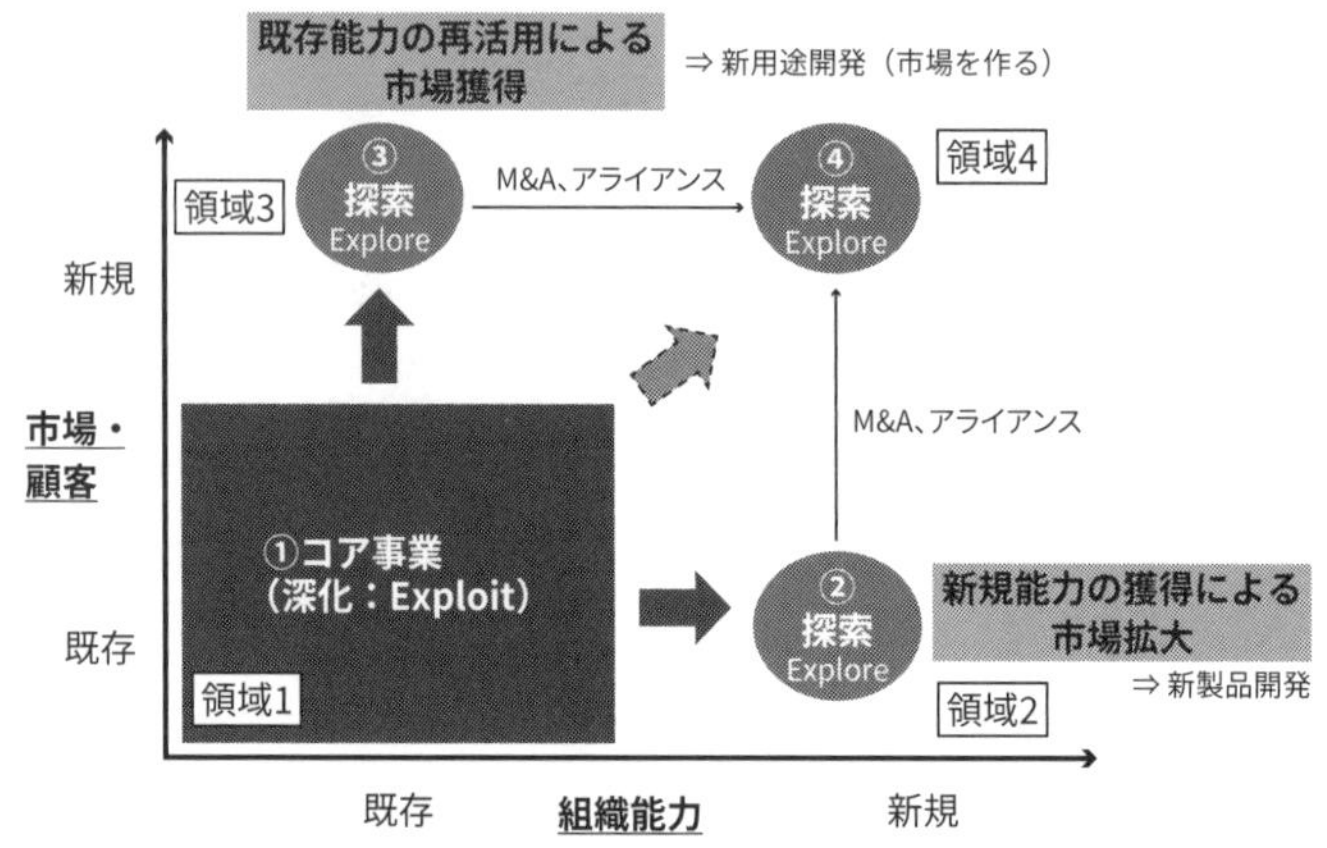

（出所）加藤雅則、チャールズ・A・オライリー、ウリケ・シェーデ、『両利きの組織をつくる』英治出版（2020年）

率性・リスク回避）と探索事業の論理（挑戦・検証）をどのように両立させるのか。すなわち、整合性モデルの視点で述べるならば、同じ会社の中で（〝同じ屋根の下で〟）、既存事業の組織アラインメントと探索事業の組織アラインメントを両立させる必要があるのだ。オライリー教授が「両利きの経営を実践する鍵は、異なる組織マネジメントを行うことにある」と繰り返し強調するのは、この点にある。異なる組織アラインメントを同時に追求するには、組織マネジメント上の創意工夫が欠かせない。

「両利きの経営」を実践する8つの段階

では、両利きの経営を真に理解し、実践していくためには、具体的にどのような段階を踏んでいけばいいのか。本稿では次に紹介する0～7の段階に沿って解説していく。

(0)「このまま一本調子で行けるのか?」(健全な危機意識を持つ)
(1) 自社の存在意義を再定義する(自社のアイデンティティを問い直す)
(2)〝ありたい姿〟を描く(10年後のビジョンを描く)
(3) 事業ポートフォリオを組み替える(コア事業領域と戦略領域を設定する)
(4) 組織構造をデザインする(コア事業と探索事業の構造的に分離する)
(5) それぞれの事業で必要となる組織能力を形成する(自社で構築できるのかを見極める)
(6) 探索部門で獲得した組織能力を既存事業に拡張する(部分的に統合する)
(7) 既存事業(祖業)の業態転換を起こす(祖業の組織進化)

図表11-3 「両利きの経営」の実践地図

（0）「このまま一本調子で行けるのか？」（＝健全な危機意識）
（1）自社の存在意義の再定義（我々は何者なのか？＝自社アイデンティティ）
（2）“ありたい姿”を描く（＝自社が生きる世界観と自社像の提示）
（3）事業ポートフォリオの組み替え（＝どの領域で生き残るのか？、そこで何をやるのか？）
（4）組織デザイン（＝経営資源の再配分、既存事業と探索事業の構造的分離）
（5）各組織で必要となる組織能力の構築（＝自社で形成できるのかの見極め）
（6）探索部門で獲得した組織能力を既存事業に拡張する（＝部分的統合）
（7）既存事業の業態転換を起こす（＝祖業の組織進化）

（出所）「日本企業の両利きの経営の現在地」Biz/Zine 2023年4月5日

（0）「このまま一本調子で行けるのか？」（健全な危機意識を持つ）

両利きの経営を実践するにあたり、その大前提には「このまま一本調子でどこまで行けるのか？」という、経営者の健全な危機意識がある。この切実な問題意識がなくして、変革の意志（Ｗｉｌｌ）は生まれず、従業員を本気にさせることはできない。

もし現時点で早急な変化が必要であるならば、両利きの経営の出番ではなく、今すぐにターン・アラウンド（事業再生）が必要となる。両利きの経営は、コア事業がキャッシュフローを生み出し続けられている間に取り組む経営手法である。例えば、アマゾンの攻勢にさらされた米国の家電量販店チェーンであるベスト・バイは、ユベール・ジョリー氏のリーダーシップのもとで、２０１２年にターン・アラウンドを断行し、その後、２０２０年には家電量販店チェーンでありながら、高齢者医療に提供するサービス・プロバイダーとして復活している。[※1] ターン・アラウンドと両利きの経営を混乱してはならない。

※１　ユベール・ジョリー『ハート・オブ・ビジネス』英治出版（２０２２年）

（1）自社の存在意義の再定義（自社のアイデンティティを問い直す）

両利きの経営は、自社の存在意義を再定義することから始まる。存在意義の再定義とは、「我々はどこから来て、どこに向かおうとしているか？」という大きなストーリーであり、「我々は何者なのか？」という自社のアイデンティティの問い直しと言ってもよい。

自社の再定義なくして、両利きの経営は成り立たない。なぜなら、再定義された存在意義が、探索活動に組織内での正統性（レジティマシー、ライセンス）を与えるからだ。キャッシュフローを生み出す既存事業から経営資源を割いて、当面は利益を生まない探索事業を行うことには、必然的に組織内の感情的な反発や抵抗感を生み出しやすい。いわんや探索事業がコア事業とカニバライゼーション（共喰い）を引き起こす場合には、なおさらだ。コア事業と探索事業の間で軋轢や緊張感（テンション）が生まれる場合もある。放っておくと、探索活動はコア事業に殺される宿命にある。といっても、コア事業側に特別な悪意があるわけではない。コア事業の論理と組織システムが、探索事業の論理と組織システムとは相容れないだけなのだ。そこで、まずコア事業と探索事業の両方を包摂できる自社の存在意義が不可欠となるのだ。

世界最大級のガラスメーカーであるＡＧＣ（旧旭硝子）は、２０１５年に自社を「ガラス製造会社」ではなく、「素材開発メーカー」としての再定義を行った。その際に拠り所となったのは、創業の精神だ。当時の島村琢哉CEO（現会長）を中心とした経営陣は、創業者である岩崎俊彌が唱えた「世の中に必要となる素材を、時代に先駆けて創っていくこと」を自社の原点に据えて、従業員が腹落ちするまで対話を繰り返す取り組みを行った。※2

（2）〝ありたい姿〟を描く（10年後のビジョンを描く）

自社の存在意義を再定義した上で、次の段階は、自分たちの〝10年後のありたい姿〟を大胆に描くことだ。このとき、重要なのは「あるべき姿」ではなく、「ありたい姿」という点だ。ここが従来の「べき論」を中心とした戦略経営論と大きく異なるポイントだ。

先が見えない時代、正解がない時代において必要なのは、自社が実現したい世界観を主観的に、かつ大胆に打ち出すことだ。GAFAに代表される米系企業の強さはここにある。そこには「当社が世界を変える」という高い視座と意気込みがある。その意識の高さが従業員の共感

※2　AGC Inc. in 2019 "Your Dreams, Our Challenge", Stanford Graduate School of Business case #OB-103 (2019 Dec.)

を生み、士気を高めるのだ。単なる数値目標だけではなく、自社が実現したい世界観を提示した上で、その世界観における自社の役割を明確に位置付ける必要がある。ここでは、〝ありたい姿〟の中で、コア事業と探索事業をどのように意味づけるのかがポイントとなる。

第1段階と第2段階を組み合わせたものを、オライリー教授たちは、〝ストラテジック・アンビション〟（戦略的抱負）と呼ぶ。〝ストラテジック・アンビション〟は、ボールド（大胆）でなければならない。そうでなければ、今すぐに取り組むべき課題となってしまうからだ。これは昨今の流行キーワードになっている〝パーパス経営〟の概念と重なるところもあるだろう。

（3）事業ポートフォリオを組み替える（コア事業領域と戦略領域を設定する）

では、自社の「ありたい姿」を明確にできたとして、それをどこで実現するのか。「どこで（Where）」を具体化しない限りは、ただの抽象論で終わってしまう。昨今の〝パーパス経営〟が、言葉遊びに陥りがちなのは、「どの領域で、そのパーパスを実現するのか？」という具体性に欠けているからだ。

「どこで」の具体化について、オライリー教授とタッシュマン教授が主宰するコンサルティング会社であるチェンジ・ロジック社では、〝ハンティング・ゾーン〟（狩場）を設定する、という言い方をする。[※3]すなわち、「コア事業に軸足を置きながら、コア事業で養った組織能力と蓄積された経営資源を再活用して、どこに成長領域を求めるのか?」という点を明確にするのだ。さらに一歩踏み込んで言うならば、「現在の事業ポートフォリオを組み替えて、どの領域でならば生き残ることができるのか?」という問いかけでもある。そのために、新たにどの事業を始めるのか（例：何年間で、どれだけ戦略的に投資するのか）、どの事業はやめるのか、どの事業は継続・強化するのか、などの戦略的な意思決定が鍵となる。

〝ハンティング・ゾーン〟を明確にする作業は、後々の探索活動で重要な役割を果たすこととなる。〝ハンティング・ゾーン〟を設定することなしに、やみくもに探索活動を始めると、いくらアイデアが生まれたとしても、選択する基準がないためにアイデアが乱立し、〝Innovation Zoo〟（アイデアの動物園）と化してしまう。大企業の中で探索事業を立ち上げるためには、①事業アイデア（着想）を生み出し、②アイデアの仮説検証を通じてインキュベーション（育成）し、最後に③既存事業の資産と組織能力を活用することで、検証された仮説をスケーリング（量産化）にまで、持ち込む必要がある。

※3　アンドリュー・J・M・ビンズ、チャールズ・A・オライリー、マイケル・L・タッシュマン『コーポレート・エクスプローラー』英治出版（2023年）

〝大企業ならではのイノベーション〟を実現するための鍵は、スケーリング段階にある。既存事業の資産と組織能力を投入する段階にこそ、大企業の強みがある。〝ハンティング・ゾーン〟についいては、社内で事前の合意があればこそ、資源投入が可能となる。大企業における事業創造のプロセス（「アイディエーション↓インキュベーション↓スケーリング」）を一気通貫させるために、事前の〝ハンティング・ゾーン〟の設定が不可欠なのだ。

（4）組織構造をデザインする（コア事業と探索事業の構造的分離）

しかし、両利き経営を実践するためには、さらに自分たちが描いた絵をどう実現するのかというステージまで踏み込む必要がある。ここからは戦略実行の段階だ。この第4段階以降こそが、両利きの経営の「言うは易し、行うは難し」の段階となる。

第4段階では、いよいよ組織構造のデザインに着手する。タッシュマン教授、オライリー教授の理論においては、既存事業と探索事業を構造的に分離することが最大の特徴とされている。なぜ構造的な分離が必要なのか？　それは異なる組織アラインメントを両立させるための工夫なのだ。構造的に分離しないと、コア事業の力が圧倒的に強いが故に、探索事業の独自のアラインメントが構築できないからだ。いわば、「混ぜるな、危険！」ということだ。

しかし、構造的な分離は、両利きの組織マネジメントにおいて必要条件にすぎない。後述するが、部分的な統合も必要となってくる。そこまで実現できて十分条件となる。つまり、両利きには、「離して、育てて、戻す」という発想が込められていると言ってもよいだろう。

重要なのは、組織は活動体であるという基本認識だ。単純に〝箱〟としての別組織を作るだけでは機能しない。探索事業部門には、経営資源を再分配し、しっかりとリソースを持たせる必要がある。それは経営陣の探索事業に対するコミットメントの裏返しでもある。一般的な企業の中期経営計画は、この段階で中途半端に終わってしまっているケースも少なくない。

(5) 各事業で必要となる組織能力を形成する（自社で構築できるのか見極める）

組織構造をデザインした上で、第5段階では各事業で必要となる組織能力の形成にスポットを当てなければならない。必要な組織能力を形成するには、各事業主体が具体的な組織活動を展開することが不可欠だ。繰り返しとなるが、組織は活動体という生き物である。そうした組織活動を継続的に展開するために必要となるのが、前述した〝組織アラインメント〟なのである。

コア事業においては、アラインメントを適宜見直し、既存のアラインメントを調節する必要があるだろう。一方の探索事業においては、探索活動に必要な組織アラインメントを新たに構築する必要がある。

しかし、同じ会社の中で、異なるアラインメントを構築するのは容易ではない。なぜなら、これまで成功を収めてきた既存事業が経験的な効率性を重視する一方で、新しい事業を展開する探索事業は、成功するか失敗するかわからない不確実性の中から新たな勝ちパターンを見出すという、確率論に基づくものにならざるを得ないからだ。つまり、必然的に既存事業と探索事業の各組織アラインメントがまったく違うものになり、経営陣はそれを同時に構築しなくてはならないのだ。両利きの経営が〝矛盾のマネジメント〟と呼ばれる理由がここにある。

探索事業における組織能力の形成において、見落としがちな視点を確認しておきたい。それは、「その組織能力は本当に自社で形成できるのか?」という点だ。それは、「ないものねだりになっていないのか?」という問いでもある。この見極めは、オープンイノベーションを成功させる上で、決定的に重要な要因となる。自社で形成できる能力とできない能力を見極めた上でオープンイノベーションに取り組むことが、協業先のスタートアップに対してのリスペクトを生み出し、両者の間でのＷｉｎ－Ｗｉｎの関係を作る土台となる。さらには、自社の探索部門のアラインメント構築にも役立つことになるのだ。

(6)探索部門で獲得した組織能力を既存事業に拡張する(部分的に統合する)

第6段階は、探索事業で獲得した組織能力を既存事業に拡張していくステージとなる。構造的には分離していた既存事業と探索事業だが、この段階に至って部分的統合を行うプロセスに入る。

大企業における事業開発は、前述の3つの基本フェーズから構成される(「アイディエーション→インキュベーション→スケーリング」)。中でも「スケーリング」こそが、大企業ならではの強みが発揮できる局面だ。インキュベーション段階で特定した顧客課題に対して、自社の組織能力と経営資産を存分に活用して、〝スケーリング・パス〟(スケーリングの勝ち筋)を紡ぎ出していく。

〝スケーリング・パス〟においては、3つの視点(3C)が大切だ。①顧客(Customer)、②組織能力(Capability)、③資産(Capacity)の3点である。検証された事業仮説に基づき、顧客接点を作り、顧客のニーズに応じて自らの組織能力を構築し、徐々に投資を積み上げて、スケーリングの勝ち筋を作り出していくのだ。

本書のメインテーマであるポリネーターの存在は、アイディエーションやインキュベーションの段階だけでなく、このスケーリングの段階でも重要な役割を担うこととなる。社内外から

図表 11-4　スケーリング・パス——スケーリングの勝ち筋

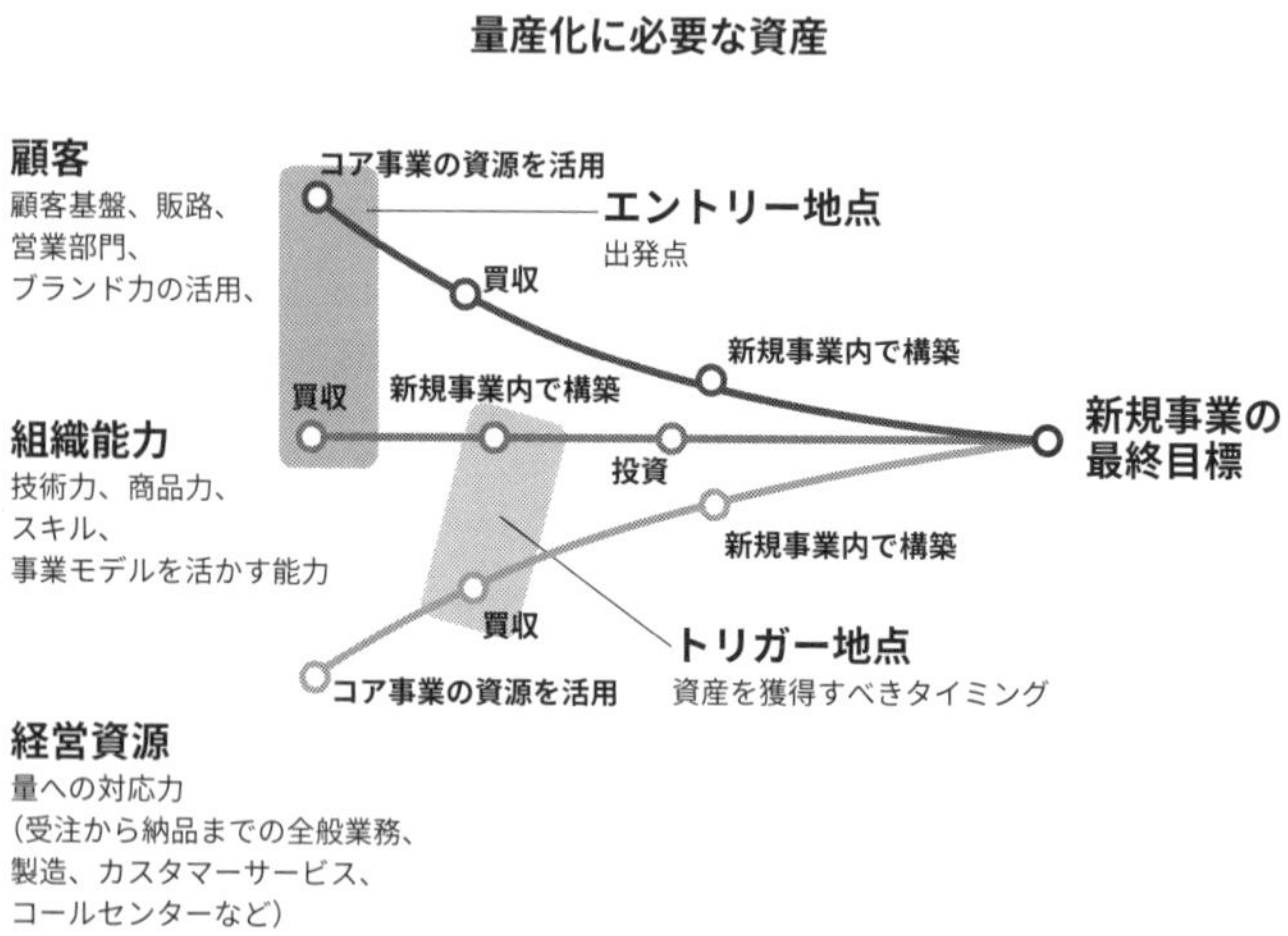

(出所) アンドリュー・J・M・ビンズ、チャールズ・A・オライリー、マイケル・L・タッシュマン『コーポレート・エクスプローラー』英治出版 (2023年)

スケーリングに必要となるアセット・組織能力をかき集めて、事業の立ち上げに向かう総仕上げの局面だ。ポリネーターの役割はここでこそ最大限に発揮される。その詳細については後述する。

(7)既存事業(祖業)の業態転換を起こす(祖業の組織進化)

そして目指すべき両利きの経営の最終的なゴールは、探索事業をテコにして、コア事業(祖業)の業態転換を起こすことだ。これこそが最終段階であり、ここまでの全工程が「両利きの経営」の全体像とも言えるだろう。

この変容の過程において、事業ポートフォリオは、①コア事業、②成長事業、③探索事業の3つの事業が併存する形となることが多い。そのような事業ポートフォリオを実現するには、組織経営論の観点から言えば、各事業に応じた組織アラインメントを構築し、同じ屋根の下で、異なるアラインメントを併存させることが鍵となる。タッシュマン・オライリー両教授が参加した2000年代におけるIBMのトランスフォーメーション・プロジェクトにおいては、〝スリー・ホライズン〟(3つの時間軸)と呼んで、組織運営の方針として共通言語化されていた。異なる事業の発展段階、いわば異なる〝成長のS字カーブ〟が同居している形となるのだ。つまり、両利きの経営は、「時間軸の経営」と言ってもよいだろう。

最後に、実践地図としての「両利きの経営」を総括しておきたい。両利きの経営における探索事業は、「いったんは分けて離し、育ててから戻す」という発想がある。一時的には別の組

図表 11-5 スリー・ホライズン——異なる時間軸の経営

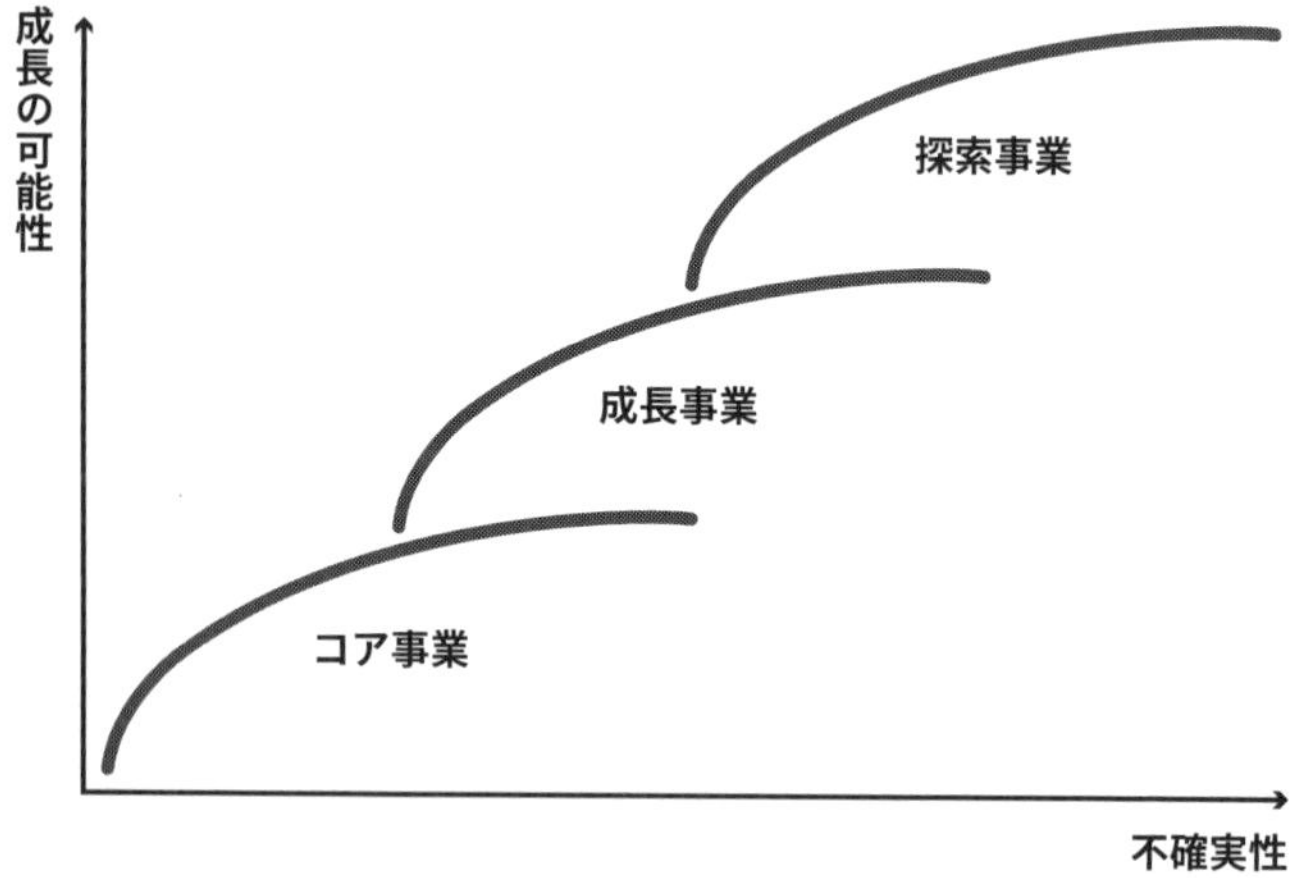

(出所) 加藤雅則、チャールズ・A・オライリー、ウリケ・シェーデ『両利きの組織をつくる』英治出版(2020年)

織を作り、既存組織と並走させながら変えていくというわけだ。一気に全部を変えられるならば、わざわざ両利きというアプローチを取る必要はない。しかし、事業が好調のときに全部を変えるのは難しい。だからこそ、組織を部分的に分離するのだ。すなわち、両利きの経営とは、探索事業の構造的分離と部分的な統合を経て、祖業そのものの根本を変えていく、という大きなピクチャーを描く組織進化論なのである。

「経営の意思」が不可欠

以上が「両利きの経営」の実践地図である。あらためて全体を俯瞰してみると、自社の現状をどの段階に位置付けることになるのだろうか。

実践地図の段階のどこかを飛ばし、全体像として経営の流れを見ることなしに表層的な真似だけをしても、「両利きの経営」はうまくいかないだろう。オープンイノベーションに取り組む部署の創設、ポリネーターの任命、CVC（コーポレート・ベンチャー・キャピタル）への投資など個別のパーツだけでは、「両利きの経営」の実践にはならない。全体像を描き、その流れの中で7つの段階を実行していくことが欠かせないのである。

基本的な経営課題設定の思考様式として"Why-What-How"がある。これを前述した「両利きの経営」の実践地図に当てはめると、"Why"が第1段階と第2段階、"What"が第3段階、"How"が第4段階以降となるだろう。そして、こうした具体的な実践に先立ち、全体を貫くのが"Will"、つまり「経営の意志」だ。「経営の意志」があってこそ、〝矛盾のマネジメント〟は成立する。

特に第3段階と第4段階の間には、大きな壁がある。事業ポートフォリオの組み替えという戦略上の経営判断をした経営者は、あとは現場の努力に委ねるという形が一般的だ。しかし、経営者はここで手綱を緩めてはならない。組織アラインメントの構築には、経営のリーダーシップが不可欠だからだ（整合性モデルの矢印が経営チームからスタートしていることを思い出してほしい）。経営のリーダーシップ（意思表示）が起点となって、それをシグナルとして受け取ったミドル層、若手層の一部の例外的な動きが誘発される。経営者はその例外的な動きを受け止め、承認し、必要に応じて取捨選択の価値判断をし、意味づけをすることで、さらなるボトムアップを誘発する。組織アラインメントの「KSF－ストラクチャー」というタテのライン（ハード面）を整備しながら、「人材－組織文化」の横ライン（ソフト面）が活性化されてくるのだ。

すなわち、経営者のトップダウンと組織からのボトムアップの相互作用によって、初めて組織アラインメントが形成されるのである。その起点となるのは、経営チームのリーダーシップなのである。オライリー教授は日本企業の経営者から「両利きの経営」のヒントを求められると必ず語るフレーズがある。「組織アラインメントを構築するために、あなたが自らのリーダーシップを発揮できるかどうかにかかっている」。

もうおわかりだろう。「このまま一本調子で行けるのか？」という最初の自問自答、経営者自身の問題意識こそが、すべての出発点なのだ。そこから生まれる経営の意志を保ち続けなければ、「両利きの経営」は実践できない。

繰り返すが、両利きの経営は〝矛盾のマネジメント〟である。収益軸か成長軸か（「A or B」）ではない。収益軸も成長軸の両方に取り組むのだ（「A and B」）。それは「選択と集中」というよりは、「選択と分散」とも言えるだろう。

また、現実的な問題として、両利きの経営は1〜2年の短期間で結果が出るものではない。しかし、日本企業の経営者の一般的な任期は、2年3期の6年と極めて短い。必然的に組織進化の取り組みを継続するためには、経営の意志を引き継いでいくことが重要になってくる。本書でも紹介したコマツやAGCのように、トップに立つ経営者が意志のバトンリレーを続けていくことで、「両利きの経営」はようやく形になっていくのである。

両利きの経営におけるポリネーターの役割

最後に、両利きの経営におけるポリネーターの役割について述べたい。ポリネーターとは、大きく捉えれば、アラインメントが異なる組織の間を往復する存在と言えよう。既存事業から探索事業、さらには探索事業からスタートアップへと越境していくのである。

アラインメントが異なる組織を渡り歩くポリネーターには、それぞれのルールに対応するための柔軟性が求められる。あたかも野球チームからサッカーチームへ。さらにはバスケットボールチームへと展開していくイメージだ。このとき、もっとも厄介な課題となるのが、各組織特有のカルチャーギャップだ。自社においては既存事業と探索事業、そして探索事業とスタートアップなど外部の世界。ポリネーターは、この〝二重のカルチャーギャップ〟と常に対峙していかなくてはならない。

このポイントこそがポリネーターの仕事において最もチャレンジングな点であり、これらをクリアするためには、経営者の意志という〝後ろ盾〟が必要となってくる。もしも経営者の意志とポリネーターが向かおうとする先にズレがあれば、〝二重のカルチャー・ギャップ〟に立ち向かうことは難しい。つまり、経営からの〝後ろ盾〟こそが、ポリネーターの越境活動に〝お墨付き〟を与え、ポリネーターが越境活動からの知見を経営にボトムアップすることで、経営者は実感値のある価値判断が可能となる。ここでもトップダウンとボトムアップの相互作用が不可欠なのだ。

特に事業創造プロセスの最終局面（スケーリング）において、ポリネーターの実力が試されることとなる。社内外のネットワークを最大限に活用して、事業の立ち上げに必要となる資産と組織能力を社内外からかき集め、経営陣からの投資決裁を得て、着実に投資を実行しながら（必要に応じてアライアンスやM&Aの準備をしながら）、アーリーアダプターである初期顧客からの要望の具体化に応えていかなければならない。ポリネーターは社内のイノベーターの役割から、本格的に社内の力学を制御できるチェンジ・エージェント（組織変革者）の役割をも担う必要が出てくるのだ。タッシュマンとオライリーの両教授は、この担い手を〝コーポレート・エクスプローラー〟と名づけている。

以上の点を踏まえてポリネーターに求められる資質を再度問い直したい。ポリネーターに求められるのは、組織アラインメントが異なる領域を自在に往復する「しなやかな柔軟性」、それぞれの組織アラインメントを配慮しつつ、各組織の活動を全体の動きに連動させる「したたかな感性」、そして自分の取り組みで会社全体を変えるというアスピレーションに対する「純粋性」、それらを併せ持つマルチな多面性といえるだろう。

補論2

オープンイノベーションとイナーシャ問題

根来龍之

本稿ではオープンイノベーションとイナーシャ（慣性）の問題を関連付け、スタートアップとの連携を成功させるためにはイナーシャの克服が必要であること、そのためにポリネーターが果たすべき役割について論じる。

オープンイノベーションとナレッジ流入出

まずオープンイノベーションについて改めて確認する。

オープンイノベーションはクローズドイノベーションとの対比としての概念が起源となる。クローズドイノベーションは企業内で閉じているイノベーションを指す。企業内で研究開発し、製品として完成させ、市場に投入するというパターンが古典的なクローズドイノベーションの一例である。このとき、企業と外部にはしっかりとした境界がある（図表12－1）。対してオープンイノベーションは、企業と外部にしっかりとした境界がなく、企業の内部から出ていくプロジェクトもあれば、逆に外部から入ってくるものもある。つまり、組織を超えてイノベーションを起こすという概念になる。

企業の内外に出入りするものとは、広い意味でのナレッジである。ナレッジは狭義だと技術や特許を意味することが多いが、ここでは新たな市場や専門領域に対する深い理解やノウハウ

図表12-1　オープンイノベーションのイメージ

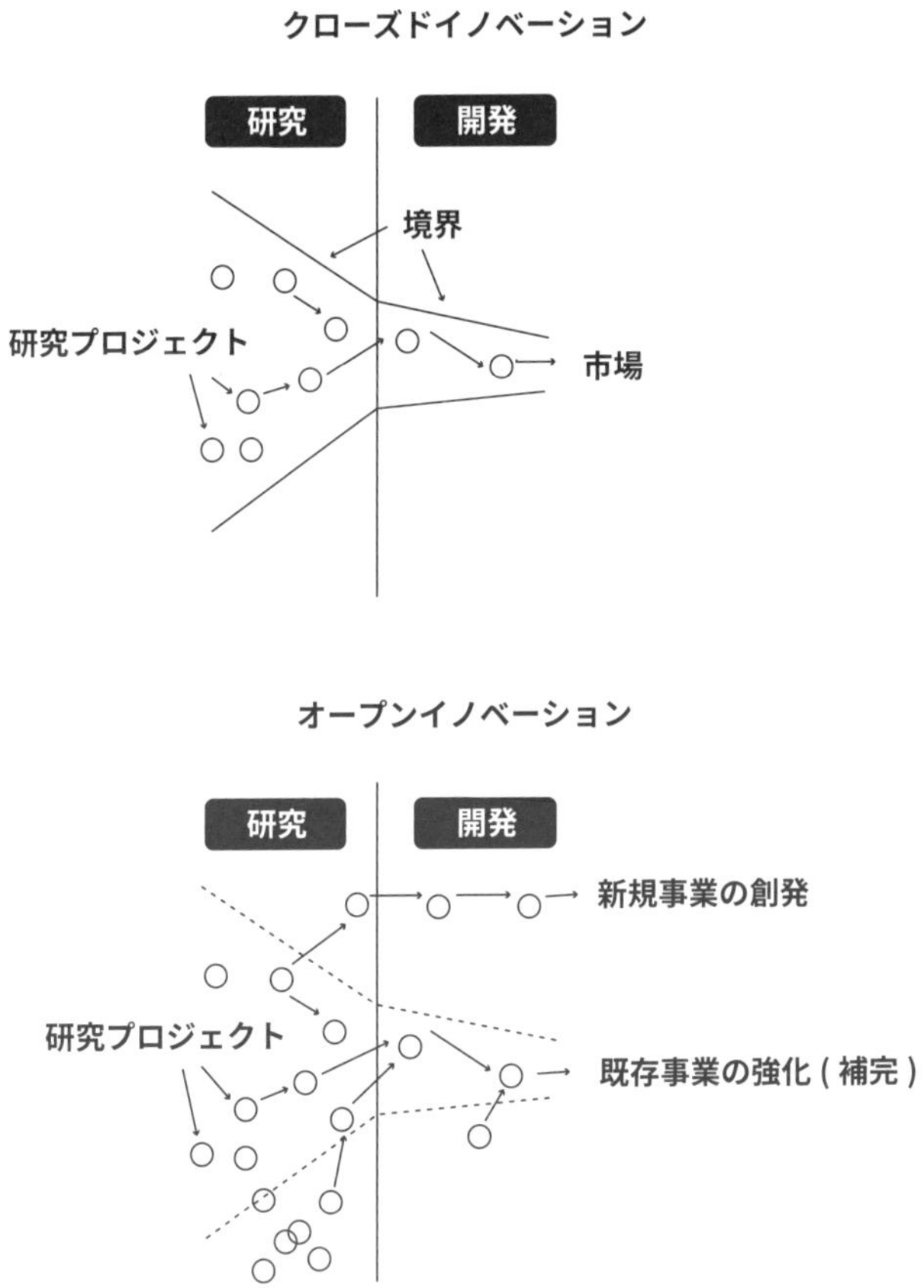

（出所）ヘンリー・チェスブロウ『OPEN INNOVATION』産能大出版部（2004年）

なども含めた広い意味でのナレッジとする。

オープンイノベーションとは、そうしたナレッジを外部から自分がやっているプロジェクトに取り込み、新しいビジネスを創っていく、あるいは自分たちのナレッジを外部に出して他の会社に主体になってもらって新規事業を創っていくというイメージになる。

つまり、オープンイノベーションとは、組織のビジネスモデルに沿って、金銭的および非金銭的な理由で、組織の境界を超える知識の流入と流出を意図的に管理する分散型イノベーションであると定義できる。この定義における、「知識」がナレッジである。また「分散型」とは、組織の様々な領域でイノベーションが起きていることを指す。組織全体として計画的にすべてが統制されているわけではないという意味である。

知識を外部から得るだけでうまくいくのか？

次に、オープンイノベーションは、知識の流入を上手にやって、自分たちの内部の知識と組み合わせるだけでうまくいくのか、という問いについて議論したい。

先に結論を述べてしまうと、この問いに対する答えは「ノー」である。オープンイノベーションの基本的な考え方は、「それぞれの企業が持っている知識は違うから、外部から借りる、あるいは自分たちが出す」というものだが、実際はそれ以上のことを担保しないと流入と流出が結果につながらない。

特に、大企業とスタートアップが一緒になる場合、それが顕著になる。なぜなら、両者はそもそものマインドが異なるために、その乖離を乗り越えていかないとオープンイノベーションが成功しないからである。では、大企業とスタートアップではどのようなマインドの乖離があるのか、改めて見ていく。

大企業とスタートアップのマインドの乖離

まず大企業は意思決定がコンセンサス重視で遅い傾向がある。その一方でスタートアップは創業者の直感が重視され、意思決定のスピードが速い。これは大企業が長い時間間隔で動き、スタートアップは短い時間間隔で動くことにもつながる。

また、大企業の既存事業では、顧客ニーズを経験的にほぼ理解している中でビジネスが進んでいく。つまり、大企業のビジネスは前例を適宜修正していくという発想になる。

それに対してスタートアップでは、顧客ニーズそのものが探索対象であるため、ビジネスのデザインの仕方が根本から異なる。スタートアップが予測する顧客ニーズは往々にして現実と異なるが、そこがビジネスの出発点になる。

つまり、スタートアップは実験的発想に基づいたゼロからのビジネスを始めることになる。実験的発想は顧客ニーズが明確でないときやサプライ側の技術が未完成であるときに必要とされるが、当然その際には失敗を許容することが求められる。

しかし、大企業のように顧客ニーズがはっきりしている場合はそもそも実験的発想を求められることが少なく、したがって失敗を許容するという考え方にはなり得ない。

以上の点からも、大企業にとってPDCAという業務管理にはそれなりの合理性があるといえる。「大企業はアジャイルに変わらなければならない」という議論があるが、全面的に変わる必要はない。大企業では計画検討決定プロセスに則った決定は効率性が高いからだ。しかし、ビジネスのモデルそのものを変えなければいけない場合は失敗を許容し、アジャイルな意思決定が必要になる。

業績評価についても、大企業は目標の達成度で測ることができる一方で、スタートアップにおいては達成度という考え方がそもそも似つかわしくない。計画が当初のものからどんどん変わっていくことが当然であるからだ。そのため、結果としてどういう成果を得たのか、将来の機会拡大という結果主義にならざるを得ない。

予算についても、大企業では計画通りになることが好ましいとされるが、計画の変更が前提

図表 12-2　大企業と既存事業部門とスタートアップの組織要素

		大企業の既存事業部門	スタートアップ
意思決定	経営者の特性	コンセンサス重視	創業者の直観重視
	スピード	遅い	早い
感覚	時間感覚	長い（年単位）	短い（週単位）
	規模感覚	「自分は大きい会社だ（規模の自負）」	「今は小さくても大きく成長したい（成長への自負）」
行動	顧客ニーズ	経験上ほぼ理解している（見逃しや誤認の是正）	顧客ニーズそのものが探索対象
	業務のデザイン	前例を適宜修正	実験的発想でゼロから作りながら進める
価値観	失敗の位置づけ	できれば失敗しない方がいい	早く失敗して改善につなげる
	試行錯誤	PDCAによる「日々改善」	MVP（minimum value product）によるニーズ探索
制度	投資決定	計画検討プロセスにのっとった決定	必要な時に追加投資（即断即決）
	業績評価	目標の達成度	結果としての成果と将来の機会拡大
	予算	計画どおりが好ましい	必要におうじて適宜変更
資源	人員配置	計画的内部ローテーションと業績評価による昇格	素早いフィードバックをもとに 新規採用による継続的な追加人員投入
	社員育成	内部昇進、育成（新規採用者は即戦力とは考えない）	途中入社、即戦力を採用
	技術・ノウハウ	内部資源の優先活用	コア以外は外部依存
	資金	キャッシュフロー黒字が原則	先行投資段階ではキャッシュフロー赤字が当然

（出所）根来龍之作成

となっているスタートアップにはそもそも予算を計画するという考え方は必要とされない。

また、大企業が内部資源を活用するのは合理的である。内部資源は他社との差別化の源泉になるものであり、蓄積が効くものだからだ。しかし、スタートアップはまったく資源のないところから始めるものであり、当初からコア以外の多くを外部依存する性質を持っている。

であるからこそ、大企業とスタートアップの性質は必然的にぶつかり合うものである。両者がオープンイノベーションを目指すときには、ナレッジを補い合って結合するという資源論的発想は大前提ではあっても、それだけではうまく機能しない。よって、これまで論じてきたような発想の仕方、行動パターンなど、いわゆるマインドや文化の違いを調整しない限り、成果は上がらないと考えるべきである。

再びポリネーター論

以上の議論を踏まえたうえで、ポリネーターの役割について考えていきたい。ポリネーターとは「ビジネス受粉媒介者」を意味し、現時点での定義としては「自社と社外のスタートアップ企業を積極的に仲介し、既存ビジネスを補完するきっかけを作ったり、新しいビジネスの種づくりを仕掛けたりする人」になる。これはまさに自社と社外のマインドを調整する役割を担うということだ。

前述の通り、オープンイノベーションの前提として、大企業とスタートアップの間には必ずマインドのすれ違いがある。ここで登場するのがポリネーターになる。ポリネーターとは、大企業にいながらスタートアップに共感する存在である。ポリネーターは大企業の事業部門の利益を常に考える必要があるが、スタートアップとの協業も成功させようとする。

しかし、事業部門は必ずしもオープンイノベーションに対して積極的であるとは限らない。あるいはスタートアップとの行動パターンや文化との違いに戸惑って先にうまく進まないということもある。ポリネーターはそれを仲介する必要がある。

したがって、ポリネーターは事業部門とのマインドのすれ違い、スタートアップとのマインドのすれ違いという構造の中間にいて、いわば板挟み状態になる。そこで、課題となるのが、この板挟み状態からいかにポジティブなオープンイノベーションの成功を作っていくかになる。

以上の点を踏まえてポリネーターの役割を確認すると、既存事業の強化（補完）・新規事業開発のいずれにおいても、スタートアップとのマインドギャップの橋渡しをすることがまずは重要になる。

企業のマインドと整合性モデル

ここで「マインド」という概念について考えてみたい。マインドとは、ビジネスにおいて正当性や合理性を判断する考え方、あるいは発想の仕方や行動パターンの前提となる考え方のことである。英語でいうレジティマシー（正当性）の根拠となるものとも言い換えられる。例えば「計画検討決定プロセスを作るべき」というのは大企業のマインドであり、そのときに「計画検討決定プロセスに則った決定が最も成果が上がる」というのがレジティマシーとなる。

では、マインドはどのように形成されるのか、これをさらに具体的に考える必要がある。そこで手がかりにしたいのが、オライリー、タッシュマンの両教授が提唱した整合性モデル（補論1を参照）である。

両教授は「KSF（Key Success Factor）」「人材」「公式の組織」「組織カルチャー」という4つの組織の要素を用いて整合性モデルを説明したが、この要素分類そのものに本質があるわけではない。整合性モデルの本質は、これらの要素が互いにフィットしなければ成果は上がらないという考え方にある。

では、整合性モデルについて詳しく見ていきたい。

「ＫＳＦ」とは「成功の鍵」を意味する概念だ。組織として何をやらなければいけないのか、鍵となる部門間の連携プレーがどういったものなのかを表現する。個人的には「クリティカル・アクティビティ」と呼んだほうが正確ではないかと考えている。

「人材」は文字通りの意味だが、整合性モデルが求めるのは、ＫＳＦを担い実現するにはどのような能力を持った人を集める必要があるのかを検討することである。

「公式の組織」は人材をまとめる組織構造、管理システム、評価制度といった組織運営の要素のことである。

そして、本稿のテーマと最も関連が深いのが「組織カルチャー」である。これは仕事のやり方や姿勢、どのような行動規範や価値観に基づいているのかといったもので、まさに前述したマインドの「何を合理的、正当と考えるか」というレジティマシーにあたるものだ。日本語では、先ほどから使っているマインド、あるいは行動パターンといったほうがより正確だと考える。

整合性モデルの図（補論1の図表11－1）の上部にある「経営のリーダーシップ」「戦略・目標」についても説明しよう。組織要素はＫＳＦによって変化していくが、そのときにＫＳＦを変化させるものが経営のリーダーシップであり、導き出された戦略・目標である。つまり、経営者のリーダーシップによって自分たちがどのような事業をやっているのか、どうやって競争をしているのかという戦略・目標が作られていき、それが変わっていくことでKSFが変わる。それに伴って他の要素を変えていかなければならないというのが整合性モデルの主張である。

既存事業と新事業が「両利き」を必要とする場合

整合性モデルの4つの組織要素は、大企業の既存事業とスタートアップでは大きく異なっている。大企業がスタートアップとジョイントしてオープンイノベーションを推進する上では、両社の組織要素が異なることを前提に進める必要がある。それは次の4点にまとめられる。

①既存事業と異なる成功法則を持つ
②既存事業と異なる人材・事業パートナーが必要
③既存事業と異なる組織構造が必要
④既存事業と異なる組織文化・制度が必要

①はKSFを指す。例えば、これまでは規模の効果を追求するビジネスを展開していた大企

業が、今後は製品のライフサイクルを短くし、どんどん新しい製品を生産していく事業をスタートアップと連携してやろうとするとき、成功法則という組織要素が異なることになる。これが最初の前提となる。

成功法則が異なれば、必要とされる人材・事業パートナーが異なるということになる。大企業の既存事業にフィットする人材ではなく、スタートアップの成功法則に対応できる人材が必要になる。組織構造や組織文化・制度についても、既存事業との違いを調整することが求められるのである。

オライリー、タッシュマンの両教授が提唱した「両利きの経営」(補論1を参照)は、「強い既存事業を持つ会社が、既存事業を維持(深化)しながら、成功のために必要な組織要素が既存事業と異なる程度の高い新規事業に意図的に進出・育成(探索)すること」と定義できるが、大企業とスタートアップの連携は構造として両利きの経営を必要とする。スタートアップと連携してオープンイノベーションで成果を上げようとすると、原理的に両利きの経営を追求することにならざるを得ないのである。

AGCの事例

この説を確認するために、加藤雅則氏が分析したAGCの事例を見ていきたい（図表12－3）。

上の図がAGCの既存コア事業における組織アラインメントである。「アラインメント」は整列を意味し、ここでは組織要素が整合性を持って存在していることを「組織アラインメント」と呼んでいる。そして、下の図がAGCの新規事業における組織アラインメントとなる。

2つを比べると、KSFは、既存コア事業では「効率的なオペレーション」「コスト削減」、新規事業では「技術イノベーション」「顧客との信頼関係」であり、まったく異なっている。人材は、既存コア事業では「オペレーション力があって専門技能を有する」、新規事業では「技術力に秀でていて新しい能力や柔軟な発想」。公式の組織は、既存コア事業では「短期指標によるPDCAと標準化された手順」、新規事業では「フラット型で新しい指標」を必要としている。

そして、オープンイノベーションにおいて最も重要な組織カルチャーは、既存コア事業が「言われたことをちゃんとやる、よく訓練されたカルチャー」、新規事業が「とりあえずやってみる、顧客に対する洞察が深い、スピード重視」となっている。AGCの新規事業における組

図表 12-3　AGCの組織アラインメント

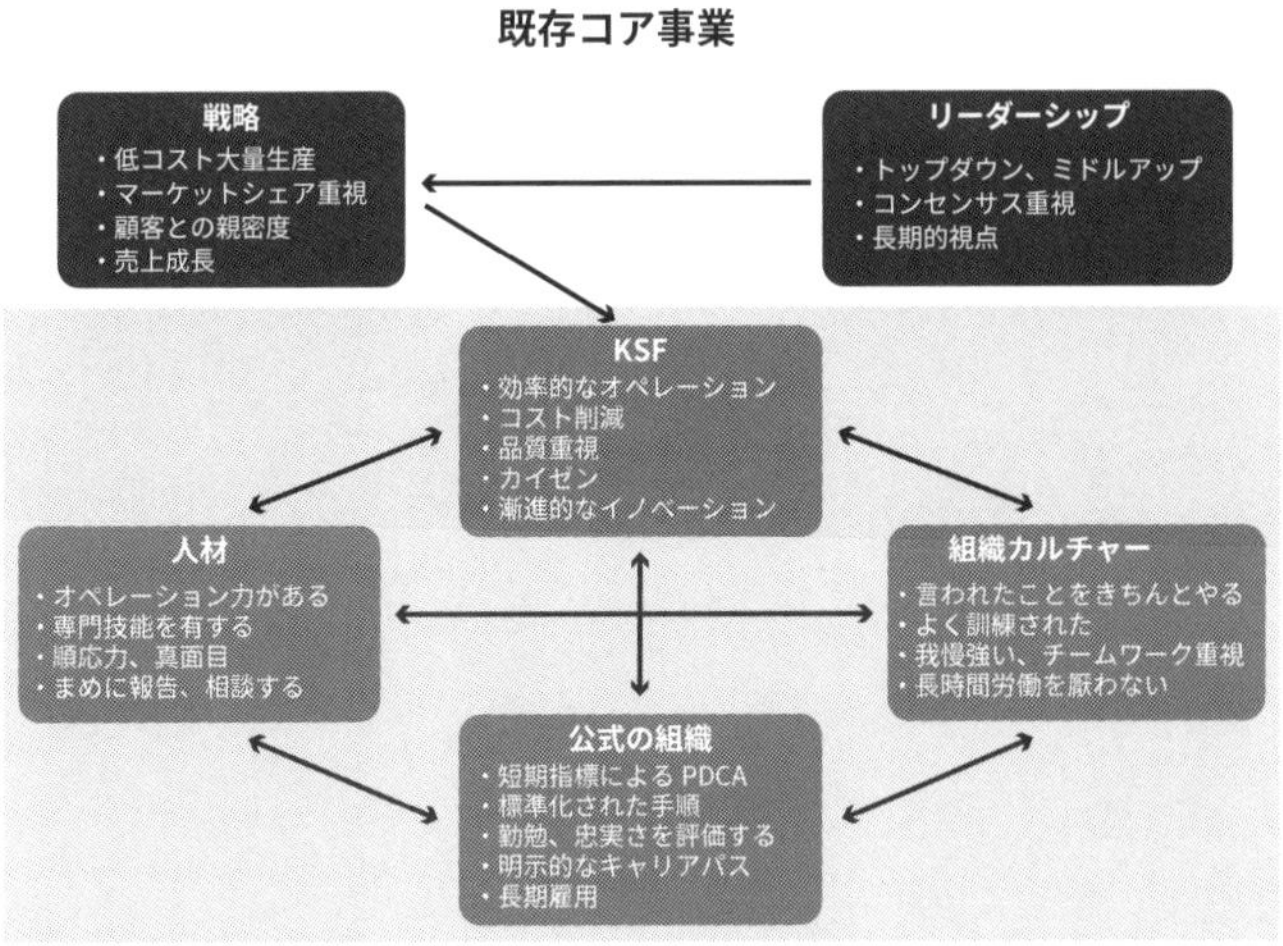

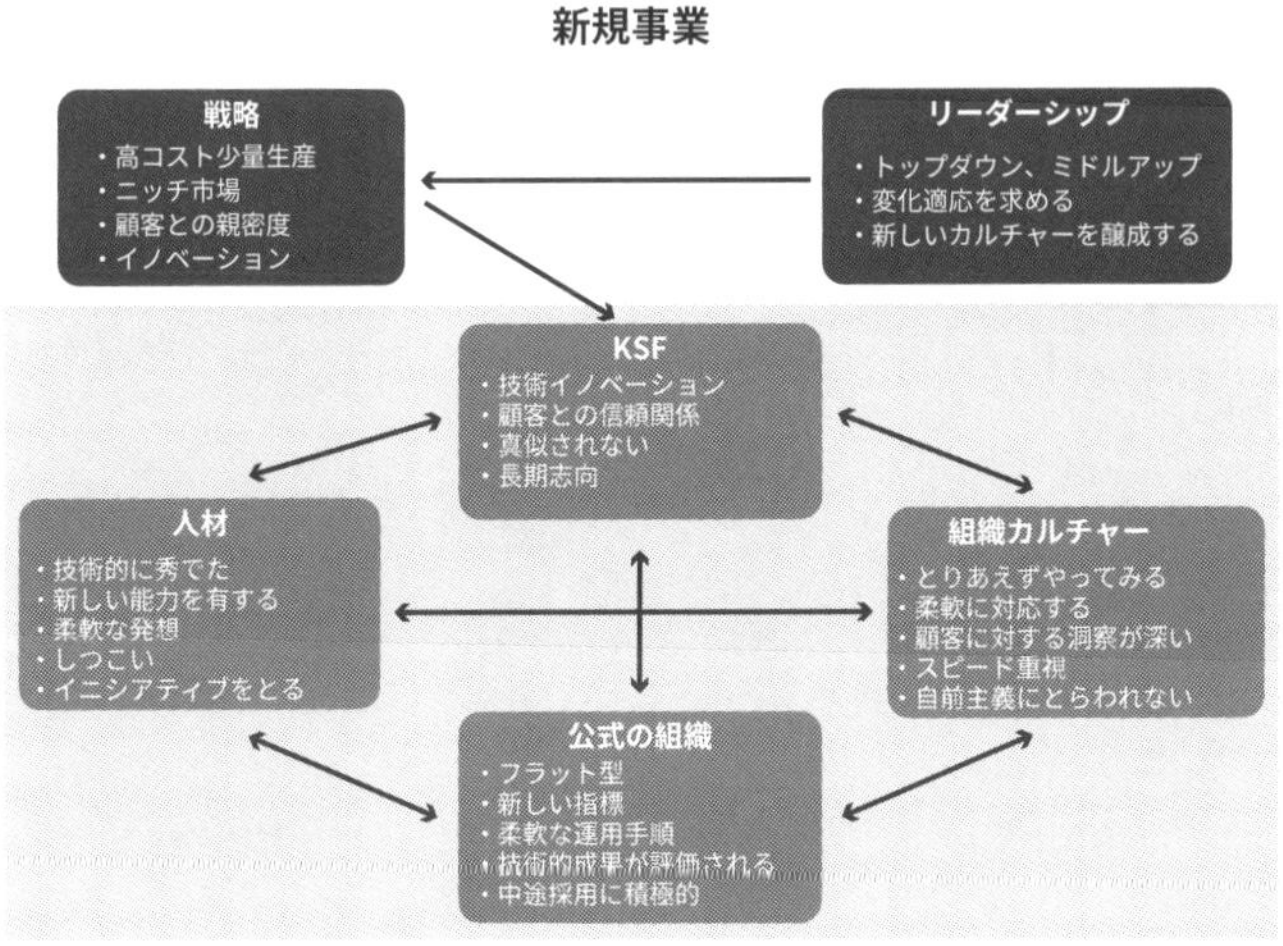

（出所）加藤雅則、チャールズ・オライリー、ウリケ・シェーデ『両利きの組織をつくる』英治出版（2020年）

織アラインメントはスタートアップ型を目指している。

ここで注意しなくてはならないのは、大企業の新規事業における組織アラインメントは、必ずしもこの下図のようになるとは限らないということだ。既存コア事業の組織アラインメントと同じ組織アラインメントを使った新規事業も存在する。例えば、電力会社がガス事業に進出するようなケースでは、既存コア事業と同じような組織アラインメントをもって新たなビジネスを展開することになるだろう。

では、AGCが実際にどのようなビジネスを新規事業として捉えているのか見ていこう。

AGCの既存コア事業の代表的な製品は、建築用や自動車用、ディスプレイ用のガラスなどである。

新規事業はエレクトロニクス、モビリティ、ライフサイエンスといった分野のビジネスを展開している。

こうした新規事業がなぜスタートアップ的な要素を必要とするのか、それは具体的な製品を見ればわかる。

例えば、モビリティの分野では自動運転が進むことによって、自動車用ガラスの表面に通信機器を付加したり、ガラスそのものがディスプレイとして機能したりするなど、従来のガラスとまったく異なる変化が予測されている。このような製品ではガラスを透明スクリーンにしたり、内部にセンサーやカメラ、アンテナを組み込んだりする必要がある。こうした技術は後から付加することはできないため、市場にどのようなニーズがあるのか、あるいは要素技術が必要になるのかということが探索段階にある。

また、AGCにはそれらを実現する技術のすべてがあるわけではないので、自動運転の普及によって新たな自動車用ガラスを製造しようとすると、必然的にスタートアップ的な組織要素が求められる。そのため、新規事業としてビジネスを展開する際には、オープンイノベーションによって特定の要素技術や自動運転に関わるサービスを追求しているスタートアップとの連携が考えられるのである。

イナーシャのメカニズム

ここまでの議論で、オープンイノベーションで大企業がスタートアップと連携する際には、マインドが異なる組織をどのようにして接続、もしくは融合させるかが問題になることを見てきた。

しかし、スタートアップとの連携においては「変わることが必要」と理屈ではわかっても、大企業の組織はそう簡単には変わらない。それは、いわゆる「茹でガエル現象」と同じである。熱湯の中に落ちたカエルは慌てて飛び出すが、徐々にお湯の温度が上がる鍋の中にいるカエルは、温度変化に気づいたときには茹で上がっていて逃げ出せない。このように環境変化に対応せず、同じ状態を続けてしまう組織活動の慣性を「イナーシャ」と呼ぶ。

オープンイノベーションへの対応でも、イナーシャが働く。「変える」という判断を遅らせがちだし、その実行はさらに難しい。

イナーシャ＝組織慣性が怖いのは、イナーシャが働いていること自体には一定の合理性があるといえるからだ。

前述したように組織には整合した組織アラインメントが必要である。そして、それぞれの組織アラインメントはそれなりに時間をかけて環境適応的に作られたもので、合理性があり、だからこそ維持されることも必要とされる。この合理的なアラインメントが維持されることによって企業は効率的にオペレーションができる。つまり、アラインメントは原理的にイナーシャを必要にしていると考えることができる。しかし、あらゆるビジネスは永遠に続くものではないし、環境は常に変化していくから、茹でガエル現象が問題として生じることになる。

このイナーシャの問題は経営学においては昔から議論されており、そのメカニズムについては以下の3つの観点があると考えられる。それぞれの代表的な議論を紹介する。

①組織の過剰適応
②技術の過剰なこだわり
③戦略の過剰追求

①組織の過剰適応

1つ目の観点は「組織の過剰適応」とされるものである。言い換えれば、「組織活動が過去のやり方の継続を求める傾向、つまり組織活動の慣性が環境変化への対応を遅らせる」ということになり、イナーシャと最も近いイメージだと考えられる。

ヘンダーソンとクラーク（1990）は「確立した組織のルーチンが、新規技術や製品に対する判断を狂わす」ことを理論化している。ここでいう組織のルーチンが、整合性モデルの「公式の組織」にあたる。

また、ヒュージ（1994）は「組織は過去の成否にかかわらず同一行動を繰り返して、組織慣性が方向変更できない状態であるロックイン（lock-in）になりやすい。その理由は、①ある技術はこのように使うべきという社会的慣習、②組織ネットワークによる既存技術の普及促進、

③代替案への変更を回避できる現状の合理的理由の探索——が絡み合いながら影響するからである」と述べている。

組織にとって1つの整合性モデルが完成したとして、それが常に良い結果をもたらすとは限らない。つまり、前述の「環境適応的に組織アラインメントが作られる」という論にはある意味で誇張が含まれることになる。環境はそれほど単純なものではないために、組織の環境適応が常にうまくいくわけではないのである。

ヒュージが述べているのは、「うまくいく、いかない」にかかわらず組織というものは同一行動を繰り返すものであり、全体としてはそれでどうにかなるので、うまくいかないことが複数生じても1つの整合性モデルの状態が保たれるということである。

また、この組織の過剰適応について、著名な研究者であるサール（1999、2003）も「かつて自社を成功に導いてくれた思考様式や仕事のやり方を信じすぎるために、環境変化への対応を遅らせる（覇者の驕り）」というメカニズムについて研究を行っている。

②技術の過剰なこだわり

イナーシャのメカニズムについて2つ目の観点は、「技術への過剰なこだわり」に着眼する理論である。これは「ある技術で成功した企業が既存技術にこだわることで新技術への転換に遅れる」ことを意味する。オープンイノベーションでいうと、自分たちが培ってきた技術を否定するような技術に適応できない、あるいはスタートアップとの連携ではなく自分たちで技術を作ろうとすることにつながる。

アバナシー（1978）は「ドミナントデザイン（例：T型フォード）の確立と作り方の硬直化が、既存技術へのこだわりとなり、環境変化に対応できない」という議論をしている。ドミナントデザインとは、市場で標準化され、他の企業もそれに従うような製品デザインを指す。

レオナルド＝バートン（1992）は「中核技術（core capability）への資源投入の継続が、中核技術の中核的硬直性（core rigidity）になり、新しい技術への対応を遅らせる」と指摘した。つまり、組織には資源を蓄積する性質があり、特に技術は投資を継続することで育っていくので、自社の技術を強くしようとする行動自体が硬直性を生むということである。

クリステンセン（1997、2003）は顧客との関係を持ち出し、「優良顧客の意見に対応するための既存技術の改善が、破壊的技術の採用を遅らせる」という議論をしている。破壊的技術の採用は破壊的イノベーションの命題の1つであるが、既存事業にとって破壊的技術へ対応しないことは合理的である。なぜなら、破壊的技術は多くの場合において、既存の優良顧客が求めているものではないからだ。

したがって、優良顧客、あるいは既存顧客に対応するために技術を改善すること自体が、破壊的技術の採用を遅らせてしまうのである。このいずれの議論にしても、組織要素である技術への過剰なこだわり、過剰な追求に大きなイナーシャがあることを理論化したものである。

③戦略の過剰追求

イナーシャのメカニズムとして、組織活動や技術へのこだわりという観点からの議論を紹介してきたが、最後にその前提となっている戦略そのものがイナーシャを持っているという議論を紹介する。

戦略の過剰追求は「ある戦略で成功した企業が既存戦略にこだわることでライバルの変化への対応に遅れること」と概念化することができる。バーゲルマン（2002）は「既存戦略の慣性力によって、新しい事業が生み出されなくなる『共進化ロックイン』が起きる」という理論展開をしている。

また、筆者と徳永（2007）の共著による論文では「仕組みの強化を必然とする、戦略の自己強化プロセスが、意図せざる結果として、ライバルへの対応を遅らせる」という議論をしている。中川（2019）は「コア能力の硬直性とイノベーターのジレンマが相互に強化しあい、循環・連鎖することで、〝戦略硬直化のスパイラル〟が起こる」と議論を展開している。これらの議論は「環境対応としての戦略」の慣性に焦点を当てたものである。結果としてのイナーシャは組織活動そのもの、あるいは技術であったとしても、その前提として環境対応としての方向性を決める戦略自身がイナーシャに陥っているということである。

イナーシャの構造

以上の議論を踏まえると、イナーシャは整合性モデルと完全に対応すると捉えるのではなく、次の3つに分割すべきだと考えるべきである。

①戦略と資源のイナーシャ
②組織制度のイナーシャ
③メンバーの認知のイナーシャ

①は自分たちの経営上の戦略や追求すべき資源、例えば技術や販売チャネルなどに対するイナーシャ、②は意思決定プロセスや評価制度などに対するイナーシャ、③は戦略と資源のイ

ナーシャと組織制度のイナーシャの前提となる認知に対するイナーシャのことを指す。

③は、例えば「顧客はこういうものを望んでいるはず」「このやり方をすれば成功につながるはず」など、レジティマシーにあたるものを意味する。つまり、前述したマインド、行動パターン、文化といったものに近い。ただし、文化という概念は広く様々なものに当てはまるので、制度や意思決定プロセス、戦略の採用もまた文化ととらえるべきだろう。したがって、この3つのイナーシャの背景にあるものが、文化（マインド）のイナーシャであるといえる。

このマインドのイナーシャこそが、市場とのギャップを生み出す原因となり、本稿のテーマの文脈でいうならば、オープンイノベーションを失敗させる重要な要素の1つである。もちろん、オープンイノベーションがうまくいかない理由は複数あるが、スタートアップとのマインドのギャップを埋める作業が必須であることを考えると、このマインドのイナーシャに支えられた3つのイナーシャがオープンイノベーションを失敗に導くということがいえる。

イナーシャへの対応

では、こうしたイナーシャにどう対応すればいいのだろうか。この問題に関してはすでにいくつかの研究があり、本稿の関心に近いものとしてジャンセン（2004）による米陸軍士官学

図表12-4　イナーシャの緩和

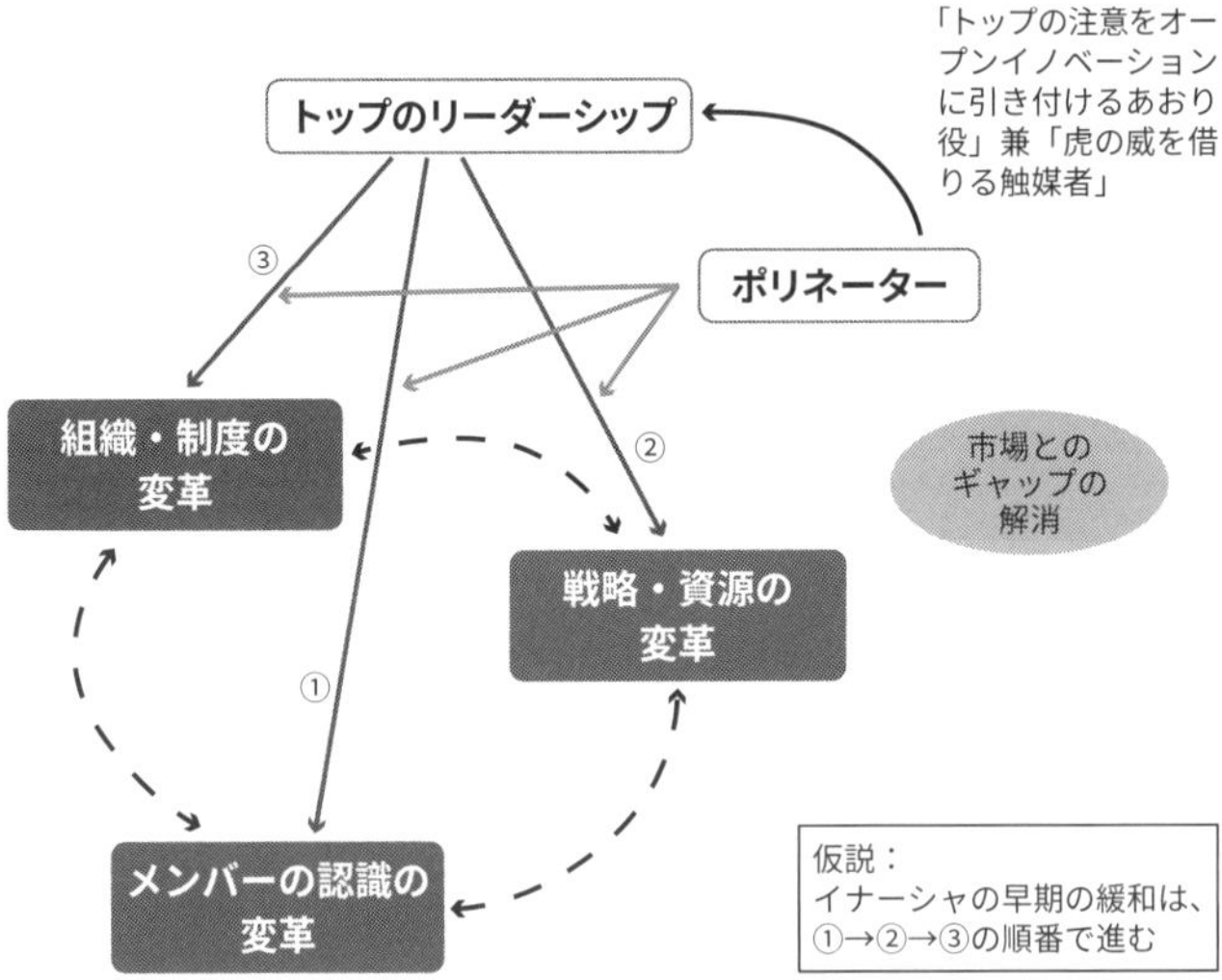

（出所）根来龍之作成

校の組織文化変革を調査した実証研究がある。米陸軍士官学校が中央集権型組織から分権的組織へと組織文化を変革させた際、組織慣性を新たな方向に転換させる力についてジャンセンは分析した。

その分析結果として、組織構成員の「方向転換に対する緊急性の認知」「方向転換への同意」「既存の方向と新しい方向の差の認知」が必要であるとした。つまり、組織慣性を新たな方向に転換させるには認知問題が最初に来るということである。

これは一般的にもよく言われる「危機感がない限り変わらない」という議論をより精緻化したものとい

える。つまり、組織を変えようとしても認知が最初に変わらなければ、その変革は正当化されず、制度や資源の投入方向を変えようとしても抵抗に遭うのである。このようにイナーシャを解決する最初の糸口が認知問題であるとジャンセンは主張した。

この研究を前提として取り入れるならば、1つの仮説として前述の3つのイナーシャのうち、最初に変わるべきなのは認知のイナーシャであると考えられる。組織のメンバーの認識の変革がなされれば、それが戦略・資源の変革につながり、組織・制度の変革を起こす（図表12－4）。

組織が整合性モデルによって成り立っていることを考えれば、イナーシャは個別の組織要素の1つひとつにあるわけではなく、組織要素を組み合わせた整合性そのものがイナーシャを生じさせていることになる。したがって、どこかを強引に変えることができたとしても、元に戻そうとする力が強く働く。そうしたイナーシャを打破するためには、まず認知から変えていかなくてはならないということである。

業績が変化してから対応するのでは遅い

では認知を変えるためには何が必要なのだろうか。組織が整合性モデルによるアラインメントの構造を持っているということは、そのアラインメントと異なる認知を経営者自身が持っていない限り変化を働きかけることはできない。また、そうした認知は組織の外部にある市場でしか得られない。したがって、経営者が自社の強さを否定する技術や環境変化を常に意識し探すことによって、経営者は組織のイナーシャに変化を働きかけることができるようになる。

現場は認知と市場のギャップに常に直面しているが、イナーシャのもとではギャップの認識は必ず遅れる。なぜならば、現状の整合性モデルでそれなりの成果を上げている以上、そのモデルを維持する中でビジネスが行われるほうが合理的だからである。また、同様に現場は自社の強さを生かして経営を行いたいと考えるし、多くの場合、経営者もまたそうであろう。それによって強さの前提となる認知が、経営の前提となってしまう。

しかし、経営者は常に組織全体を変えていく任務を帯びていて、そのような認知や前提を乗り越えて市場の変化を感知するようなＫＰＩを設定する必要があり、それは財務的業績に表れる前に対応しなくてはならない。財務的業績が変化してからでは遅いのである。

そこで、経営者が現場の認知に働きかけていくために必要な市場感知型ＫＰＩは、次のようなものになる。

①代替品・代替技術を網羅的に把握できているか？

②グローバルに新しいビジネスモデルの出現を速やかに把握できているか？
③自社より成長率が高い代替品や競争相手の強さが把握できているか？
④「お客さん以上にお客さんのことをわかっている」と言える自信があるか？

経営者はこうした市場の変化を感知するＫＰＩを持たなければならない。そして、市場感知型ＫＰＩを持つことによって現場の宿命的な認知のイナーシャに働きかけることができるのである。

参謀役・触媒者としてのポリネーター

組織を変えることができるのは経営者のリーダーシップであり、経営者自身がイナーシャを打破する必要性を感じていなくてはならない。では、そこでポリネーターはどんな役割を果たすのか。

そもそも、経営者がイナーシャ打破の必要性を感じていなければ、ポリネーターがどれだけ動いてもオープンイノベーションはうまくいかない。また、従来のやり方だけで経営がうまくいっているのであれば、ポリネーターの出番はない。

しかし、新規事業に乗り出し、スタートアップとの連携が必要ということになれば、ポリネーターは経営者の注意をオープンイノベーションに引きつける参謀役としての役目を担うことになる。

また、ポリネーターは既存事業部門とスタートアップを仲介することによって新しいビジネスや製品開発を促し、協業のネタを実現に持っていくための触媒者としての役割も担う。そこで経営者がトップのリーダーシップを発揮してメンバーの認識、戦略・資源、組織・制度のイナーシャに働きかける中にポリネーターは介入し、サポートする。メンバーの認知を変えるための行動やトップのメッセージを企画し、オープンイノベーションを実践するための組織活動を作っていくのである。

こうしたポリネーターの役割を組織として部門化するならば、ポリネーターもまた整合性モデルを持つことになる（図表12－5）。

そこで考えられる組織アラインメントは次のようなものになる。KSFは「スタートアップとの協業」、人材は「好奇心と強いメンタルを持つ人材」となり、多くの場合は社内から抜擢することになる。それは社内の言葉がわからなければスタートアップとの仲介ができないからである。公式の組織は「既存事業と異なる評価方法を実施」「トライアル数によるポリネー

図表 12-5　ポリネーター組織が持つべき組織要素

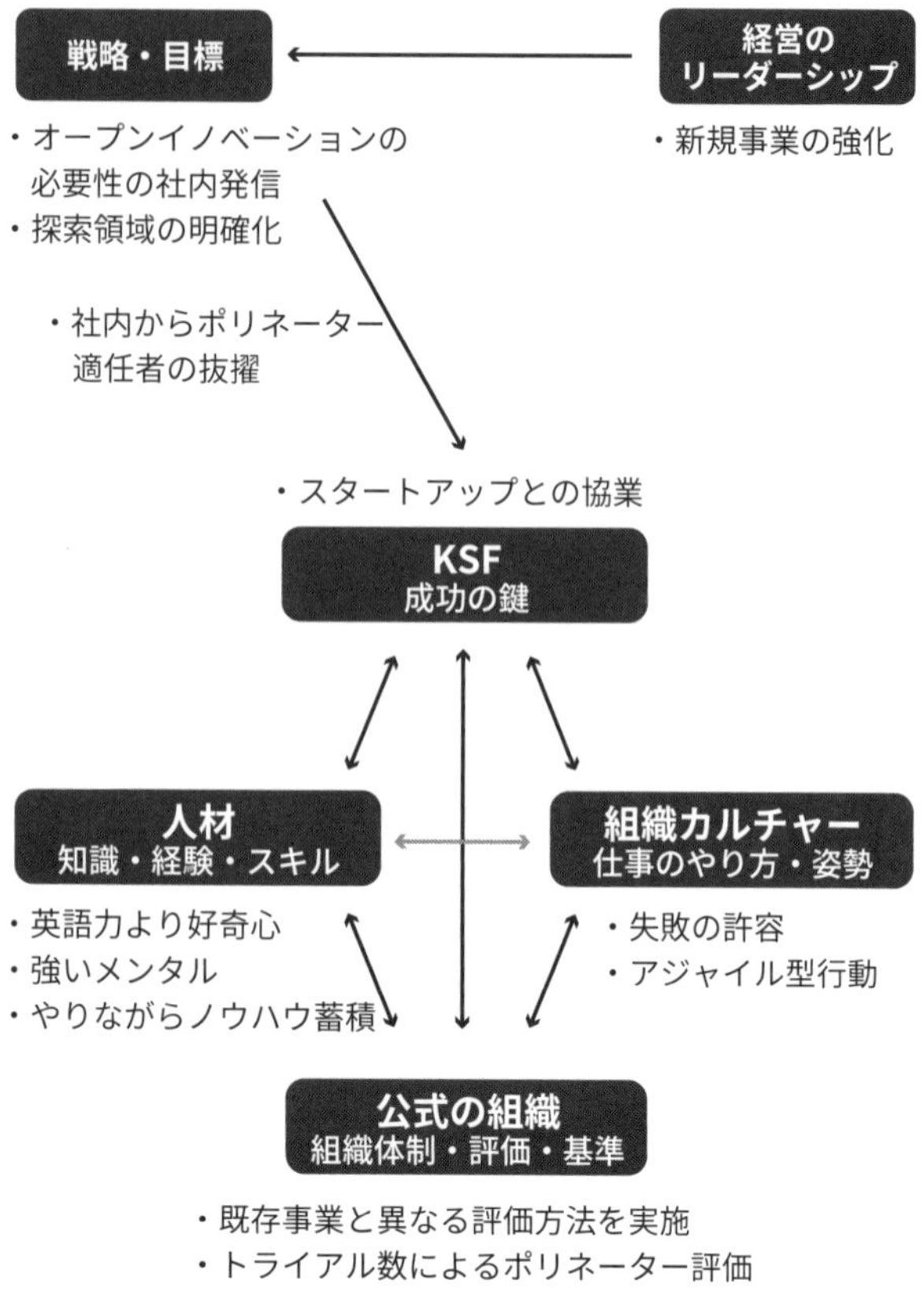

ター評価」となる。そして、重要なマインドの問題である組織カルチャーは「失敗の許容」「アジャイル型行動」となるだろう。ポリネーターはこうした組織要素、組織アラインメントを持つことによって、既存事業のマインドとスタートアップのマインドを仲介させることができるのである。

ここまでの議論をまとめる。

(1) オープンイノベーションを成功させるためには、マインド(カルチャー)の変革が必要である。

①スタートアップとのオープンイノベーションは、ナレッジの組み合わせだけで成否が分かれるのではない。

②既存大企業とスタートアップは、経営のマインドが異なる。

③ポリネーターは、両社のマインドの違いを橋渡しする役割を果たす。

(2) 組織は宿命的に整合性を持とうとする。

①マインドは、他の経営要素(制度や組織構造)と整合性を持つ。

②整合性がイナーシャ(慣性)を生む(要素を1つ変えても整合性が元に戻す力となる)。
③異なる「組織の要素のセット」を同時に持つことが「両利きの経営」。
④オープンイノベーションは両利きの経営の側面を持つ→既存事業のイナーシャを打破する必要がある。

(3) ポリネーターは「イナーシャの打破」に働きかける
①戦略・資源の慣性、組織・制度の慣性、メンバーの認知の慣性が相互強化されている。
②相互強化を支えているのが、マインド(カルチャー)。
③ポリネーターは、「認知の変革」に働きかける。
④ポリネーターは、トップに働きかけると同時にオープンイノベーションの実行を促す役割を持つ。

あとがき

事業会社の社員として、スタートアップとの連携において多くの成果を出しているAさんと雑談をしていたとき、話の流れでふと「Aさんは転職を考えたことはないのですか？」と尋ねてみたことがある。そのときのAさんの回答がポリネーター論としても興味深かったのでここで紹介したい。

「組織に尽くし続けると決めているわけではありません。ですが、自社が今取り組んでいることの重要性は感じていますし、今の自分は例えるならば、すごく面白いおもちゃを与えてもらっているから、楽しく取り組んでいられる。そんな感覚かもしれません。

自分たちの会社を世界で勝負ができるところまで持っていきたいし、その可能性は十分にあるとも思っています。とはいえ、新しいことをやれば社内で日々対立は起きてしまう。のるか反るかの勝負をすることだってありますよ。だからこそ、いざ何かが起きたときには別の場所へ行けるようなチケットは持っておくべきとも思っています。今の場所で全力で戦うためには、転職への備えも当然必要ですよね」

「転職への備え」と言っているものの、この方は会社へのロイヤリティ(忠誠心)は決して低くない。それはポリネーターの方々に総じて共通する傾向であると感じている。

ポリネーターは、スタートアップや起業家に囲まれ、揉まれながら、新しい行動パターンを習得していくポジションだ。さらには、その行動パターンを必要に応じて社内にも浸透させながら、新しい事業を生み出していかなければならない。

だが、ポリネーターのアクションが結果的に社内の組織カルチャー(行動パターン)を変えるきっかけにはなることがあっても、ポリネーター自身は経営陣でもなく、組織カルチャーを変える役割を直接的に担っているわけではない。

ではポリネーターがすべきことは何か。それは「カルチャーが変わる」を支援することである。

DXもオープンイノベーションも、突き詰めれば「組織は変わっていかなければいけない」という時代からの必然的な要請と言える。ここで注意しなければいけないのは、自分1人で「カルチャーを変えてやろう」と考えてはいけないということだ。組織カルチャーは1人で変えられるものではない。ポリネーターは、カルチャーが変わるプロセスに働きかける存在だと考えたい。

トップと一体化し、資金を確保し、社内を巻き込み、スタートアップや既存他企業と向き合いながらオープンイノベーションを推進していく。すべては自社のカルチャーに変化を起こしていくためのプロセスに他ならない。

ポリネーターは本書で筆者らが提案する新たな概念であるため、「自分はポリネーターだ」との役割を自覚している人はまだ少数派だろう。けれども自覚のあるなしに関係なく、ポリネーターは宿命的に企業構造の内部にすでに存在している。なぜなら、外から新しいビジネスの種を持ってくるポリネーターの存在なしには、オープンイノベーションは実現しないからだ。

その前提に立った上で、ポリネーターの役割を別の言葉で言い換えるならば、「自社のカルチャーを変革するために動く全方位的サポーター」とも表現できるだろう。

2022年の年の瀬に、白金高輪のレストランにて忘年会を企画した。そこには、13社15人が集まり再会を楽しんでいた。その多くは、事業会社においてポリネーターの役割を果たしている面々だ。

出会いのきっかけは、同じVCファンドにそれぞれが所属する企業が出資したことであったが、すでに半数ほどの参加者は転職し、他の企業で新規事業開発やスタートアップ探索を手がけている。属する企業は、製造業、流通業、金融業、不動産業と業種は様々で、中には競合関係にある企業も存在するが、ある意味で〝同僚〟のように仲良くお酒を交わしていた。

オープンイノベーションという言葉が定着していくにつれ、スタートアップとの窓口を務める彼らのような役割は、時として華やかにも見えるが、地道かつ報われにくい役割を担っていると常に感じている。

本書を通じて、経営者の方々がオープンイノベーションを通じて組織変革を推し進め、ポリネーターの方々が生き生きと活躍し、日本の伝統的企業が競争力を高めていくことの一助となれば、こんなに嬉しいことはない。

それはすなわち、私がベンチャーキャピタリストとして一緒に生きてきた起業家やスタートアップにとっても日本が魅力的な国となることも意味しており、日本経済の未来への光となる要素であると確信している。今後とも微力ながら邁進していきたい。

最後に、本書は「はじめに」にも記載されているとおり、私の母校でもある早稲田大学において2022年から2023年にかけて開催した講座を根来教授と加藤氏とご一緒させていただいたことがきっかけで企画された。このご縁にまずは感謝したい。

また、私が共同創業しマネージングディレクターを務めたDNXのファンドへの出資者の企業やその担当者の方々が本書には数多く登場しているが、名前を出していない方々も含め、すべての出資者に感謝したい。VCはいくら投資に自信があったとしても、ファンド募集が完了しなければ何もスタートすることはできない。特に1号目のファンドの組成時から現在に至るまで、多大なるご尽力とご助言をいただいたブラザー工業株式会社の安井邦博氏、ファーストブラザーズ株式会社の吉原知紀社長には、この場を借りて謝辞を述べたい。

そして、2011年に1号ファンドを設立して以来、ここまでファンド運営を共にしてきたDNXの同僚、特に事業会社とスタートアップをつなぐ役割としてDNX パートナーシップチームを共に発足した野村佳美氏、大久保亮氏、そして私が関わってきた多くのスタートアップに深く感謝したい。

2023年5月

中垣徹二郎

■著者

中垣徹二郎（なかがき・てつじろう）

DNX Ventures Partnership Advisor

1996年日本アジア投資（JAIC）入社。2011年同社投資本部長。2011年に北米の大手ベンチャーキャピタルDraper Fisher Jurvetson（DFJ）のネットワークファンドDFJJAIC Venturesを設立しManaging Director就任。2013年にDFJ JAIC Venturesのオーナーシップを他のManaging Directorとともに譲り受け独立（Draper Nexus Venturesに社名変更）。2019年に3号ファンド設立に合わせ、社名をDNX Venturesに変更。2022年から現職。シリコンバレーと東京に拠点を置くDNX Venturesにおいては、スタートアップへの投資とともに出資者を中心とした事業会社との連携を牽引し、General Partnerを務めたシリーズファンド3号まででファンド規模としては合計約5億7000万ドルとなった。これまでに担当した投資先は12社が上場し、6社が大手企業に買収された。早稲田大学法学部卒業。米国のベンチャーキャピタル養成機関Kauffman Fellows Program修了。東証プライム上場企業の株式会社SHIFTを含む5社において社外取締役を勤めている。

加藤雅則（かとう・まさのり）

株式会社アクション・デザイン代表取締役／IESE（イエセ）客員教授／
エグゼクティブ・コーチ／組織コンサルタント

日本興業銀行、環境教育NPO、事業投資育成会社などを経て現職。大手上場企業を中心に、組織開発・後継者育成に関するアドバイザーを務める。経営陣に対するエグゼクティブ・コーチングを起点とした対話型組織開発を得意とする。「両利きの経営」の提唱者であるチャールズ・A・オライリー教授（スタンフォード大学経営大学院）の日本における共同研究者。訳書・著書に『コーポレート・エクスプローラー』『両利きの組織をつくる』『組織の壁を越える』『組織は変われるか』（以上、英治出版）、『自分を立てなおす対話』（日本経済新聞出版）などがある。慶應義塾大学経済学部卒業。カリフォルニア大学バークレー校経営学修士（MBA）。高野山大学大学院密教学修士。

■ 監修者

根来龍之（ねごろ・たつゆき）

名古屋商科大学ビジネススクール教授／大学院大学至善館特命教授／
早稲田大学名誉教授

鉄鋼メーカー、英ハル大学客員研究員、文教大学などを経て、2001年から早稲田大学ビジネススクール教授。同校ディレクター及びディーン（統括責任者）、早稲田大学IT戦略研究所所長を務めた。経営情報学会会長、国際CIO学会副会長、CRM協議会副理事長などを歴任。経営情報学会論文賞を3回受賞。著書に『集中講義デジタル戦略』『プラットフォームの教科書』『ビジネス思考実験』『事業創造のロジック』（以上、日経BP）、『MBA入門』（共著、日経BP）、『ビジネスモデル』（SBクリエイティブ）、『プラットフォームビジネス最前線』（監修、翔泳社）、『代替品の戦略』（東洋経済新報社）、『ネットビジネスの経営戦略』（共著、日科技連出版社）などがある。京都大学文学部卒業（哲学科社会学専攻）。慶應義塾大学大学院経営管理研究科修了（MBA）。

企業進化を加速する「ポリネーター」の行動原則
スタートアップ×伝統企業

2023年6月26日　第1版第1刷発行

著　者　中垣徹二郎　加藤雅則
監修者　根来龍之
発行者　中川ヒロミ
発　行　株式会社日経BP
発　売　株式会社日経BPマーケティング
〒105-8308 東京都港区虎ノ門4-3-12
https://bookplus.nikkei.com
編集協力　阿部花恵　上野なつみ
装　丁　山之口正和+斎藤友貴（OKIKATA）
制　作　朝日メディアインターナショナル株式会社
編　集　長崎隆司
印刷・製本　中央精版印刷株式会社

ISBN 978-4-296-00145-3